北京大學《儒藏》編纂與研究中心 編

《儒藏》精華編選刊

〔元〕劉因 撰

邱居里 趙文友 校點

北京大學出版社
PEKING UNIVERSITY PRESS

圖書在版編目(CIP)數據

靜修劉先生文集 /（元）劉因撰；北京大學《儒藏》編纂與研究中心編. -- 北京：北京大學出版社，2024.8. --（《儒藏》精華編選刊）. --ISBN 978-7-301-35531-2

Ⅰ. Z429.47

中國國家版本館CIP數據核字第20246QJ639號

書　　名	靜修劉先生文集 JINGXIU LIUXIANSHENG WENJI
著作責任者	〔元〕劉因　撰 邱居里　趙文友　校點 北京大學《儒藏》編纂與研究中心　編
策劃統籌	馬辛民
責任編輯	周　粟
標準書號	ISBN 978-7-301-35531-2
出版發行	北京大學出版社
地　　址	北京市海淀區成府路205號　100871
網　　址	http://www.pup.cn　　新浪微博:@北京大學出版社
電子郵箱	編輯部 dj@pup.cn　總編室 zpup@pup.cn
電　　話	郵購部 010-62752015　發行部 010-62750672 編輯部 010-62756694
印 刷 者	三河市北燕印裝有限公司
經 銷 者	新華書店
	650毫米×980毫米　16開本　29印張　280千字
	2024年8月第1版　2024年8月第1次印刷
定　　價	120.00元

目録

樵庵詞卷六……八五

静修先生遺文六卷

静修先生遺文卷一……九一

靜修先生遺文卷二……一〇三

靜修先生遺文卷三……一一七

靜修先生遺文卷四……一三二

静修先生遺文卷五 …… 一四四

静修先生遺文卷六 …… 一六〇

静修先生遺詩六卷

七言律詩……二一五

静修先生遺詩卷四 …… 二二四

静修先生遺詩卷五……二三九

静修先生遺詩卷六

静修先生詩文拾遺卷二……二七八

静修先生詩文拾遺卷三……二八八

静修先生續集三卷

校點説明

劉因（一二四九—一二九三），初名駰，字夢驥；後改名因，字夢吉；號静修、雷溪真隱。元雄州容城（今河北容城）人。生於儒學世家，自幼天資絶人，才器超卓，經學貫通，文辭浩瀚。初從國子司業硯彌堅學於真定，究訓詁疏釋之説，輒歎曰：「聖人精義，殆不止此。」後得見趙復北傳之周、程、張、邵、朱、吕之書，始曰：「我固謂當有是也。」性不苟合，杜門教授，弟子皆有成就。中書平章政事不忽木以劉因學行薦于朝廷，至元十九年（一二八二）徵拜右贊善大夫，教授近侍子弟。未幾，以母疾辭歸。至元二十八年，復以集賢學士徵，以疾固辭。至元三十年四月十六日卒，年四十五。延祐中，追贈翰林學士，封容城郡公，謚文靖。劉因與許衡、吴澄並稱元代大儒。《宋元學案·静修學案》黄百家案語云：「有元之學者，魯齋、静修、草廬三人耳。草廬後至，魯齋、静修，蓋元之所藉以立國者也。」著述有《四書集義精要》三十卷、《易繫辭説》（已佚）、《静修先生文集》，另有《小學語録》、《四書語録》（皆佚），爲門生故友所輯平生講學語録（蘇天爵《静修先生墓表》、楊俊民《静修先生祠堂記》）。

劉因去世後，門生裒集詩文，得數百篇。元貞、大德間（一二九五—一三〇七），友人宛平張九思欲爲刊行，請東平李謙作序。元至順元年（一三三〇），建陽鄭天澤宗文堂刊刻《静修先生文集》二十二卷，爲詩十四卷、詞一卷、文七卷，是劉因詩文集的首次編訂，也是現今存世的最早刊本，國家圖書館、上海圖書館各有藏本。宗文堂本校訂精審，收録詩七百七十二首、詞三十二首，文九十三篇，後世流傳不廣，明、清兩代未見重刊。一九一九年，上海商務印書館據宗文堂刊本影印出版，收入《四部叢刊初編》。此爲劉因集的第一種版本源流。

至正九年（一三四九），元朝爲影響風化，選刊先儒文集，詔令江南浙西道肅政廉訪司於嘉興路刊刻《静修先生文集》三十卷，包括《丁亥集》六卷（卷六爲《樵庵詞》）、《遺文》六卷、《遺詩》六卷、《拾遺》七卷、《續集》三卷；另有《附録》二卷，收存劉因生平資料。卷首載元至正九年刊刻劉因集的牒文一道。據蘇天爵《静修先生墓表》，劉因「有詩五卷，號《丁亥集》，先生所選，常自諷詠，復取他文焚之。今所傳文集十餘卷，得于門生故友」。可知至正本中，只有《丁亥集》五卷，是至元二十四年作者親自選編；《樵庵詞》、《遺文》、《遺詩》、《拾遺》，都是門生故友在劉因去世後陸續纂輯；《續集》二卷，爲河東廉訪司僉事楊俊民裒録；《附録》二卷，則是房山費彝輯編。至正官刊三十卷本，是劉因集的第二次編刊，上距劉因辭世已五十多年，經門人後學多方裒輯，共有詩八百七十三首、詞三十三首、文一百二十二篇，遠多於宗文堂本，後世流傳廣泛。明永樂二十一年（一四二三），嘉興府曾據至正刊板修補重印，卷首有儀真陳立《静修劉先生文集序》。元至正本、明永樂本今皆不存。

明弘治十八年（一五〇五），廬州府同知金臺崔暠翻刊明永樂本，旨在保存元至正本三十卷原貌。集後又附弘治十四年慈溪周旋《重刊劉静修先生文集序》、十八年崔暠《静修劉先生文集跋》。嘉靖十六年（一五三七），保定知府旌德汪堅又將弘治本原板修訂重印。

清乾隆中編修《四庫全書》及《摛藻堂四庫全書薈要》，集部收録《静修集》二十五卷、《續集》三卷，亦據汪堅三十卷本抄録，只是删去前人序跋和《附録》二卷。此爲劉因集的第二種版本源流。

至正本雖收録劉因詩文完備，卻未按文體統一編卷，因此，明、清兩代先後出現三十卷本的四種重編本。

其一，明成化蜀藩府二十八卷本。成化十五年（一四七九），蜀惠王朱申鑿重刊劉因集，認爲至正本編卷前後失次，不便披閲，於是將《丁亥集》、《樵庵詞》、《遺文》、《遺詩》、《拾遺》、《續集》等各集拆散，統一據文體編卷，成《劉文靖公文集》二十八卷，其中賦詩十五卷、詞一卷、文十卷、《附録》與《考異》各一卷，卷首有朱氏《劉文靖公文集序》。成化本以至正本爲底本重編，收録詞、文完全相同，只是詩少五首；又據至順本校訂文字，并將結果附於

《考異》，堪稱善本。該本後世未見重刊，一九九八年，書目文獻出版社影印國家圖書館藏成化本，收入《北京圖書館古籍珍本叢刊》，卷八脱去二頁，闕漏七律十四首。

其二，明萬曆方義壯十卷本。萬曆十五年（一五八七），進賢人方義壯任容城縣令，於保定府購獲汪堅重印本之《丁亥集》並遺文數卷，集諸生校訂，分文體改編成《静修先生文集》十卷，其中詩、文、詞九卷，附録一卷，於次年刊板行世，卷首有方氏《重刊静修劉先生文集序》。由於方本依據的嘉靖重印本已有殘佚，故收録詩文少於汪本。其後，容城縣令益都蔣如苹，又將方本劉因集與明人楊繼盛文集合刊，是爲萬曆蔣如苹《容城兩賢集》本。

其三，清康熙《容城三賢文集》四卷本。康熙十八年（一六七九），張斐然、楊莅將《容城兩賢集》與清人孫奇逢文集合刊爲《容城三賢文集》，其中《容城劉文靖先生文集》，據方義壯改編的蔣氏《兩賢集》本重加釐定，分爲詩文四卷、附録一卷，且據成化本校正文字。《三賢文集》還有兩種重刊本，即清道光十六年（一八三六）劉景仁正義書院重刊本、光緒二十四年（一八九八）知容城縣事俞廷獻重刊本。

其四，清光緒《畿輔叢書》十二卷本。光緒十一年（一八八五），定州王灝謙德堂刊刻《畿輔叢書》，依據方義壯刊本與《三賢文集》本，重編劉因《静修先生文集》爲十二卷，包括文五卷，詩七卷，并據元蘇天爵《國朝文類》等校訂文字。卷末有王灝《静修先生文集跋》。

因該集未收詞與先世記，亦不收《附録》，故詩文篇目反而較少。一九三五年，上海商務印書館將《畿輔叢書》本《静修先生文集》十二卷排印出版，收入《叢書集成初編》。

以上四種重編本，雖卷帙和編次各不相同，收録詩文篇數也因編纂宗旨和依據底本或殘或全而有所差異，但都是對至正三十卷本的詩文内容重加改編，故仍屬於劉因集的第二版本源流。

鑒於明弘治崔暠刊、嘉靖汪堅修版重印本收録劉因詩文最爲完備，且能完整保存元人編卷原貌，故以該本爲底本，而以元至順宗文堂刊本（簡稱至順本）、明成化蜀藩府重刊本（簡稱成化本）爲通校本，另據影印清文淵閣《四庫全書》本（簡稱四庫本）、清光緒謙德堂刊《畿輔叢書》本（簡稱畿輔本）參校異同。底本原有錯版一處，即《丁亥集》卷二第四頁誤作第二頁，今據至順本調正順序。底本原有闕版三處：《詩文拾遺》卷七闕第八頁，脱去《先君記事》後二行及《郭氏親事始末》全文，《續集》卷三《河圖辨》闕第二頁，《附録》卷下謝端《静修先生書像贊》、《乞褒贈劉公書》、《建言從祀五章》等七篇有目無文，今皆據成化本補録。

底本書前原有總目，《丁亥集》、《樵庵詞》、《遺文》、《遺詩》、《拾遺》、《續集》、《附録》前又各有該集目録。今據《儒藏》體例删除總目，合編各分集目録，統一置於全書之首，以方便檢閱。整理時，還輯録劉因《山居賦》一篇，補入《續集・古賦》，文集歷代序跋六篇、提要兩篇及《元史劉因傳》，附於書末，以補充原集之未備。集中凡詩、詞由趙文友校點，文由邱居里校點。

校點者　邱居里　趙文友

静修劉先生文集序

六經之文，自尼父删訂贊修之後，猶日月之麗中天，炳然煥然，不可一日無也。後乎經而稱其文之正與盛者，惟孟軻氏、韓愈氏、周、程、張、邵數君子而已。元初，静修劉先生挺生於南北甫定之日，以英偉之才、醇正之學，著爲詩文，鏗然若金石之和鳴，蔚然若鸞鳳之翔舞，周情孔思，千態萬狀，而具乎治世大音完全之體，可以上續夫孟、韓、周、程、張、邵之緒而無愧。虞文靖公嘗稱之曰：「人品英邁，卓然不可企及。」斯言得之矣。裕宗在春宫時，聞其賢，召爲贊善大夫。未幾，以母疾歸侍。世祖復以集賢學士召，謝病不起。

夫以先生之雄才碩德，使其大用於時，則必宏闡儒風，扶植世教，砥礪名節，開示方來，其功詎止如斯而已耶！惜乎！天不假之以年，四十有五而卒。當時名臣屢請從祀廟庭，而執政者沮之，重可惜也。其遺藁若干，至正癸未，哈剌那海僉浙西道事，刻板于嘉禾郡庠，今七十餘年矣。去冬，浙江僉憲龍公按臨于兹，覩其板之腐朽、字之模糊，遂謀於太守鹽城胡公，命工重修，以圖永久，亦先生冥冥之幸也。舊本缺序，予以後學忝職郡庠，不揣蕪陋，僭爲序之，庶有以見三君子崇重儒先之美意焉。先生諱因，字夢吉，保定容城人，其出處備載集賢學士蘇君天爵墓表，兹不復贅云。

時永樂二十一年歲次癸卯秋七月朔旦，儀真陳立可與拜手謹書。

劉文靖公文集序❶

容城静修劉先生夢吉，負天成間世之才，有自得上達之學，人品英邁，振古之豪傑也。元裕皇知其賢，召爲贊善大夫，世皇復召爲集賢學士，天下瞻望風采，與許文正公衡、吴文正公澄生於一時，天之屬於斯文者有在矣。先生之文，吐天地之精華，啓聖賢之藴奥，浩浩乎如瀚海之無邊際，巍巍乎如華嶽之極崇高，推其心，乃致君澤民之心也。際千載之知遇，不爲不深，若天假以年，亦必能成相業，而如許公輔佐於國，澤利於物也。惜乎！年四十五而卒。

許公於至元初已列從祀，吴公至我聖朝亦入從祀。當時，禮部尚書王沂、翰林學士宋褧等屢建言，國家褒德重道，宜以先生與許文正公同祀孔庭。議者不知學有原末，言於經籍無所箋註，累章不報。吁！此衆人之所不識也。若曾子則有《大學》，子思則有《中庸》，孟子有七篇之書。顔子無書，而列於四科之首，古今無敢議者，以其原於治心將從無欲始乎！先生之學，學顔者也。況有《四書精義》、《易繫辭説》，大章短篇，皆極要領，覈精微之言也。其言豈非六籍箋註耶！彼以文辭視之者，則非也。學既得乎正傳，安知後日不

❶《劉文靖公文集序》，原爲明成化十五年蜀藩府重編本序，文後有「蜀修圖書」朱文印，應是蜀惠王朱申鑿所作。

與許、吴同列於從祀也哉！

國政之暇，讀先生之遺文，見《丁亥》、《樵庵》等集，而記、序、碑、誌、傳、贊、詩、賦前後失次，不便披閱。因命儒臣彙聚成編，鋟梓以傳。俾先生之道，暴白於世，後之學者，誠有賴焉。

成化己亥歲中秋前一日。

元至正九年牒❶

皇帝聖旨裏，江南浙西道肅政廉訪司准本道僉事哈剌那海儒林牒：「嘗謂國有名賢，幸遺言之未泯；職司風紀，惟見義則必爲。切覩故徵士集賢學士嘉議大夫、贈翰林學士資德大夫、追封容城郡公、謚文靖、静修先生劉因，負卓越之才，藴高明之學。説經奚止於疏義，爲文務去乎陳言。行必期於古人，事每論乎三代。漢、唐諸子，莫之或先；周、邵正傳，庶乎可繼。户外之屨常滿，丘園之帛屢來。咸虚往而實歸，竟深居而簡出。雖立朝不踰於數月，而清節可表於千年。慨想高風，蓋已廉頑而立懦；訪求故藁，所當微顯而闡幽。考諸學官，或文有可采，或事有可録，皆得鋟梓以傳。況先生詩文，大關世教，豈容獨缺？今抄録詩文、附録共三十卷，於各路儒學錢糧多處刊行傳布，則上可以裨國家之風化，下可以爲學者之範模。牒請照驗施行。」准此，憲司今將項上文籍九本，隨此發去，合行故牒，可照驗依上施行。須至牒者。

牒件，今牒嘉興路總管府，照驗故牒。

至正九年九月十一日，書吏劉振元等承僉江南浙西道肅政廉訪司事

奉直大夫僉江南浙西道肅政廉訪司事禿魯

---

❶ 《元至正九年牒》，原無文題，今代擬。

僉江南浙西道肅政廉訪司事楊

儒林郎僉江南浙西道肅政廉訪司事哈剌那海

江南浙西道肅政廉訪副使

江南浙西道肅政廉訪副使

江南浙西道肅政廉訪使

通議大夫江南浙西道肅政廉訪使實理門

丁亥集卷一

辭

白雲二章

白雲凝情兮佩月光，白露結綵兮明幽芳。衆星皎皎兮，水波不揚。渺予思之若遇兮，耿在目而不忘。音容著兮形無方，肅予中立兮四無旁。子毋歸去兮，山高水長。

白雲高飛兮，杳不可尋。靈風長往兮，聲不在乎幽林。皎月東生兮忽西沉，玄鶴何逝兮遺之音。予思未及兮，實懷我心。儵萬里兮捐所歆，曠同游兮啓雲襟。子毋歸來兮，山幽水深。

五言古詩三十四首

韓魏公祠

定州古北門，作鎮多英奇。如何郡學傍，獨有韓公碑。❶乾坤極厚大，運動物不知。堂堂宋三朝，斡旋

---

❶「韓」，至順本作「魏」。

公似之。惟公玄默間，泰山已四維。天宇公之祠，元氣非公誰？郡人一何愚，而於公欲私。大者且勿論，緒餘猶世師。千年閲古堂，誰歌鄭國詩？公閲古堂，❶富公有詩。裴回老栢前，目送秋鶴飛。悠悠五色雲，悵望今何歸！

仙　臺❷

碣石來海際，西南奄全燕。中有學仙臺，燕平欲昇天。燕平骨已朽，遺臺猶相傳。雖復生青松，歲久摧爲烟。極目望海波，不見三山巔。三山巨鰲簪，山人蟣蝨然。使無不足論，信有亦可憐。大塊如洪爐，金石能久堅？天地會有盡，何物爲神仙？空山無笙鶴，落日下飢鳶。今古非一臺，浩歎秋風前。

黄　金　臺

燕山不改色，易水無新聲。誰知數尺臺，中有萬古情。區區後世人，猶愛黄金名。黄金亦何物，能爲賢重輕？德輝照九仞，鳳鳥才一鳴。伊誰腐鼠棄，坐見飢鳶争。周道日東漸，二老皆西行。養民以致賢，王業自此成。黄金與山平，不救兵縱横。落日下荒臺，山水有餘清。

---

❶「閲」，原作「開」，今據至順本、成化本、四庫本、畿輔本改。

❷「仙」上，畿輔本有「燕平學」三字。

經古城

我行常山尾，高城下吾前。❶按轡覽形勢，依依見全燕。❷易水開前襟，飛狐連右肩。❸遥想豪傑場，撫己增慨然。薪人過我傍，一笑如相憐。指城前問余，考古今幾年？沉思未及答，行歌入蒼烟。

馮瀛王吟詩臺

林壑少佳色，風雷有清秋。爲問北山靈，吟臺何久留？時危亦常事，人生足良謀。不有撥亂功，當乘浮海舟。飄飄扶摇子，脱屣雲臺遊。每聞一朝革，尚作數日愁。朝廷乃自樂，山林爲誰憂？視彼昂昂駒，奈此汎汎鷗。四維既不張，三綱遂横流。坐令蚩蚩民，謂兹聖與儔。蚩蚩尚可恕，儒臣豈無尤？不有歐馬筆，孰能回萬牛！太行千里來，蕭洒横中州。今朝此登臨，孤懷漲巖幽。何當剷疊嶂，一洗佗山羞。

張燕公讀書堂

陰壁下寒泉，陽崖隱深洞。想像張幽州，當年此絃誦。遐情納方寸，灝露驚宵夢。既有真積功，豈無致時用。不然起絶學，猶當垂後統。濟濟唐開元，儒臣相伯仲。文雖數燕許，名不並姚宋。遂令百世下，烟霞抱餘痛。尋幽縱步貪，懷古清歌送。緬思白鹿翁，眼中見連楝。兹山有道氣，會遇或天縱。聊以永今朝，白雲不可種。

---

❶「下」，至順本作「墮」。

❷「全」，原作「金」，今據至順本、四庫本、畿輔本改。

❸「狐」，原作「孤」，今據至順本、四庫本、畿輔本改。

龍　潭

盤磴脱交蔭，平壇得高岑。高岑不可攀，哀湍激幽音。窮源豈不得？爽氣來駸駸。靈潤發山骨，沮洳下崖陰。爲問石上苔，妙理誰曾尋？乾坤有乾溢，此水無古今。下有靈物棲，倒影毛髮森。東州旱連歲，呼龍動雲林。顧此百丈潭，豈無三日霖？爲霖此雖能，鞭策由天心。日暮碧雲合，空山深復深。

召飲山亭❶

飲人不飲酒，千載誰與期？賴有此山色，我杯時一持。西郊遠市井，林亭對山暉。主人知愛客，釀酒無虚時。佳客麟鳳然，人亦難致之。君亭有吾山，招飲當不辭。

西　山

西山澹無姿，中有羲皇前。翻思太古人，事業何不傳。《三墳》亦何罪？世遠成灰烟。紛紛後來人，暮死朝争妍。勳名史一策，學術文千篇。古人豈不然，後有無窮年。惟餘方寸心，天地相後先。

池　上

今朝好風日，出門何所之？西城得山多，❷一水揚清漪。❸溪翁指水言，此貨天下奇。不有磑百區，猶

---

❶「召」，原作「名」，今據四庫本改。畿輔本作「招」。

❷「城」，原作「域」，今據至順本、畿輔本改。

❸「揚」，成化本作「舍」。

當稻如坻。擬從陶朱公，斷取高陽池。纍纍九州谷，隱隱千石陂。食魚素無望，觀水今有期。所期徧區域，❶不見貧者飢。

勸　飲❷

同類天地中，相親理所宜。前後億萬年，而我生此時。前予既不及，後孰能待之。同時四海内，徧識將無期。所識既無幾，賞心又當誰？政有賞心人，會遇亦復希。當其會遇時，豈無事相違。今朝好風色，不飲君何辭？

女蘿生松枝

女蘿生松枝，不及松生年。松枝摧爲薪，豈知山石堅。誰云高山雲，曾見天地先。人生朝露爾，豈止蜉蝣然。蕩蕩山海圖，悠悠皇極元。其間何物無，何事無推遷。事有古今希，達觀如寒暄。君今不遠游，自苦良可憐。

有大如天地

有大如天地，日夜長乾乾。有小如螻蟻，營營誰使然？我亦形蹟中，豈得獨安閑。萬物相爲用，錯綜盈兩間。如身百骸具，少一爲不完。有形無虚生，豈予獨贅偏。森然氣分内，既有不可鐫。蝮蛇誰宥之，生

---

❶「徧」，原作「偏」，今據至順本、四庫本、畿輔本改。以下逕改，不再出校。

❷「勸」，原作「歡」，今據至順本改。

生亦能延。安有人道尊，湮滅獨不傳？乾乾以爲師，餘者一聽天。

孤　雲

孤雲生幾時，冉冉何所適？豈無崑華高，路遠嗟獨力。徘徊天中央，明月爲顔色。下有幽棲士，歲宴倚青壁。朝飲澗下泉，暮拂松間石。相對澹忘情，倒影寒潭碧。

雜　著二首，集陶句

人生豈不勞，終古謂之然。孰是都不營，早起暮歸眠。過足非所欽，躬耕非所歎。但使願無違，甘以辭華軒。正爾不可得，在己何怨天。自古有黔婁，被服常不完。榮叟老帶索，飢寒況當年。何以稱我情，賴古多此賢。

善惡苟不應，鬼神昧茫然。是非苟相形，行止千萬端。世路廓悠悠，聊且憑化遷。居常待其盡，任真無所先。詩書塞座外，弱子戲我前。親戚共一處，餘糧宿中田。促席延故老，斗酒散襟顔。聊以永今朝，百世誰當傳？

晨起書事丁丑五月二十八日

蒼星彗明河，三月麗朱方。兩月忽散落，一月留中央。下有五星連，西近東少張。仰面東北隅，流星墜綵芒。誰令月有瘿，飄摇及吾窗。須臾日東生，有星環四旁。一星當日中，佇視摇晶光。自北忽西旋，老陽已榆桑。西北雲一絲，翠暈揚清芳。嫩雲生碧蘚，得句聲琅琅。俄見雲有魚，其大丈許長。火繩紛繞之，昂然欲飛揚。呼友與共觀，此境已茫茫。《靈樞》夢爲病，《周官》夢爲祥。寤言札諸闔，庸俟知者詳。

偶書

開眼昭昭天，無形有痛痒。斯人亦安忍，斲喪甘自枉。❶ 裩中蝨一齧，其死隨翻掌。乃知天人間，感應如影響。

游天城

逕遠澗隨曲，崖深山漸少。居然翠一城，四壁立如掃。天設限仙凡，雲生失昏曉。平生萬事懶，登臨即輕矯。山靈知信息，風烟久傾倒。顧瞻困能仰，汎應習稱好。端居得蕭寂，遠眺碍孤峭。乃知方寸間，別有萬物表。未須淩絶頂，胸次青已了。

游源泉

叢祠鬱蒼翠，萬古藏清幽。泠然石上足，❷不逐蒼波流。❸ 長風索我御，欲舉仍遲留。白雲何山來，相對亦悠悠。

會飲山中

鳴禽變初節，白雲思高山。笑拊蒼然石，爲謝區中緣。舉杯屬何人？ 四顧心茫然。雲烟互呑吐，巖壑如相先。人間此幻境，過眼成千年。山家有酒令，飲外可無言。

---

❶ 「斲」，原作「斷」，今據至順本、成化本、四庫本、畿輔本改。

❷ 「泠」，原作「冷」，今據至順本、四庫本、畿輔本改。以下逕改，不再出校。

❸ 「逐」，原作「遂」，今據至順本、四庫本、畿輔本改。

玉溪精廬

居然山四頹，危檻俯晴春。川氣生不極，翠潤流衣巾。林陰起薄暮，酒色生微醺。歌聲忽落谷，驚歸欲飛雲。

隱仙谷

山川含太古，風氣如未開。中有幽棲人，日暮斸蒼苔。吾胸素羲皇，人世不可諧。此地復何地，恍若春登臺。❶山扃掩對峙，石徑迷縈回。桑麻連水竹，屋宇依山崖。燕南避世謡，千古知我懷。横渠百世師，一區竟相乖。知音得元老，龍門有遺齋。伊川先生《上文潞公求龍門庵地書》略曰：「勝善上方舊址、荒廢爲無用之地。欲得葺幽居其上，爲避暑著書之所。唐王龜創書堂於西谷，松齋之名，傳之至今。某雖不才，亦能爲龍門添勝迹於後代，爲門下之美事。」賤子孤旅人，念此良悠哉。於世豈有望，居山亦無媒。舉杯對山靈，欲去仍徘徊。他年要勝迹，此駕當招來。

遊雲水庵

乘春奮幽潛，觀化登丘山。哀淙聞遠壑，息駕思雲關。墾石密松桂，結屋深茅菅。❷生烟紛漠漠，激流散潺潺。山石浮壽色，澗水榮歡顔。覽物有真意，撫節驚循環。悠然千載情，儼若盤石間。眷焉欲晤語，古人何當還。

---

❶「春登」，四庫本作「登春」。

❷「深」，原作「琛」，今據至順本改。四庫本作「誅」。畿輔本作「珍」。

題歲寒亭

西州有佳士，種松秋水垠。歲寒得所師，名齋豈徒云。❶要知松栢心，亦願濯南薰。交枝鬱葱蒨，喜與萬木群。當此摇落中，勁節獨排雲。雖得後凋知，歲寒非所欣。

泛舟西溪

萬山倒滄浪，一葉淩嵯峨。嵯峨爲飛舞，翠影如婆娑。輕陰散雨足，浄绿生圓波。人間碧海幻，老眼青銅磨。風雲幾千古，辦此雨一蓑。溪南有幽人，鼓棹前山阿。烟深渺無處，月色浮松蘿。

喜雨以「雨我公田」分韻，得「雨」字❷

壬申秋大水，一雨乃孤注。九年錙寸積，曾未辦朝露。陂塘此何日，還我滄洲趣。夜來雲初作，期待一如故。既聞漸成陣，尚謂行且住。甫寸驚已狂，及犂歎無數。平明報三尺，感激淚將雨。玄功亦雄哉，回旋易指顧。呼酒欲鯨吞，哦詩有神助。區區喜與憂，豈爲一飽慮？

雪花酒分韻得「如」字

古人重甘澤，雨雪名所居。何如千里白，斂之寄一壺。神物與造化，醖釀同機樞。夢中聞酒熟，天花已紛如。况復吟風亭，興來操百觚。天地無餘春，山澤豈全臞。何當一灑之，豐年徧寰區。收藏有奇功，六月

❶「名」，至順本、成化本作「銘」。

❷「得雨字」，原作「得我字」，今據至順本、四庫本、畿輔本改。

天爲鑪。冰壺連水鑑，千載誰與俱？林間有清風，此酒不可無。

種　松

萬牛來丘山，大厦高崔嵬。當年誰苦辛？❶遺此千歲材。手持百松子，與之俱傾頹。❷殷勤囑造物，爲護荒山隈。今來見豪末，喜溢蒼烟堆。十年望根立，百年排風雷。自此千萬年，再見明堂開。東家十年計，戢戢千頭栽。豈不早有望，求此良悠哉。

詠　梅

燕南舊無梅，寒花爲誰芳？月色隱清艷，幽香竟難藏。寸心警殘雪，孤根待朝陽。只有横斜森，❸萬里同昏黄。

白　蓮

冰華離風塵，素質更深静。灝露凝幽香，皎月散清景。誰立絶世姿，澹然水中影。青房生苦心，秋風逼涼冷。安得同愛人，共此良夜永。

---

❶「苦辛」，至順本作「苦心」，四庫本作「辛苦」。

❷「俱」，至順本作「備」。

❸「森」，至順本、成化本作「參」，四庫本作「枝」。

玉　簪

堂陰秋氣集，幽花獨清新。臨風玉一簪，含情待何人？❶含情不自展，未展情更真。徘徊明月光，泛泛如相親。因之欲有託，風鬟渺冰輪。

璚　花　圖

淮海秀璚枝，獨立映千古。遥知辨此初，坤灵心亦苦。平生勞夢想，江烟隔南浦。春風不相待，回首以焦土。畫圖今見之，依稀春帶雨。芳心紛已碎，仙葩聚如語。瑶臺舊高寒，人間此何所？翩翩風袂輕，幽香暗相許。❷

八月十七日望

前日中秋節，今宵月方圓。人間歡賞竟，此際吾獨觀。吾觀意有在，高歌問青天。❸蒼蒼非正色，而況此嬋娟。去我當遠近，相值果正偏？徑圓知幾許，附麗或空懸？既疑紈扇如，復昧左右旋。有食定何物，中黑胡爲然？何當淩倒景，迫視如弄丸。一祛萬古惑，❹如生天地先。吾觀意在此，餘光何足憐。

❶「人」，原作「日」，今據至順本、四庫本、畿輔本改。
❷「香」，原作「杳」，今據至順本、四庫本改。
❸「問」，原作「間」，今據至順本、四庫本、畿輔本改。
❹「祛」，原作「怯」，今據至順本、四庫本、畿輔本改。

丁亥集卷二

五言古詩　和陶七十六首

和九日閒居

深居忘晦朔，好事惟侯生。偶因菊酒至，喜聞佳節名。香醪泛寥廓，醉境還空明。青天凛危帽，浩蕩空秋聲。緬懷長沙孫，生氣流千齡。乾坤一東籬，南山久亦傾。❶回看聲利徒，僅比秋花榮。撫時感遺事，可見萬古情。興詩此三復，淹留豈無成。

和歸田園居五首

少小不解事，談笑論居山。爲問五柳陶，栽培幾何年？安得十畝宅，背山復臨淵。東鄰漢陰圃，西家鹿門田。前通仇池路，後接桃源間。熙熙小國樂，夢想羲皇前。石上無禾生，粲爛空白烟。營營區中民，擾擾風中顛。未論無田歸，歸田誰獨閒？迂哉仲長統，論説徒紛然。

商顔高在秦，天馬脱羈靮。東陵高在漢，雲鴻渺遐想。超然秦漢外，當年誰長往？每讀淵明詩，最愛

❶「亦」，至順本作「已」。

桃源長。北望無終山，❶幽棲亦深廣。空和歸田吟，商聲振林莽。

塊坐生理薄，出門交友稀。田翁偶招飲，意愜澹忘歸。❷游秦驚避竈，過宋須微衣。永謝門外屨，從翁不相違。

魯甸五十畝，簞瓢足自娛。顔生未全貧，貧在首陽墟。商顔遇狂秦，蕭然真隱居。箕山彼何爲？結巢松一株。富貴豈不好，有時貧不如。在巷非不足，當舒豈有餘。誰持三徑資，笑我囊空虛。傭書易斗米，吾田亦非無。

吾宗古清白，耕牧巨河曲。雖非公卿門，紆朱相接足。陵谷變浮雲，家世如殘局。舉目遺安齋，先考嘗題所居齋「遺安」。❸先訓炳如燭。區區寸草心，依然抱朝旭。

和乞食

好廉中無實，觸事或發之。萬鍾忘義理，一簞形色辭。吾貧久自信，笑聽溝壑來。偶聞啼飢子，低眉問殘杯。兒啼尚云可，最愧《南陔》詩。豈無乞貸念，慚非動時才。人理諒多闕，清規亦徒貽。

---

❶「無終」，至順本、畿輔本作「徐無」。

❷「歸」下，原插入下文《和飲酒》第一首「尊罍上玄酒」至第七首「可見美惡情」一段，今據至順本、成化本、四庫本、畿輔本正。

❸「齋」下，至順本有「曰」字。

和連雨獨飲

吾心物無競，未醉已頹然。乾坤萬萬古，坐我春風間。弱女亦何知，挽衣呼我仙。窺人簷鳥喜，共舞風雩天。舉觴屬羲皇，身在太古先。忽遇弄丸翁，見責久不還。一笑了無間，今夕是何年。遥遥望白雲，欲辨已忘言。❶

和移居二首

十年寓兹邑，渾家如泛宅。言念息吾廬，頹然在斯夕。床頭四子書，補閑薪水役。寒蔬挂庭柯，風葉滿鹿席。藩垣護清貧，簞瓢閲今昔。珍重顔樂功，先賢重剖析。❷

躬耕力不任，閉户傳書詩。資生豈師道，舍此無所之。今年穀翔貴，自笑還自思。安居逢歲歉，乘除動天時。彊顔慰妻孥，❸一飽在來兹。雪好炊餅大，占年不吾欺。

和還舊居

巨河西北來，浩浩東溟歸。河邊兩榆柳，游子無窮悲。樹老我何堪，物是人已非。鄰翁醉相勞，自云鬼録遺。早晚見先公，問爾今何依？豈無磊磊功，使我地下推。吞聲謝鄰翁，讀書志未衰。持此報吾親，餘事手一揮。

---

❶「言」，原作「年」，今據至順本、成化本、畿輔本改。

❷「析」，原作「折」，今據至順本、成化本、四庫本、畿輔本改。

❸「孥」，原作「拏」，今據至順本、四庫本、畿輔本改。

和九月九日

九月閉物初，孤陽困無交。園木眩霜紅，豈解憂風凋。物外風雩春，氣横湖海高。舉手謝浮世，凝睇思層霄。揮觴送秋節，哀此造物勞。傾河瀉萬象，隨手如沃焦。崇高笑山斗，未能出鈞陶。況彼草間蟲，區區寒露朝。

和飲酒 二十首

尊罍上玄酒，此意誰得之？人道何所本，乃在羲皇時。頗愛陶淵明，寓情常在兹。子倡我爲和，樂矣夫何疑。有問所樂何，欲贈不可持。

醉翁意自樂，非酒亦非山。頽然氣沖適，酒功差可言。謂此不在酒，得飽忘豐年。君知太和味，方得酒中傳。

阮生本嗜狂，欺世仍不情。酒中苟有道，當与世同名。何爲戒兒子，不作大先生。良心於此發，慨想令人驚。士生道喪後，美才多無成。

草木望子成，豈憂霜露飛。禽鳥忘身勞，但恐飢雛悲。生意塞兩間，乾坤果何依。我既生其中，此理須同歸。喜見兒女長，不慮歲月衰。雖爲曠士羞，理在庶無違。

山人有静癖，苦厭一瓢喧。奈何衆竅號，萬木隨風偏。我常涉千里，險易由關山。今古一長途，遇險焉得還。哀歌歎安歸，夷皓無此言。「我安適歸」，謂伯夷歌；「吾將何歸」，謂四皓歌。此司馬遷、皇甫謐所作，非知夷、皓之心者。

茫茫開闢初，我祖竟誰是？於今萬萬古，家居幾成毀。往者既已然，未來亦必爾。何以寫我心？哀泉鳴緑綺。

生備萬人氣，乃號人中英。以此推衆類，可見美惡情。❶陰偶小故多，陽奇屹無傾。誰將春雷具，散作秋蟲鳴。既知治常少，❷莫歎才虛生。

凝冰得火力，鬱鬱陽春姿。寧滅不肯寒，陽火如松枝。詩家有醇醪，釀此松中奇。一飲盡千山，枯株彼何爲。所以東坡翁，偃蹇不可羈。

黄河萬古濁，猛勢三峰開。客持一寸膠，澄清動高懷。飛駕探崑崙，尚恐志易乖。囑我乘浮槎，徑往天池棲。就引明河清，爲洗崑崙泥。相看淚如雨，千年苦難諧。何當御元化，擺落人世迷。下覽濁與清，瞬息千百迴。

十年小學師，一屋荒城隅。飢寒吾自可，畜養無一途。亦愧縣吏勞，催徵費馳驅。平生禦窮氣，沮喪恐無餘。長歌以自振，貧賤固易居。「貧賤固易居，❸貴盛難爲工」，嵇叔夜詩。

士窮失常業，治生誰有道？身閑心自勞，齒壯髮先老。客從東方來，温言慰枯槁。生事仰去声。小園，

---

❶ 第一首之「尊罍上玄酒」至「可見美惡情」一段，原插入上文《和歸田園居》第三首「意愜澹忘歸」下，今據至順本、成化本、四庫本、畿輔本正。

❷ 「常」，原作「長」，今據至順本改。

❸ 「固」，原脱，今據至順本、四庫本補。

分我瓜菜好。指授種藝方，如獲連城寶。佗年買溪田，共住青林表。

此身與世味，悅若不同時。❶惟餘雲山供，有來不徑辭。時當持詩往，報復禮在兹。有客向我言，於道未無疑。不爲物所役，乃受烟霞欺。聞此忽自失，一笑姑置之。

執價韓伯休，混迹在人境。百錢嚴君平，閱世心獨醒。我無騰化術，淩虛振衣領。又無辟穀方，終年酌清潁。會須學嚴韓，遺風相焕炳。

吾宗幾中表，訪我時一至。❷自吾居此庵，才得同兩醉。逆數百年間，相會能幾次？每會不盡歡，親情安足貴。所歡在親情，杯水亦多味。

器飲代窪尊，巢居化安宅。凡今佚樂恩，孰非聖神迹。況彼耕戰徒，勤力有千百。乞我一身閑，坐看山雲白。内省吾何功，停觴時自惜。

四時有代謝，寒暑皆常經。二氣有交感，美惡皆天成。天既使之然，人力難變更。區區扶陽心，伐鼓達天庭。乾坤固未壞，杞人已哀鳴。雖知無所濟，安敢遂忘情。

諸生聚觀史，掩卷慕高風。兀如遠游仙，獨居無事中。盛衰閱無常，倚伏誰能通。天方卵高鳥，地已産良弓。

❶ 「悅」，原作「況」，今據至順本、成化本、畿輔本改。

❷ 「至」，原作「致」，今據至順本、成化本、畿輔本改。

人生皆樂事，憂患誰當得。人皆生盛時，衰世將盡惑。水性但知下，安能擇通塞。不見紇干雀，貪生如樂國。古今同此天，相看無顯默。

人生喪亂世，無君欲誰仕。滄海一横流，飄蕩豈由己。弱肉彊之食，❶敢以淩暴耻。優游今安居，驩然接鄰里。曲直有官刑，高下有人紀。貧羸誰我欺，田廬安所止。❷舉酒賀生民，帝力真可恃。

人君天下師，垂衣貴清真。羲皇立民極，坐見風俗淳。有德豈無位，萬古湯盤新。師道嗟獨行，此風自周秦。獨行尚云可，誰以儒自塵。有名即有對，况乃一行勤。聖人人道爾，豈止儒當親。儒雖百行一，致遠非迷津。矧伊末世下，空有儒冠巾。何當正斯名，遥酹千載人。

和有會而作并序

今歲旱，米貴而棗價獨賤。貧者少濟以黍食之，其費可減粒食之半。且人之與物，❸貴賤亦適相當，蓋亦分焉而已。偶有所感，❹而和此詩。

農家多委積，淵明猶苦飢。况我營日夕，凶歲安得肥。衾裯一飽計，何暇謀寒衣。經過米麥市，自顧還自悲。彼求與此有，相直成一非。尚賴棗價廉，殆若天所遺。惟人有貴賤，物各以類歸。小兒法取小，淺語

❶「彊」，原作「疆」，今據至順本、成化本、四庫本、畿輔本改。
❷「田」，原作「四」，今據至順本、成化本、畿輔本改。
❸「且」，原作「仁」，今據至順本、成化本、畿輔本改。
❹「偶」，至順本作「因」。

真吾師。

和擬古九首

鬱鬱歲寒松，濯濯春風柳。與君定交心，金石不堅久。君衰我不改，❶重是平生友。相期久自醉，中情有醇酒。義在同一家，何地分勝負。彼此無百年，幾許相愛厚。持刀斷流水，纖瑕固無有。

客從關洛來，高論聽未終。連稱古英傑，秉國或從戎。建立天地極，蔚爲蓋世雄。功成脱弊屣，飄然藹遺風。生世此不惡，君何守賤窮？急呼酌醇酒，延客無何中。

同游非所思，所思天一隅。有問所思誰，意在言不舒。❷古今猶旦暮，四海同一廬。怳惚精靈通，似見與我居。攬衣欲從之，寒月照平蕪。茫然不知處，歎息將焉如？

朝游易水側，步上燕臺荒。❸燕王好神仙，不見金銀堂。江山古神器，海色圍蒼茫。哀哉王風頽，日化争奪場。捄世豈無人，齎志歸北邙。撫此重長歎，青山忽軒昂。呼酒樂今朝，往事置一方。遥知蓋棺後，亦起千載傷。

依依月光缺，熒魄恒獨完。清光如素絲，長懷綴君冠。形雖隔萬里，咫尺皆君顔。望君君不來，十年不

❶「衰」，原作「褎」，今據至順本、四庫本、畿輔本改。以下逕改，不再出校。
❷「在」，至順本、成化本作「盡」。
❸「步」，四庫本作「暮」。

開闢。豈無黄金贈，藉以青錦端。愛惜明月珠，肯爲黄雀彈。❶庭前秋栢實，月夜棲孤鸞。君嘗寸心苦，中有千歲寒。

河流高拍天，沇水洑在兹。自傷困無力，乘彼朝宗時。❷顔色變涇渭，風味存澠淄。願君深識察，期君不相疑。此情良可憐，感慨贈以辭。辭云丹山鳥，千載多苦思。身游九霄上，不受塵世欺。忍飢待竹實，浩蕩今何之？歌以靈鳳謡，❸亂以猛虎詩。

西山有佳氣，草木含清和。道逢方瞳翁，援琴爲我歌。音聲一何希，一唱三歎多。問翁知此誰，指我蟠桃華。所望在千年，君今將奈何。

翩翩誰家子，慷慨歌遠遊。忽記少年日，猛志隘九州。何物能勸人，❹有此歲月流。君心海無底，亦使成高丘。贈君一卷書，其傳自衰周。讀此當自悟，擾擾將焉求！

巖巖牛山木，久矣困樵採。望望深澗芝，無人香不改。一葉振江潭，輕波欲達海。幽明理一貫，影響不相待。願天誘臣衷，所求惟寡悔。

---

❶「黄」，原闕，今據至順本、成化本、畿輔本補。四庫本作「一」。

❷「朝」，原作「潮」，今據至順本、四庫本、畿輔本改。

❸「以」，至順本、成化本作「爲」。

❹「勸」，至順本作「動」。

和雜詩十一首

日食百馬芻，足有萬里塵。乃知一駿骨，可百駑駘身。❶生汝天已艱，天復無私親。安肯養一物，侵奪空四鄰。長飢汝自取，況值秋霜晨。難生復難長，愁絶藝蘭人。

胸中無全山，横側變峰嶺。不及靈椿秋，遂謂長春景。只見栢參天，豈知根獨冷。井蛙見自小，夏蟲年不永。天人互償貸，千年如響影。廓哉神道遠，瞬息苦馳騁。平生遠游心，觀物有深静。

晝長夜乃短，百刻君自量。贏餘雖可致，君看蜜蜂房。董生論齒角，三策奏未央。樂天喻花實，妙理通陰陽。白詩：「荔支非名花，牡丹無佳實。」稠薄只升米，聽爾宜飢腸。

好事理難阻，人情多畏豫。芝蘭種不生，鸞鴻動高翥。遂令好賢心，艱親恐易去。巢燕不待招，庭花免憂慮。所以末世下，凡百古不如。皎皎千里駒，肯爲場苗住。求賢非吾分，切己在何處。平生取友志，持此當警懼。

因觀倚伏機，亦愛柱下老。時危不易度，遯默庶自保。不見春花樹，隆冬抱枯燥。生意斂根柢，發泄敢獨早。聖德實天生，自信耿中抱。猶存悄悄心，庸人安足道。

幼安返鄉郡，知音得程喜。有問平生心，但説臨流事。乾坤魏山陽，史筆凛生意。物外此天民，與魏偶相值。見《通鑑綱目》。澹然涉世情，月閑雲自駛。我作安化箴，「上安其賢，民化其德」，見《管寧傳》注。韋絃不須置。

❶「駘」，原作「胎」，今據至順本、畿輔本改。

太玄豈無知，不覺世運迫。爲問莽大夫，何如成都陌。揚雄嘗師嚴君平。扶摇得真易，長卧山雲白。扶摇、白雲，皆陳圖南號。中有安樂窩，氣吐宇宙窄。消長粲以密，我主彼爲客。❶觀《先天圖》可見。問子居何方，環中有真宅。❷

朝耕隆中田，暮採成都桑。平生澹泊志，醜女同糟糠。愛此真丈夫，忘我厨無糧。當年静修銘，團茅鷄距陽。鷄距，保府泉名。舊嘗取武侯「静以修身」語，名所寓舍「静修龕」。❸回頭十五載，塵迹徒自傷。山居久岑寂，主静豈無方。安得無極翁，酌我上池觴。

燕南可避世，逸興生雲端。安得百里封，一邑不改遷。絃誦和寒流，❹溝涂映晴巔。思此良自苦，躬耕望盤飧。願從八吟翁，横渠有《八翁吟》，❺因自謂「八吟翁」。同結一井緣。買山不用詩，探囊謾千篇。

西山霍原宅，古迹猶可稽。見《水經注》。重吟豆田謡，愁雲落崩崖。《豆田謡》見霍原本傳。魯酒邯鄲圍，撫

---

❶「我主彼」，至順本作「彼主我」。

❷「環」，四庫本作「寰」。

❸「龕」，至順本作「菴」。

❹「絃」，原作「詃」，今據至順本、成化本、四庫本、畿輔本改。

❺「八翁吟」，原作「八吟翁」，今據至順本、成化本、畿輔本改。四庫本作「八吟詩」。

事傷人懷。林宗自高士，此世淹亦彌。一聞孺子語，❶西風草披離。❷知幾在明哲，何事紲塵羈？君觀括囊戒，無盈庶無虧。

我游深意寺，郎山古清涼。興妖如米賊，乘時起陸梁。見《五代史記》。❸不見重華帝，所居亦成鄉。乾坤師道廢，春陽變秋霜。撫事三太息，欲語意何長。

和詠貧士七首

陶翁本强族，田園猶可依。我惟一畝宅，貯此明月輝。翁復隱於酒，世外冥鴻飛。我性如延年，與衆不同歸。孤危正自念，誰復慮寒飢。努力歲云暮，勿取賢者悲。「獨正者危，至方則礙。爾實愀然，中言而發。違衆速尤，迕風先蹶。」此淵明規顏延年語也。見延年誄公文。

王風與運頹，❹一輊不再軒。消中正有長，冬温見瓜園。人才氣所鍾，亦如焰後烟。寥寥洙泗心，千載誰共研？龍門有遺歌，三歎誦微言。意長日月短，持此托後賢。

淵明老解事，撫世如素琴。似人猶可愛，况乃懷好音。鄉閭誰盡賢，招飲亦相尋。豈有江州牧，既來不

❶「聞」，原作「開」，今據至順本、成化本、四庫本、畿輔本改。

❷「披離」，至順本作「離披」。

❸「見」上，至順本有「事」字。

❹「運」，原作「連」，今據至順本、成化本、四庫本、畿輔本改。

同斟。仲尼每諱魯，❶邦君誠可欽。史筆自好異，誰求賢者心。木石能受唾，豈獨相國婁。視唾若如雨，褊人亦不酬。無心乃直道，矯情實莊周。身外不爲我，袒裼吾何憂。伯夷視四海，願人皆我儔。吾謂下惠隘，此説君試求。飲酒不爲憂，立善非有干。偶讀形神詩，大笑陶長官。傷生遂委運，一如咽止飱。參回豈不樂，履薄心常寒。天運安敢委，天威不違顔。莊生雖曠達，與道不相關。物外有幽人，閲世如飛蓬。浮名不可近，造物難爲工。西京二百年，藉藉楚兩龔。豈知老父觀，才與薰膏同。爲同老父誰？身隱名不通。偶逢荷蓧者，欣然欲往從。生類各有宜，風氣異九州。易地必衰悴，❷蓋因不同儔。水物困平陸，清魚死濁流。麟亡回既夭，時也跖無憂。天亦無奈何，自獻敢望酬。寄語陶淵明，雖貧當進修。

和詠二疏

委質義有歸，乞骸老當去。豈無戀闕心，難忘首丘趣。在禮此常典，末世成高舉。漢庭多公卿，圖畫兩疏傳。至今秦中吟，感歎東門路。目覩霍將軍，功高擅恩顧。一朝産危機，千載損英譽。仲翁幸及年，安肯嬰世務。聖主賜臣金，奉養行所素。造物佚我老，餘齡今自悟。田園付子孫，身後復無慮。神交冥漠中，樂

❶「尼」，原作「泥」，今據至順本、成化本、四庫本、畿輔本改。

❷「悴」，至順本作「焠」。

境尚森著。

和詠三良

江山錯如繡，死與弊屣遺。安用親愛人，共此丘土微。秦人多尚氣，宜無兒女私。乃亦如當途，區區戀衣帷。因傷秦政惡，三歎王綱虧。殉人已可誅，而況收良歸。坐令百夫特，含恨與世違。祇應墓前栢，直幹千年希。遥知作俑戒，爲感詩人悲。重吟黄鳥章，淚下霑人衣。

和詠荆軻

兩兒戲邯鄲，六國朝秦羸。❶秦王鷙鳥姿，得飽肯顧卿。燕丹一何淺，結客報咸京。當時勢已危，奇謀不及行。政使無此舉，寧免係頸纓？如丹不足論，世豈無豪英。天方事除掃，孰禦狂飈聲。我欲論成敗，高歌呼賈生。乾坤有大義，迅若雷霆驚。堂堂九國師，誰定討罪名？一戰固未晚，何爲割邊庭。區區六孱王，山東但空城。孟荀豈無術，乘時失經營。今雖聖者作，不捄亂已成。酒酣發羽奏，亂我懷古情。

和讀山海經十三首

寰區厭迫隘，思見曠以踈。四壁畫諸天，愛此金仙廬。丹青焕神迹，勝讀談天書。乃知屈子懷，託興青虬車。回看百千世，❷朝露棲園蔬。歸來誦陶詩，復與山經俱。山經何所似，俚媪談浮圖。汗漫恐不已，身

❶「羸」，原作「嬴」，今據至順本、四庫本、畿輔本改。

❷「看百千」，至順本作「首千百」。

心歸晏如。

鳳鳥久不至，思君慘別顏。中心藏竹實，炯炯空千年。千年寄何所？❶云在丹穴山。何當一呼來，徵爾無稽言。

翩翩三危鳥，爲我使崑丘。聞有西王母，靈化略難儔。❷願清黃河源，一洗萬里流。吾生豈無志，所居非上游。

瀟湘帝子宅，縹緲乘陰陽。欲往從之游，風波道阻長。秋風動環珮，星漢摇晶光。月明江水白，萬里同昏黃。

重華去已久，身世私自憐。皇靈與天極，蒼梧渺何山。晴空倚翠壁，白雲淡無言。愁心似湘水，猶望有歸年。

夢登日觀峰，高撫扶桑木。手持最上枝，傳與甘淵谷。一笑天鷩白，蒼涼出新浴。何方積九陰，區區尚龍燭。

纍纍玉膏實，泠泠琪樹陰。鸞鳳自歌舞，瑟瑟風動林。風林奏何樂，賓天有遺音。君何坎井念，永負琅園心。

---

❶「寄何所」，至順本作「何所往」。

❷「略」，至順本作「苦」。

明星捧玉液，太華參天長。仙掌一揮謝，此樂殊非常。矯首望夸父，飢渴無餘糧。奔競竟何得？歸哉此中央。

水物自一隅，亦復具飛走。乃知造化工，錯綜無欠負。茫茫山海間，形類靡不有。此亦何可窮，一覽置肘後。

遥醉楚江騷，❶清愁浩如海。蹈襲此何人，興寄果安在？豈期紫陽出，誇謾莫追悔。見朱文公《楚詞辨証》。五藏今九丘，「五藏」見《山海經序》。除去尚奚待。

流觀山海圖，❷淵明有深旨。撫心含無疆，觀形易生死。異世有同神，此境若親履。何以發吾歡？濁酒真可恃。

扶踈窮巷陰，回車想高士。厭聞世上語，相約扶桑止。讀君孟夏詩，千載如見爾。開襟受好風，試學陶夫子。

陶令自高士，葛侯亦奇才。中州亂已成，翩然復南來。三游領坡意，厭世多驚猜。不妨成四老，雅興更悠哉。

---

❶「醉」，至順本作「酧」。

❷「流」，原闕，今據至順本、成化本、四庫本、畿輔本補。

丁亥集卷三

七言古詩 二十三首

桃源行

六王掃地阿房起，桃源與秦分一水。小國寡民君所憐，賦役多慚負天子。天家正朔不得知，手種桃枝辨四時。遺風百世尚不泯，俗無君長人熙熙。漁舟載入人間世，却悔桃花露踪迹。曾聞父老説秦强，不信而今解亡國。畫圖曾識武陵溪，飛鴻滅没天之西。但恨於今又千載，不聞再有漁人迷。

明妃曲

初聞丹青寫明眸，明妃私喜六宫羞。再聞北使選絶色，六宫無慮明妃愁。妾身只有愁可必，萬里今從漢宫出。悔不别君未識時，免使君心憐玉質。君心有憂在遠方，但恨妾身是女郎。飛鴻不解琵琶語，祇帶離愁歸故鄉。故鄉休嗟妾薄命，此身雖死君恩重。來時無數後宫花，明日飄零成底用。宫花無用妾如何，傳去哀絃幽思多。君王要聽新聲譜，爲譜高皇猛士歌。

塞翁行

塞翁少小壟上鋤，塞翁老來能捕魚。宋家昔日塞翁行，屯田校尉功不如。西山瀛海接千里，長城又見開長渠。要將一水限南北，笑殺當年劉六符。天教陂澤養鴈鶩，留與金人賦《子虛》。我來鄉國覽風土，髿髵撾鼓笛嗚嗚。胸中雲夢忽已失，酒酣懷古皆平蕪。昔年阻水群盜居，塞翁子孫殺欲無。至今遺老向人泣，前宋監邊無遠圖。

武當野老歌

南陽武當天下稀，峰巒巧避山自迷。青天飛鳥不可度，但見萬壑空烟霏。山不知人從太古，白雲飛來天作主。旌旗明滅漢陽津，幾閱東西互夷虜。老人住此今百年，自言三世絶人烟。往事不聞宣政後，初心欲返羲皇前。脯鹿爲糧豹爲席，竹樹蒼蒼歲寒國。天分地坼保無憂，❶怪見北風山鬼泣。一聲白鴈已成擒，回望丹梯涙滿襟。傳語桃源休避世，武陵不似武當深。

感秋 思古人之不可見也

湘絃悠悠阻清音，駕車欲往洛水深。白榆一葉驚河漢，❷萬里碧霄中夜心。玉鸞翩翩紛翠羽，髿髵機絲隔烟霧。瓊枝難得芳華年，惟恐流光兩遲暮。河傍有星名牽牛，此星既出令人愁。明朝再見明河影，已隔人間萬古秋。

---

❶ 「坼」，原作「拆」，今據成化本、四庫本改。

❷ 「驚」，至順本、成化本作「警」。

飲後

日光射雨明珠璣，怒氣鬱作垂天蜺。天漿海波吸已竭，倒景徑入黄金巵。金巵一傾天宇閑，天公愁吐胸中奇。海風掀舉催月出，吹落酒面浮明輝。瓊芝瑞露千萬斛，肝腸瀟瀟清欲飢。金宫銀闕此何處？夜半夢落崑崙西。眼中之人素所期，赤霜爲袍丹霞衣。明星煌煌何太速，碧霄悵望白雲低。

西山

西山龍蟠幾千里，力盡西風吹不起。夜來赤脚踏蒼鱗，❶一著神鞭上箕尾。天風泠泠清入肌，醉抱明月人間歸。嫦娥灑淚不敢語，銀河鼓浪霑人衣。寄謝君平莫饒舌，袖中此物無人知。

登荆軻山

兩山巉巉補天色，中有萬斛江聲哀。人言此地荆軻舘，尚餘廢壘山之隈。太子西來函關開，誰信生兒爲禍胎。筆頭斷取江山去，已覺全燕如死灰。馬遷尚俠非史才，淵明憤世傷幽懷。春秋盜例久不舉，紫陽老筆生風雷。遺臺古樹空崔嵬，平蕪落日寒烟堆。紛紛此世亦良苦，今古燕秦經幾回。憂來徑欲浮蓬萊，安得魯連同一杯。碣石東頭唤羨門，六鰲載我三山來。

薛稷雙鶴

胎禽寥廓非人境，只許清江見寒影。書家筆頭垂露姿，一變淩雲更修整。前鶴忘機如易馴，後鶴昂藏

❶「踏」，四庫本作「蹈」。

不可群。二鶴相看如有語，松下盤石少此人。

幼安濯足圖

漢家無復雲臺功，平生不識大耳公。❶眼中天意鏡中語，此身只有扁舟東。關東諸公亦英雄，百年能辨山陽封。❷歸來老栢號秋風，世事悠悠七十翁。乾坤故物兩足在，霜海浮雲空復空。無刀可斷華太尉，有死不爲丕太中。丹青白帽凜冰雪，高山目送冥飛鴻。爲問蘇家好兄弟，萬古北海誰真龍？長公愛文舉，次公愛幼安，蓋氣質各以類云。

采菊圖

天門折翼不再舉，袖手四海橫流前。長星飲汝一杯酒，留我萬古羲皇天。廟堂袞袞宋元勳，争信東籬有晉臣。南山果識悠然處，不惜寒香持贈君。

歸去來圖

淵明豪氣昔未除，翱翔八表淩天衢。歸來荒徑手自鋤，草中恐生劉寄奴。中年欲與夷皓俱，晚節樂地歸唐虞。平生磊磊一物無，停雲懷人早所圖。有酒今與龐通沽，眼中之人不可呼。哀歌撫卷聲嗚嗚！

---

❶ 「平生」，至順本作「生平」。

❷ 「辨」，至順本、成化本作「辦」。

雪翠軒

西山萬古青未了，黛緑鬟雲已傾倒。豈知太虚忽生白，恍如厚夜今復曉。紫陽仙翁見本根，白波開天餘浩渺。胸中盤曲此高寒，❶曾夢肝腸倚天表。蒼崖飛來天出巧，爲護烟嵐翠如掃。萬縷寒烟吹不舉，静秀依依見娟好。此時先生一開軒，平生壁立今玉削。脚底游塵軟更紅，黑頭擾擾誰爲雄？臨風回首三太息，安得置此冰壺中。西山秀色千萬重，一顧可洗浮雲空。遥望飛泉駕遠壑，中有一路開雙松。人間風日不到處，來訪軒中雪翠翁。

山中

山中望塔倚天表，今得全山如立草。不知天地視全山，何如一粒江湖渺。平生老眼如層梯，昨日所爲今兒嬉。神功天巧祗如此，人力區區能幾爾！世間壯觀徒紛紜，堯舜事業猶浮雲。

飲山亭雨後

山如翠浪經雨漲，開軒宛坐扁舟上。❷西風爲我吹拍天，要駕雲帆恣吾往。太行一千年一青，才遇先生醉眼醒。却笑劉伶糟麴底，豈知身亦屬螟蛉。

❶「曲」，至順本作「屈」。
❷「宛」，至順本作「似」。

巫山圖

朔風捲地聲如雷，西南想見巫山摧。江南圖籍二百年，一炬盡作江陵灰。不知此圖何所得？眼中十二猶崔嵬。猿聲髣髴餘山哀，行雲欲行行復回。神宮縹緲望不極，乘風御氣無九垓。區區雲夢蹄涔爾，豈知更有陽雲臺。

李賀醉吟圖

赤虬翩翩渺無聞，望之不見矧可親。浮世浮名等濁溷，眼中擾擾投詩人。心肝未了人間春，厖眉尚作哦詩顰。太平瑞物不易得，昌黎仙人掌中珍。❶北風瀟瀟吹野燐，❷千年淚雨埋青雲。乾坤清氣老不死，丹鳳再來須見君。

後賦赤壁圖

公無渡河歸去來，周郎袖裏藏風雷。老狐千年快一擊，❸金眸玉爪不凡材。❹先生平生兩賦爾，江山華

---

❶「仙人」，至順本作「先生」。

❷「燐」，原作「麟」，今據四庫本改。

❸「快」，原作「快」，今據至順本、成化本、四庫本、畿輔本改。

❹「爪」，原作「瓜」，今據至順本、成化本、四庫本、畿輔本改。

髮心悠哉。只今畫裏風月笛，尚有老驥嘶風哀。❶眼中驚波不西歸，玄鶴夜半從天迴。曹劉閑氣今何處？船頭好在白雲堆。❷

陳氏莊

陳氏園林千户封，晴樓水閣圍春風。翠華當年此駐驊，太平天子長楊宫。浮雲南去繁華歇，回首梁園亦灰滅。淵明亂後獨歸來，欲傳龍山想愁絶。今我獨行尋故基，前日家僮白髮垂。相看不用呑聲哭，試賦宗周黍離離。陳氏，先父之外家也。金章宗每遊獵，必宿其家。淵明，謂先父。龍山，指孟嘉事。

采石圖

何年鑿江倚青壁，乞與中原作南北。天公老眼如看畫，萬里才堪論咫尺。蛾眉亭中愁欲滴，曾見江南幾亡國。百年回首又戈船，可憐辛苦磯頭石。江頭老父説當年，夜捲長風曉無迹。古人袞袞去不返，江水悠悠來無極。只今莫道昔人非，未必山川似舊時。龍蟠虎踞有時歇，月白風清無盡期。古人看畫論兵機，我今看畫詩自奇。平生曾有金陵夢，似記扁舟月下歸。

金太子允恭唐人馬

道人神駿心所憐，天人龍種畫亦然。房星流光忽當眼，徑欲攬轡秋風前。漢家金粟幾蒼烟，江都

❶「嘶」，原作「西」，今據至順本、成化本、畿輔本改。
❷「在」，畿輔本作「任」。

筆勢猶翩翩。東丹獵騎自豪貴，風氣惜有遼東偏。天人秀發長白山，畫圖省識開元年。金源馬坊全盛日，四十萬匹如秦川。❶天教劫火留此幅，❷玉花浮動青連錢。❸英靈無復汗石馬，❹悲鳴真似泣金仙。只今回首望甘泉，汾水繁華鴈影邊。奇探竟隨轍迹盡，兀坐宛在驊騮先。人間若有穆天子，我詩當作祈招篇。

宋理宗書宮扇并序

杭州宫扇二，好事者得之燕市。一畫雪夜泛舟，一畫二色菊。理宗題其背，有「輿盡爲期」及「晚節寒香」之句。諸公賦詩，予亦同作。

天津月明啼杜鵑，梁園春色凝寒烟。傷心莫説靖康前，吴山又到繁華年。繁華幾時春已换，千秋萬古合歡扇。銅雀香銷見墨痕，秋去秋來幾恩怨。一聲白鴈更西風，冠蓋散爲烟霧空。百錢韈錦天留在，禍胎要鑒驪山宫。❺當時夢裏金銀闕，百子樓前無六月。❻瓊枝秀發後庭春，珠簾晴捲天門雪。棹歌一曲白雲

---

❶「川」，至順本作「州」。
❷「幅」，原作「福」，今據至順本、成化本、四庫本、畿輔本改。
❸「連」，原作「蓮」，今據至順本、成化本、四庫本、畿輔本改。
❹「復汗石馬」，原作「汗石馬復」，今據至順本、畿輔本正。
❺「禍胎」，至順本作「胎禍」。
❻「子」，原作「杯」，今據畿輔本改。

秋，不覺金人淚暗流。乾坤幾度青城月，扇影無情也解愁。五雲回首燕山北，燕山雪花大如席。雪花漫漫冰峨峨，大風起兮奈爾何！

續十二辰詩

飢鳶嚇鼠驚不起，牛背高眠有如此。江山虎踞千里來，才辨荆州兔穴爾。魚龍人海浩無涯，幻境等是杯中蛇。馬耳秋風去無迹，羊腸蜀道早還家。何必高門沐猴舞，豚穽鷄栖皆樂土。柴門狗吠報鄰翁，約買神猪謝春雨。

雜　言五首

觀雷溪

飛狐天下脊，老氣盤五回。三江瀉天怒，合爲一水東南來。此勢不殺令人愁，石門喜見西山開。未補青天裂，誰鑿混沌胎？奇聲猛狀萬萬古，山根幾許猶崔嵬。兩山倒傾瀾，百丈逢顛崖。先聲動毛髮，餘爽開襟懷。初疑萬壑轉奔石，意像髣髴坤軸摧。又疑鼓角鳴地中，百步未到仍裴徊。荒祠下石磴，駭目何雄哉！春風不到太古雪，今日乃得胸中雷。穿石誰能窮窟宅？流沫勢欲浮蓬萊。平生芥蔕今寒灰，兩耳到骨無纖埃。酈元筆頭天下水，石門之奇猶見推。乃知兹遊亦奇絶，快弄素霓噴瓊瑰。❶東崖一片石，坐撫

❶「霓」，原作「雷」，今據至順本、成化本、畿輔本改。

千年苔。❶爲招郎山君，共捲長鯨杯。江妃爲撾靈鼓催，赤鱓躍出銀山堆。先生醉來泉灑面，狂歌一和湍聲哀。

遊郎山

昨日山東州，馬耳索御淩風嘶。今日軍市中，不覺已落山之西。山之面背一無異，不待風烟變化神已迷。危關度雪嶺，亂石通荒蹊。林間小草不識風日自太古，我行終日仰羨木杪幽禽啼。但見雨色來，雲物颼以淒。❷忽然長嘯得石頂，痛快如御駿馬蹄。萬里來長風，五色開晴霓。長劍倚天立，皎潔瑩鸊鵜。平地拔起不傾側，物外想有神物提。詩家舊品嵩少同，❸畫圖省見巫山低。誰令九華名，獨與八桂齊。千態萬狀天不知，敢以兩目窮端倪。騫騰誰避若飛隼，側睒何屈如怒猊。千年落窮邊，烟草寒萋萋。若非酈亭書生此鄉國，物色誰省曾分題。酈道元註《水經》，説郎山形勢最真。今涿郡有酈亭，其先世所居也。乾坤至寶會有待，豈有江山如此不著幽人棲。頗聞山中人，雲間時聞犬與鷄。只疑名山别有靈境在，不許塵世窮攀躋。不是先生南遊有成約，徑欲共把白雲犂。九疑窺衡湘，禹穴探會稽。玉井爛賞金芙蕖，日觀倒捲青玻瓈。風烟回首莫瀟灑，南遊準擬相招携。

---

❶「撫」，至順本作「拂」。

❷「颼」，至順本、成化本、畿輔本作「颸」。

❸「同」，原作「司」，今據至順本、成化本、四庫本、畿輔本改。

挂書牛角圖

長安江都搏手空，台司光禄誰雌雄？ 大事既去乃爾耳，渠頭不斫將安容？ 暗嗚千年楚重瞳，將軍視之猶楚公。 挂書牛角亦偶爾，史臣比擬良未同。 青青澤中蒲，秀色自淩空。 可憐徐包徒，學術皆凡庸。 君不見，群兒驅羊竟何功，晉陽桃李亦秋風。❶ 緱山圖畫有如此，何如長作多牛翁。

浙江潮圖

山人懶絶夢亦然，鼎如萬牛不可遷。 誰信畫工筆頭有神力，扁舟一夜江聲寒。 覺來千里雪漫漫，中有數點青峨閑。 人間天門壯觀已如此，豈知大塊喘息四海如鼻端。 海中仙人冰雪顔，吸風御氣非人寰。 試問濤頭何當還？ 爲我寄聲三神山，我欲乘興遊其間。

清江曲

清江芙蕖玉可憐，岸花汀草自年年。 來鴻去燕不相識，曉露無聲香暗泣。 江樓縹緲如花人，望之見之不可親。 無限晴雲錦樹新，愁眉只向遥山顰。 遥山一千里，長在愁眉底。 鏡裏繁華過眼空，遥山鑄向青銅中。 遥山遥復遥，芙蕖霜早凋。 明日愁眉爲誰掃？ 月白江清天未曉。

---

❶ 「陽」，原作「楊」，今據至順本、四庫本、畿輔本改。

丁亥集卷四

五言律詩三十七首

除夕

百歲三分一，初心謾慨然。空囊難避節。青鏡不留年。❶靜閱無窮世，閑觀已定天。履端思後日，四鼓未成眠。

晚上易臺

遺臺連廢壘，落日展遥岑。海嶽天東北，燕遼世古今。每當多感慨，直欲罷登臨。莫更留塵迹，千年不易禁。

登武陽

朝遊樊子舘，晚上武陽城。潮接滄溟近，山從碣石生。斷虹雲淡白，返照雨踈明。且莫悲吟發，樵歌已愴情。

❶「留」，至順本、成化本作「藏」。

鄉郡南樓懷古

南北世更迭，江山人重輕。澶淵出師詔，顯德受降城。遺恨幾時盡，寸心千載生。區區蓼花詠，癡計欲何成。

滿城道中

學舘三年夢，西山此日行。人生两屐足，世累一蓑輕。别澗水流合，斷林烟補平。誰能分半壑，相與結巖耕。

夏　夜

院静復夜静，幽人世慮輕。是非容勿辨，憂寵莫多驚。萬樹烏飛月，千家犬吠聲。夢回無一事，惟有紙窗明。

重游源泉

人世自人世，翛然物外身。滄溟來照影，❶白帽恐生塵。題壁雲封石，攀花鳥護春。今年風景别，開卷覺詩陳。

張氏别墅

惡木推不去，好山招未來。豈無平曠地，當有妙高臺。芳草趁陰坐，雜花隨意開。東南村落近，試與問

❶「溟」，至順本作「浪」。

新醅。

書堂旅夜二首

少小抱孤苦，飄零重此行。迂踈從我好，憂戚賴天成。夙志存無幾，羈懷觸又生。寸心同弱草，歲晚怯霜清。

淹留已半載，去住意何深。月色一千里，愁人方寸心。秋聲助摇落，生理歎浮沉。松桂清霜滿，哀歌動故林。

生日

四十舉兒子，明珠掌上希。圭璋蒙養正，❶朱蜜病防微。春露有時降，孤雲何處飛。悲歡共今夕，餘涕不勝揮。

虞帝廟

淫祀徧區宇，空山餘帝宫。皇靈有天在，像設與人同。身世千年後，塵埃百感中。清泉分一酌，毛骨潤南風。

奇村道中

此日西塘路，乘閑作勝游。深深柳成巷，脈脈稻分溝。白石長含雨，黄花不受秋。移居新有意，試就野

❶「璋」，原作「章」，今據至順本、成化本、四庫本、畿輔本改。

人謀。

城　南

山人懶到骨，一出動經秋。欲赴城南約，如營海外遊。岸容收潦盡，村色帶烟留。禾黍歲將晚，農家猶未休。

有　客

有客談稼穡，對人增感傷。自言二頃業，不博半年糧。宿麥得春旱，晚田經早霜。無功一杯粥，俯首汗如漿。

早　行

曙色警初動，物情無久閑。薄淩護頹岸，落月淡空山。殘夢失逆旅，少休期守關。尋常午窗雨，擁被聽珊珊。

白　菊

仙草尚孤潔，東籬芳未芳？精神渾是露，氣勢已無霜。夜月藏不得，晚風吹又香。天教陶靖節，素髮與交光。

水亭夏日

孤亭耿獨坐，一碧淡凝秋。氛雜市聲遠，空明雲影留。傷時仍磊磊，對景即休休。❶ 幾欲解維去，乾坤

❶ 「景」，至順本作「鏡」。

無釣舟。

野　興

乘興閑登眺，歸來晝掩扉。静中見春意，動處識天機。大節始終論，全才今古稀。平生有舊約，常恐寸心違。

秋　望

病骨秋偏早，單衣露亦寒。❶微雲生水際，❷暝色起林端。地迥月遲下，樓高山易殘。輕風吹欲舉，醉袖拂層峦。

雜　詩五首

堯山唐故國，淳朴帶遺蹤。種菓收奴力，開田享素封。採收多上藥，❸景仰近神峰。夢寐驅黄犢，巖居一老農。

冀北高寒境，英靈海嶽全。斯文若程邵，家世亦幽燕。祀典今誰舉？❹遺經會有傳。吾鄉此盛事，瞻仰在他年。

---

❶「亦」，原作「尔」，今據至順本、成化本、畿輔本改。

❷「微」，原作「徵」；「水」，原作「冰」，今皆據至順本、成化本、四庫本、畿輔本改。

❸「採」，原作「來」，今據至順本、畿輔本改。

❹「今」，原作「令」，今據至順本、成化本、畿輔本改。以下逕改，不再出校。

何事招提好，山深馬可驅。松巢低暎帽，竹溜細通厨。霜栗千封户，雲屏四畫圖。冠巾如我用，❶白鹿起規模。

巖居訪高道，少日在風塵。回首話前事，低眉厭此身。❷江山資寇盗，田畝化荆榛。領取天倫重，無君愁殺人。

水遶千山合，雲藏數畝荒。初尋香有陣，漸入翠成行。豚穽依危石，牛蹊帶小塘。團茅奄如畫，可惜是逃亡。

早發濡上

寒出防優逸，詩情非浩然。烟濃山失色，雲重雪連天。坯户仙游上，❸冰髯老境前。别家忘再宿，桑海問何年。

偶　書

擾擾推遷裏，誰知不偶然。要從人力外，推見事機先。青白天公眼，低昂造物權。俗情謾悲喜，倚伏有他年。

---

❶「我用」，至順本作「用我」。

❷「低」，原作「但」，今據至順本、成化本、四庫本、畿輔本改。

❸「坯」，原作「坏」，今據至順本改。

宿田家

偶到田家宿，歡迎如遇仙。杯盤陳户側，妻子拜燈前。青白眼誰静？炎涼情易偏。豈知人世外，還有野夫憐。

半世

半世恒棲托，孤生被險艱。❶寡言非藴蓄，褊性類清閑。生計朝霞上，交情暮雨間。柴門本無客，幽僻況長關。

重渡滹沱

遥臨滹水岸，回望土門關。秋色巉巖上，川形拱抱間。分疆人自隘，設險地誰慳？欲問前朝渡，江鷗故意閑。

恒山樓

萬嶺尊恒嶽，遺臺枕後潭。仰高慚對坐，哭險負奇探。影落滄溟北，雲開斗柄南。山靈憐野客，今夕費烟嵐。

登鎮州陽和門

百尺市門起，重過爲暫停。豪分秋物色，❷米聚趙襟形。北望雲開嶽，東行氣犯星。憑闌天宇在，人事

---

❶「被」，至順本作「備」。

❷「豪」，至順本作「毫」。

聽浮萍。

辛巳中秋旅亭獨坐

分光陰太盛，無力掩蒼溟。大塊供微黑，高天失舊青。興從愁外發，秋向露邊零。點數山河影，依稀見草亭。

文　章

文章費餘力，齒髮愧初心。璞有連城璧，精非百鍊金。静中天地我，閑裏去來今。鳥散爐薰盡，長歌激暮陰。

一　身

一身能換骨，毛髮散沖融。氣變精神後，❶人生感化中。朝陽方杲杲，春意正濛濛。百載唐虞德，方成比屋功。

周　邵

百年周與邵，積學欲何期？徑路寬平處，襟懷洒落時。風流無盡藏，光景有餘師。辜負靈臺境，圖書重一披。

上　塚

過家來上塚，顧影念孤蹤。春露歡迎失，寒泉感激濃。千金一毛髮，十夢九音容。不惜從黄壤，多慚未

---

❶「神」，至順本、成化本作「醇」。

了胸。

七言律詩六十九首

春陰

淡淡春雲暖更輕，一身酒力若雲生。無人也笑樂所使，未醉先休氣始平。時雨霑枯或有蘖，微風著物不聞聲。人生日用本無事，閒倚西窗候晚晴。

秋日有感

自恐規模日蹙然，❶每便孤坐静無邊。仰觀俯察無多地，往古來今共此天。或智或愚能幾里，一鳴一止又千年。南山正在悠然處，目送歸鴻手絶絃。

多病

多病年來放盡慵，一龕堅坐避深冬。❷欲忘言處飲先醉，不得意時山故濃。只許國人知我陋，見邵子《無名公序》。無妨高論笑吾庸。見司馬公《庸書序》。西巖近有仙芝種，❸爲謝白雲著意封。

---

❶「蹙」，原作「慼」，今據至順本、成化本改。

❷「坐」，至順本作「定」。

❸「仙」，至順本作「靈」。

日午

日午雲輕草色蘇，出門杖屨自徐徐。乾坤府仰窺難見，花柳青紅畫不如。静處規模惟厭小，動時文理却嫌踈。眼前光景無窮態，註盡濂溪《太極圖》。

偶成

一語未能分付時，難言方信到真知。道參天地用何小，心有羲皇生豈遲。後世直須要揚子，❶百年即我是鍾期。折花笑對滄浪影，不覺東風就手吹。

湖上

湖上幽居事事幽，卧看書卷坐垂鈎。晴窗閑是長年國，暑簟静爲無熱丘。心遠何妨在人境，室虚元自有天游。家人大笑詢生理，報我西風咫尺秋。

十月朔展省後登古城有感❷

手線西風失弊衣，高城烟樹掛斜暉。徘徊飛鳥不忍去，蕩漾滄波如欲歸。幾爲霜來驚露往，每因物是見人非。詩書未辨鄉鄰化，道德初心恐易違。

道士孫伯英容城故居并序

伯英，名邦傑，世爲縣之貴族。遺山元公爲作墓銘，稱其遊太學，所與交皆天下名士，氣甚高。見金世

---

❶「揚」，原作「楊」，今據至順本、四庫本改。

❷「登」，原脱，今據至順本、四庫本及目録補。

已亂，天下事無可爲，思得肆志方外，以耗壯心而老歲月，遂爲黃冠師以終，葬亳之太清宫側，時年五十一。因兒時嘗見先君子録其家世文行之美，❶以示鄉人，今過其居，感而賦詩。❷

政教才氣敵希夷，冠帔翻然亦未宜。誰辨胡寅論鴻客，見《讀史管見》。只除坡老識安期。見《安期生詩》。可憐喬木空秋色，惟有青山似舊時。欲傳先賢問遺事，故園猿鶴不勝悲。

過鄉縣西方古故居并序

古，金大定間人，❸嘗舉進士，不第，遂歸。獨居一室，置琴書其側，不妄與人交。縣令、佐公服候門，亦以遜辭謝遣之。有田數十畝，食其所穫，如菽熟，惟食菽，鄉人好事者欲以米易之，不聽，曰：「天所食者，❹不可易也。」監察御史按行郡邑，聞其行，上之，不報。其爲人，蓋亦近於聖學之所謂「狷」、史家之所謂「獨行」者歟。先父每舉以律鄉人之貪鄙者，故鄉人至今能道之。古死，無後，其丘壠已爲樵牧區。❺今過其居，亦葬焉荆棘中矣，不覺感歎。夫發潛德而紀先賢，實後生之責也。顧力未能焉，姑題詩以記先父之訓云。

---

❶「時嘗見」，原闕，今據至順本、成化本、畿輔本補。

❷「詩」，原作「時」，今據至順本、四庫本、畿輔本改。

❸「金」，原作「今」，今據至順本、畿輔本改。

❹「天」上，至順本、成化本有「是」字。

❺「壠」，原作「瓏」，今據至順本、成化本、四庫本、畿輔本改。

名姓初聞自過庭，山田力食老窮經。鄉閭月旦歸公論，耆宿風流尚典型。感事重吟鳧繹集，懷賢誰築聘君亭。還家遊子悲千種，念舊思親淚最青。

登雄州城樓

古戍寒雲接渺茫，故鄉遊子動悲涼。江山自古有佳客，烟雨爲誰留太行。野色分將愁外緑，物華呈出夜來霜。海門何處秋聲急，極目滄波空夕陽。

夢先壠

望望東阡見松桂，孤雲爲我且蜘蹰。十年一夢等閑過，四海此身何慮無。千丈春暉空寸草，萬山明月只啼烏。舊家三徑今誰主？羡殺河汾有弊廬。

宿玉泉村先父嘗欲卜隱于此

怪見清暉逼晚襟，太行眉宇未消沉。徘徊終日不忍去，寂寞高盟如可尋。欲向孤雲問蹤迹，只應老樹記登臨。棲遲零落今如此，淚盡韋齋刻印心。

外家西園李花

無邊晴雪暎柴扉，夢裏繁華又一非。人與山丘屬零落，❶天教草樹記芳菲。每因寒節來相訪，重爲餘香不忍歸。里社他年有成約，結庵終擬號春暉。

---

❶「山丘」，至順本作「丘山」。

入　山

草露蛛絲晴日明，❶亂虫秋意有先聲。屈盤未轉坡陀盡，蒼翠忽從懷抱生。一徑峰回失南北，兩山雲近異陰晴。天公若會登臨意，可信傷心畫得成。

晚　眺

巖姿濃淡似吾詩，雲點青山學鬢絲。老樹遺臺秋最早，夕陽流水鳥偏遲。❷無人能解此時意，如我曾來前古誰？本爲登臨解陶寫，豈知摇落更堪悲。

山中月夕

滿懷幽思自蕭蕭，況對空山夜正遥。四壁晴秋霜著色，一天明水月生潮。歌傳巖谷聲豪宕，酒泛星河影動摇。醉裏似聞猿鶴語，百年人境有今朝。❸

惡　烏

山中夜夜聞惡烏，惡烏聲中似訴渠。氣運變遷皆以類，陰陽對待不相無。形聲如此誰憐我？天地初生已有予。能辨春風長白日，願將花柳付提壺。

---

❶「蛛」，原作「珠」，今據至順本、畿輔本改。「晴」，至順本作「曉」。

❷「夕」，至順本、成化本、畿輔本作「斜」。

❸「朝」，至順本作「宵」。

五月二十三日登城樓

獨倚危闌數鬢毛，一簾輕燕晚涼高。雲移山影亂初定，雨帶風聲來漸豪。物外此天才一幕，人間何事不秋毫。遠遊未盡平生興，幾欲狂歌續楚騷。

曉出西塘

塘水隨人緩步行，哀湍激石故輕清。太行穠秀霜洗浄，❶全趙規模天鑿成。偶爲登臨發悲詠，忽從毛髮散秋聲。殷勤莫盡尊中酒，留到青山佳處傾。

南　樓

登臨秋思動鄉關，展盡晴波落照閒。歎老自非緣白髮，愛閑元不爲青山。幾經分合世良苦，不管興亡天自閑。初擬憑闌浩歌發，壯懷空與白鷗還。

良　辰

莫遣閑愁負此身，鶯花逐日是良辰。❷乾坤痾痒元關我，❸土木衣冠亦象人。大德豈容輕録怨，小疵休廢更求淳。❹此中空洞渾無物，萬紫千紅總屬春。

❶「霜洗」，原作「洗霜」，今據至順本、成化本、畿輔本改。
❷「日」，原作「月」，今據至順本、成化本、畿輔本改。
❸「痾痒」，至順本作「苛癢」。
❹「淳」，至順本、四庫本作「醇」。

午睡

閒中何事不清妍，鳥戀花陰伴晝眠。窗外雨晴山有暈，枕邊風息樹無絃。面前多放寬平地，方寸嚴臨咫尺天。萬古羲皇有餘意，不妨分我百來年。

新晴

小雨新晴草色蘇，家園生理未全踈。埋盆欲學魚千里，試地先栽芋一區。時與老農談稼穡，不因閑客罷琴書。乾坤妙處無人會，卧看墻陰雀哺雛。

野亭會飲三首

列坐平分草色勻，四圍天設翠屏新。不可一日無此客，安得四時長是春。野鶴自成難進狀，江鷗不作近前嗔。鳥聲自向花枝説，❶好箇羲皇向上人。❷

曳杖蕭然一幅巾，山夫野老解相親。横身物内誰爲我，賦象天中彼亦人。細數平生無此會，不來一醉負今春。舉杯自壽復自笑，萬壑烟霞吾豈貧？❸

行樂人生當及辰，今朝光景爲誰新？林陰薄薄微露日，花氣溶溶暖著人。春色十分看欲盡，鳥聲千種聽難真。東風就手吹殘酒，無限青山動翠鱗。

❶「自」，至順本作「似」。

❷「向」，四庫本作「以」，畿輔本作「世」。

❸「萬」，原作「高」，今據至順本、成化本、畿輔本改。

淺酌

淺酌微吟意自真，新詩改罷酒微醺。流鶯暗逐春光老，獨鶴潛驚夜景分。共見白駒如晚景，豈知蒼狗是浮雲。無邊風月誰無分，只恐靈臺未屬君。

夢鎮州潭園先父舊隱

昨夜分明是鎮州，溪潭先子舊曾遊。魂來千里太行碧，夢覺滿庭烟水秋。古淡園林無限意，登臨今昔幾人愁。當年猿鶴應無恙，争信書郎謾白頭。

過鎮州

太行迎馬鬱蒼蒼，兩岸灘聲帶夕陽。霜與秋容增古淡，樹因烟景恣微茫。閲人歲月真無謂，得意江山差自强。曾記城南舊時路，十年回首儘堪傷。

井陘淮陰侯廟二首

飢童羸馬倦重游，萬將分兵坐此籌。滅項豈知秦尚在，奪齊便覺漢無憂。英彭一體誰遺類，絳灌諸孫自列侯。愛殺鹿泉泉下水，亂山百折只東流。

許身良犬笑君癡，怏怏難勝已自危。智數相催難免死，才名如此豈無疑。兩年蕃鎮真猶假，十載君臣喜又悲。最恨當時蕭相國，直教三族到全夷。

讀漢高帝紀

禮樂經秦掃地空，遺民洗眼續王風。規模自襲挾書律，舉措惟推約法功。魯國兩生心獨遠，新城三老義誰同？只知才到蕭曹盡，可信高皇是沛公。

易　臺

望中孤鳥入消沉，雲帶離愁結暮陰。萬國山河有燕趙，百年風氣尚遼金。物華暗與秋容老，❶杯酒不隨人意深。無限霜松動巖壑，天教摇落助清吟。

秋夕大風有感

坤輿聞説若行舟，乘此真堪萬里游。大塊氣豪知寡和，黄紬坐穩覺無求。窗間小草根自賀，雲外高松聲亦愁。明日西山想清瘦，天教老眼看晴秋。

盆　池

自慚眼孔一盆多，奈此無邊風月何。莫道渾非九雲夢，不妨能著百東坡。斡旋在手天隨轉，虚静如心景自過。誰弄扁舟詫吴越，爲言吾老怯風波。

水　燈

南湖新緑破春容，一炬才分萬炬同。共説金膏能有景，豈知陰火解生紅。魚龍水樂三更後，星漢仙槎一色中。唤起東坡看清曉，向來碧海又青銅。

方　鏡

當年玉斧落何方，陰魄誰教擬太陽。翻起坤輿看鰲背，借來心境發天藏。衣冠嚴肅知無愧，肝膽輪囷

---

❶「容」，至順本作「光」。

覺有芒。四海紅塵競白日，❶託身分我鏡中涼。❷

西　窗

洛水秦山夢寐前，風流陳邵兩臞仙。中峰太華五千仞，皇極一元十萬年。厮役閲來歸舊隱，迷藏畫出稱高眠。人間此意今誰會？卧看西窗生暮烟。

有　懷

飄飄遺世覺身輕，尚友千年凛若生。瑞日祥雲程伯子，冰壺秋月李延平。浮沉滄海人事换，❸晴雪太行眉宇清。曳杖歸來北窗下，❹一尊濁酒爲誰傾？

記　夢并序

至元戊寅十一月二十四日，夢十餘老翁，衣冠甚偉，以章疏薦予。章中署予爲金文山人，而見稱之語甚多。既覺，惟記「松栢歲寒」、「桑榆晚景」之句，而每句之下又各忘其六字，遂以詩記之。

夢中説夢已成癡，更擬從翁問所疑。松栢歲寒應有謂，桑榆晚景欲何爲？名書丹闕非吾望，家在金文不自知。果有仙山隔塵土，先生亦欲住仇池。

---

❶「紅」，至順本作「風」。
❷「鏡」，至順本、成化本作「鑑」。
❸「沉」，至順本作「塵」。
❹「曳」，至順本作「倚」。

捲簾

捲簾雪樹散微明，淡似幽人百慮輕。真宰鏤雕亦良苦，❶洪鑪消鑠似無情。空巖月出人境失，灝露秋巖山氣生。欲寫天機誰領會？西風吹作棹歌聲。

偶作

爲貪風月重登臨，感慨幽懷不易禁。静裏形神君與我，眼中興廢古猶今。區區此世真何物，落落平生只寸心。聞道江湖好烟水，飛鴻滅没有遺音。❷

高亭

高亭雲錦遶清流，便是吾家太一舟。❸山影酒摇千疊翠，雨聲窗納一天秋。襟懷洒落景長勝，雲影空明天共游。笑向白鷗問塵世，幾人曾信有滄洲？

放歌

未須鵬翼賦垂雲，老眼冰壺亦自新。碧落銀河見高舉，紅塵白日屬何人。纍纍坐閱秋風客，擾擾空悲地上臣。左挽浮丘一杯酒，吾言誇矣不須嗔。

---

❶「鏤雕」，至順本作「雕鏤」。

❷「没」，原作「沉」，今據至順本、四庫本、畿輔本改。

❸「一」，至順本、畿輔本作「乙」。

自　適

久矣黄塵絶往還，惟餘風月到柴關。清霜烈日從渠畏，野鶴孤雲適自閑。❶天上銀河連碧落，人間秋色對南山。高吟大醉堯夫老，只有豪誇不易删。

老　岸

老岸陰陰雲樹清，柴門寂寂緑苔生。空明萬象隨月出，水墨四山因雨成。千古心期破茅屋，百年人事短燈檠。道人不是悲秋客，聽盡蛈蛩夜夜聲。

世　上

世上悠悠儘自争，眼中隱隱放教平。飛蠅觸鼻人争怒，落葉臨頭我謾驚。既有陽秋暗消長，何須青白太分明。蒺藜原上清霜重，辛苦十年跣足行。

幾　葉

幾葉蛈桐萬斛秋，四山清露一窗幽。人能知足隨處樂，心若忘機百慮休。事物閲來如有悟，囊箱空慣已無羞。醉中曾聽家人語，老子年來不解愁。

萬　古

萬古遺編未寂寥，一窗風露晚蕭騷。有時陶令羲皇上，何物元龍湖海豪。鼷鼠千鈞宜自惜，蟾蜍寸鐵

---

❶「適」，至順本作「覺」。

亦徒勞。年來點檢人間事，問舍求田計最高。

老　大

老大情懷隨處樂，幽閑氣味逐時添。平生長物不入室，一日百錢輒下簾。題品雲山寧有諱，收羅風月不妨廉。客來恐説閑興廢，茶罷呼棋信手拈。

山　石

山石那容玉獨堅，人生磨滅殆天憐。畫蛇最戒足無用，書馬常憂尾不全。誰見虎鬚真可捋，自慚鷄肋豈勝拳。誤人莫向婁師德，❶不領春生未唾前。

人　生

人生底用廢閑思，❷物理通來盡我師。凍雀猶能樂生處，秋花元不厭開時。齊姜必娶終無偶，秦越未生寧乏醫？若道終安須待足，❸百年何日可伸眉！

夏日即事

迂踈争笑近清狂，多病筋骸可預防。久乏園蔬因種藥，不留窗紙爲抄方。閑從鳥雀分晴晝，静與蛩螿

❶「莫向」，至順本作「每笑」。

❷「廢」，至順本作「費」。

❸「終」，至順本作「求」。

共晚涼。莫道幽人好標致，❶北窗自古有羲皇。

冬日

砂瓶豆粥土床烟，中有幽人意漫然。元晦居山豈懷土，仲尼微服即知天。閑中作計飽爲上，書外論交睡最賢。小子應門當拜客，病夫便静乞相憐。

午窗

終歲柴荆掩寂寥，物情多忌恐難逃。家居關白惟求省，應物寒温亦憚勞。陳瓘只知炊餅大，元龍新厭卧床高。午窗葉亂風成陣，❷病擁紬衾氣尚豪。

馬酒

漢家桐馬豈無傳，力盡皮囊味始全。胸次沃焦常八九，眼中騋牝少三千。百杯誰有沖駒氣，一幕何分敕勒天。彼酪猶能奴命茗，南風到此便淒然。❸

平昔

平昔襟期鏡屢看，而今涉世願高年。自憐不唾青城地，共笑仍憂杞國天。履影無傷猶不忍，吹齏雖誤亦當然。人間萬事思空遍，依舊西窗理斷編。

❶「致」，至順本作「置」。
❷「亂」，至順本作「影」。
❸「便」，至順本作「更」。

冬日

迂踈懶散百無能，半似田翁半似僧。製藥就圍煨芋火，檢方聊趁剩麻燈。自知豪爽今無復，共道癡頑舊不曾。❶ 閑倚南窗貪覓蝨，敲門人怪不時膺。

次人韻

樂天方識淡中甜，安土無妨著處粘。道在市朝皆可隱，機忘鷗鳥亦無嫌。窗虚不礙山雲度，樹老慣經秋氣嚴。世上閑愁渾幾許？而今青鏡滿霜髯。

中秋

天借無雲雨借晴，❷月邊涼露滴無聲。只知老子興不淺，誰信太虚白亦生。四海誰當共人影，❸寸心直擬配高明。二句夢中得。乾坤元有冰壺在，回首紅塵意未平。

人情

人情雲雨九疑山，世路風濤八節灘。共説長安如日近，豈知蜀道比天難。浮航莫笑腰舟渡，坎井終當繫木觀。會取登高有良法，此身何地不平寬。温公曰：「登高有法，徐行則不困，脚踏實地則不危。」

---

❶「頑」，至順本作「顛」。

❷「晴」，原作「清」，今據成化本、四庫本、畿輔本改。

❸「誰」，原作「惟」，今據至順本改。

有　客

門前有客通名姓，一别十年記憶無。鬚髮俱驚各衰白，❶行藏已涉幾榮枯。急呼滿酌辭醅軟，聊用親嘗補飯麄。深感故來兼久候，❷送歸雖病不須扶。

夜　雨❸

夢覺呼童問幾更，未曆先作不平鳴。山深六月有秋意，夜静滿城惟雨聲。四海虚名此身愧，❹百年浮世寸心驚。誰教簷溜如愁思，欲斷還連直到明。

現　前

萬事除無取現前，此身隨處可周旋。居南懷北豈安土，已夏願春非樂天。誰謂包涵心有外，我知彌滿道無偏。洞觀今古平平在，臏盡區區智與權。

上　塚

鄉鄰見戲説兒童，日日相邀社酒同。故國無家仍是客，病軀未老錯呼翁。里胥驗帖徵游户，縣長聞名謁下風。欲向溪南訪喬木，不禁烟雨正空濛。

---

❶「鬚」，至順本作「鬢」。

❷「感」，原作「盛」，今據至順本、成化本、畿輔本改。

❸「夜雨」，至順本、成化本作「雨夜」。

❹「名」，原作「鳴」，今據至順本、成化本、四庫本、畿輔本改。

桃花菊

東籬元不是天台，誰挽春風到酒杯。丹藥有靈能換種，黄花從此不須開。已經晚節霜才識，不是寒香蝶亦猜。老眼淵明不今古，幾回春去復秋來。

夏日幽居二首❶

隱几南山意獨長，❷回看塵世易炎涼。❸栽培得力江陵橘，薄惡傷心陸氏莊。莫就一時論絳灌，要從千載到羲皇。人間何處菀裘好，擬問希夷買睡鄉。

閉門終歲淡無求，雲雨人情亦可憂。斗酒難酬滿車望，杯羹直結殺身愁。❹平生幾兩謾多苦，❺一日百錢姑少休。山鳥不鳴林影静，卧看蛛網掛蜉蝣。

夏日飲山亭

借住郊園舊有緣，緑陰清晝静中便。空鈎意釣魚亦樂，高枕卧游山自前。露引松香來酒盞，雨催花氣潤吟牋。人來每問農桑事，考證床頭種樹篇。

---

❶「二首」，原脱，今據至順本、四庫本、畿輔本及目録補。

❷「南」，至順本、成化本作「青」。

❸「塵」，至順本作「人」。

❹「愁」，至順本作「讎」。

❺「兩」，至順本、成化本作「緉」。

丁亥集卷五

五言絶句三十七首❶

明珠穴

珠從何處來，秀與天地生。涵蘊幾千古，得此風露聲。❷

滴水龕

膚寸徧天下，至静涵氤氳。因看石滴水，窺見天生雲。

石潭

清不見群魚，暗不藏毒怪。觀物得吾師，終日欲相對。

春日

游絲困無力，欲起重悠颺。芳草落花滿，相思春晝長。

❶「三」，原作「二」，今據四庫本及目録改。

❷「露」，至順本作「雷」。

慎　獨

一葉下秋水，微波去不停。望中猶隱隱，直欲到滄溟。

毀　譬

子賤波及魯，犂牛不累騂。寸心仁厚處，萬物自生成。

偶　書

意當極快處，心有不平時。少忍容無害，欲言當再思。

夢　中　作

溪童望水滿，日夜愁不已。雖非鷗鷺身，亦有相關意。

觀　化

風雨何方來？呼童出門望。歸報是群蜂，聲在庭花上。

四　皓　圖

雖戀紫芝美，難忘帝力深。驅馳恨臣老，高尚豈初心？

石鼎聯句圖

玩世如一鼎，姓名誰得聞？仙翁應自笑，知我有鄒忻。

白樂天琵琶行圖

冀馬嘶寒風，逐臣念鄉國。江浦聞哀絃，長吟望西北。❶

百　蝶　圖

芳蝶具百種，幽花散紅翠。道人觀物心，一一見春意。

子期聽琴圖

琴瑟自吾事，何求人賞音。絶絃真俗論，不是古人心。

村　居　雜　詩五首

鄰翁走相報，隔窗呼我起。數日不見山，今朝翠如洗。

黄昏雨氣濃，喜色滿南畝。誰知一夜風，吹放門前柳。

獨立偶懷古，臨風還自傷。一聲樵唱起，回首暮山蒼。

削樹題詩句，畫沙知酒籌。他年成故事，蕭散更風流。

芳茵皆可藉，緩步即吾車。乘興三杯酒，隨行一策書。

夢題村舍壁上己卯正月三日❷

村居有何樂？所樂人真淳。回看城市中，居此勝買鄰。

---

❶「西」，原作「南」，今據至順本改。

❷「上己卯正月三日」，原脱，今據至順本、四庫本補。

屏上草蟲四首

蝗蜋

逢物即能産，其滋乃爾蕃。不知何所積，擬欲問乾坤。

蝸牛

背上穹廬好，問蟲誰汝施。始知天地内，棟宇匪人爲。

螻蛄

後利前還澁，陰陽體段分。不須觀兔尾，即此見羲文。❶

螽斯

陽施陰專受，精醇物始真。虫魚寧解此，聊用比振振。

飲山亭雜花卉八首

牡丹

世變日以文，花卉亦應爾。懸知太古時，其美未如此。

芍藥

宜致美人贈，服之良有功。分形雖異種，氣類暗相通。

❶「羲」，原作「義」，今據至順本、成化本、四庫本、畿輔本改。

薔　薇

色染女真黄，露凝天水碧。花開日月長，❶朝暮閲兩國。

萱　草

丹鳳忽飛來，喜色滿朝露。何以稱此花，白頭戲嬰孺。

夜　合

消忿緣無獨，❷合昏如識時。韋絃千古意，百繞惜芳枝。

酴　醿

勿翦架上花，不是畏多刺。得蔭難忘枝，曾向花陰醉。

木　槿

已拆暮欲落，❸未榮朝又花。生生如體道，❹堪玩不堪嗟。

蜀　葵

且勿論傾陽，色香尤可喜。人情輕所多，共愛姚黄美。

❶「開」，至順本作「間」。

❷「獨」，至順本作「毒」。

❸「欲」，至順本作「雖」。

❹「體道」，至順本作「道體」。

看雪

雪花不擇地，隨風恣飄蕩。數片如有情，飛落梅梢上。

題山水扇頭二首❶

山近雨難暗，樓高秋易寒。憑誰暮雲表，添我倚闌干。

二山環合一水，❷中有老木參天。不著幽人草閣，❸誰收無限雲烟。

山亭獨坐二首❹

野情静成癖，❺幽居懶自高。❻青山卧床下，初不厭人豪。

愛玩不能去，山静雲卷舒。❼敲門者誰子？聊復忍斯須。

---

❶「頭」，原脱，今據至順本及目録補。「首」下，至順本、成化本有「内一首六言」五字。

❷「二」，至順本作「兩」。

❸「著」，原作「者」，今據至順本、成化本、四庫本、畿輔本改。

❹「山」上，至順本有「飲」字。

❺「情」，至順本作「性」。

❻「自」，至順本作「似」。

❼「静」，至順本作「晴」。

七言絶句九十四首

臘盡

小雪初晴臘盡時，無窮梅柳怨開遲。人間不覺春來早，只有吾家布被知。

讀史評

紀録紛紛已失真，語言輕重在詞臣。若將字字論心術，恐有無邊受屈人。

試筆

得意好花開易落，惱人芳草燒還生。亂多治少君知否？陰偶陽奇理自明。

山中客夜

鞍馬南州五日程，豈知物外有茅亭。塵埃暑困人如醉，月露夜涼天亦醒。

抱陽南軒

下瞰縣崖老木稠，輕風毛髮散涼秋。蒼苔白石夢初覺，霽月疎雲山欲流。❶

喜雨書事二首❷

雨晴物物自生春，喜氣浮空似有紋。吾亦乾坤物中一，相看草樹共欣欣。

❶「山」，至順本作「天」。

❷「二首」，原脱，今據成化本、畿輔本及目録補。

前日南湖枕白雲，蛙聲每厭静中聞。今朝便覺笙歌上，爲是多年不聽君。

九日九飲九首，擬横渠《元日十詠》體

一飲君聽第一歌，誰知此際見天和。❶醉鄉開物功夫密，❷春意空濛尚未多。

二飲重賡第二歌，春風毛髮欲婆娑。寸心又到欣然處，莫怪山人語漸多。

三飲山人笑且歌，羲皇相去已無多。舉杯爲向諸君道，自此光陰奈樂何。

四飲須歌第四歌，❸山人未醉覺顏酡。屬君輕摘黄花露，滴向杯心生小波。

五飲初喧四座歌，黄花滿意入紅螺。人間此樂知無復，魚鳥聞聲亦太和。

六飲相將醉景過，❹令嚴斟淺欲如何？秋香正滿黄花萼，宜與南山細拊摩。

七飲人驚飲量多，兒童休唱接籬歌。青山一帽千年在，❺只恐西風不奈何。

八飲人驚飲量過，劇談不記竟云何。杯中正有春風在，無奈蕭蕭落葉多。

---

❶「知」，至順本作「從」。

❷「功」，至順本、成化本、畿輔本作「工」。「密」，原作「蜜」，今據至順本、成化本、四庫本、畿輔本改。

❸「須歌」，至順本作「須聽」。

❹「景」，至順本作「境」。

❺「山」，至順本作「天」。

九歈蒼崖藉翠蓑，❶江山摇落奈吾何。乾坤閉物胚胎密，❷中有山人第九歌。

山　行

西崦人家竹映溪，山深雨暗到來遲。行窮谷口水才見，流盡岩花春不知。

銅雀瓦硯

諸侯負漢已堪憐，直筆何爲亦魏編？却愛曹瞞臺上瓦，至今猶屬建安年。

春　曉

要看東風氣象新，登臨何處不尋春。今朝烟雨細如霧，生意空濛畫得真。

以杖畫雪偶成

玉華銀色皓無瑕，方寸居然得故家。雲重風輕晴不快，暮寒覺比晚來加。❸

仙　人　圖三首

千古誰傳海上山？坐令人主厭塵寰。蓬萊果有神仙在，應悔虚名落世間。

雲海蒼茫去復還，人間此日是何年？平生慣見秋風客，只許汾陽會窅然。

---

❶「崖」，至順本、成化本、畿輔本作「巖」。「翠」，至順本作「碧」。

❷「密」，原作「蜜」，今據至順本、成化本、四庫本、畿輔本改。

❸「晚」，至順本、成化本、畿輔本作「曉」。

悵望皇墳寂寞中，何從事迹得空同。❶可憐千古稱黄老，誰識當年立極功！

春　暮❷

病餘身世淡無情，但覺春來暖漸生。送客出門花已謝，問知昨日是清明。

講學而首章二首

有樂如從天上來，❸春風過處百花開。政教萬木夜僵立，何害孤根暖獨回。

人將知我亦何從，天在吾家度量中。此語誤人君勿信，我心無愠本沖融。

講八佾首章二首

以忍傷肌手自危，❹割餘痛切不勝悲。心同義理元無間，從此俱看未忍時。❺

生意條然不遂春，根株盤屈欲輪囷。❻向前枝葉頑然了，自此乾坤屬不仁。

---

❶「空同」，至順本作「崆峒」。

❷「暮」，原作「景」，今據至順本及目録改。

❸「上」，至順本作「外」。

❹「忍」，至順本作「刀」。

❺「從」，至順本作「彼」。

❻「屈」，至順本作「曲」。

講周而不比章

義理胸中好惡真，初非由己與由人。混然生意流行在，❶惟有枯荄不受春。

講人之生也直章

朝綱一紊國風沉，人道方乖鬼境侵。生理本直宜細玩，蓍龜千古在人心。

驕　吝

昨日深山興未闌，今朝二女共高寒。施施便解驕妻妾，乞態當從此際看。

講求仁得仁章二首

山下食薇老興便，荆南採藥此心全。乾坤月慘烟愁外，留我羲皇萬古天。

荆棘埋香死不禁，清泉芳徑愜幽尋。移花旋看新生意，方識西山忍餓心。

一　元

萬古堂堂共一元，欲於何處覓天根？試從閉開中間看，❷始覺乾元獨自尊。閉物之後有亥，開物之前有丑，惟子正在開閉之中，❸其象可見。❹

---

❶「混然」，四庫本作「試看」。

❷「閉開」，至順本、四庫本作「開閉」。

❸「子」下，至順本有「會」字。

❹「象可見」，至順本作「意象可玩」。

新居

雪擁閑門儘未除，小齋人道似禪居。年來日曆無多事，只有求方與借書。

今月

今月柴關幾客來？擬從屐齒數莓苔。求文道士花前至，載酒門生雨後回。

采栢圖

翠袖重將栢子熏，一般心苦爲思君。思君不爲山中苦，爲説山中有白雲。

采藥

黄精著雨宜深斸，栢子經霜可爛收。莫道遊人渾懶散，❶一年忙處是深秋。

堯民圖三首❷

分得堯天一握多，百年安樂邵家窩。情知弄月吟風手，不扣南山白石歌。

風氣初開理漸融，畫圖猶見帝無功。意長世短成何事？誰及乾坤再日中。❸

平生喜作許東鄰，百過摩挲畫本昏。聞説詩人多感慨，且休持送鄭監門。

---

❶「遊」，至順本作「幽」，是。

❷「圖」，原脱，今據至順本、成化本、四庫本、畿輔本及目録補。

❸「日」，原作「月」，今據至順本、成化本、四庫本、畿輔本改。

豳風圖三首

畫裏春風在眼前，詩中雅意若爲傳。憑誰更譜絃歌了，細味周家八百年。

惟願將身入畫中，野人何敢夢周公。一區共買横渠上，儘有新詩續正風。

采風千古自觀風，❶十室誰言九室空？寄語當年長樂老，回頭無忘聶夷中。

觀梅有感

東風吹落戰塵沙，夢想西湖處士家。只恐江南春意減，此心元不爲梅花。

山家

馬蹄踏水亂明霞，醉袖迎風受落花。怪見溪童出門望，鵲聲先我到山家。

溪上

坐久蒼苔如見侵，携笻隨水就輕陰。松風自厭灘聲小，❷雲影旋移山色深。

偶書

蜜割舊脾花又發，泥生新雨燕方還。一瓢有分吾自足，❸萬事勞生誰獨閑？

---

❶「采風」，至順本作「採詩」。「自」，至順本作「要」。

❷「自」，至順本作「似」。

❸「自」，四庫本作「能」。

西郊

偶因訪客出西城，一色寒蕪滿意平。行過溪橋嘗脚力，招來野老問山名。

夏日

庭户無人緑滿苔，巡簷繞砌菜花開。酒醒夢覺日將午，蜂學遠山風雨來。

早秋

昨朝一葉見秋生，今日千巖萬壑清。欲借西風蘇病骨，暫來石上聽松聲。

春盡

草閣垂簾晝掩扉，客來知我出門稀。鳥鳴淡與人相對，花落方知春已歸。

寒食道中

簪花楚楚歸寧女，荷鍤紛紛上塚人。萬古人心生意在，又隨桃李一番新。

行樂有感

未言先歎少知者，有客每憂無可人。偶到堦前見芳草，乾坤何物不歸春。

故園寒食

清明酒熟老人醉，拜掃歸來壯士耕。此是吾家舊寒食，只今惟有故鄉情。

宿山寺

四面雲山消百憂，一方禪榻有真游。月明夢覺不知夜，雨過風生渾是秋。

感　事

高天厚地古今同，共在人形視息中。四海堂堂皆漢土，❶誰知流淚在金銅。

廢　園

路傍雙石立崔嵬，曾見遊人幾往來。想得當年全盛日，好山橫處盡樓臺。

記　夢

眼中天變暗星文，脚底雷轟震寢門。領取天公仁愛意，此心存處更存存。

己卯九月二十八日夢過先妣墓得詩覺而忘其第三句因足成之

只應老母心酸處，還似孤兒淚盡時。留在此身成底事？回頭二十四年悲。先母下世，今二十四年矣。

己卯元日二首

西湖泣血夜將分，感激無如此念真。四十頭顱今日數，悠悠歲月屬何人？

文廟秋風默坐時，慨然千古入沉思。許身尚省初心在，道在而今竟似誰？

庚辰元日二首

九齡風骨渺翩翩，解道沉河觸泰山。還使當年見今日，也應拍手笑癡頑。

❶「海」，原作「漢」，今據至順本、四庫本、畿輔本改。

曾記西湖酒一巵，乾坤和氣入新詞。六年未盡冰霜怨，又到春風滿面時。乙亥所作詞，❶有「春風花柳，❷消盡冰霜殘怨」之句。

下　山三首

峻嶺崇岡儘意登，❸要收景致入高明。下山却向山頭望，始覺從前險處行。

翠霞騰暈紫成堆，收盡雲烟酒一杯。❹想見浮嵐在眉宇，人人知道看山回。

十載烟霞望我深，豈期今日恣登臨。此行知有詩多少，還盡山靈未了心。

戲判遊山詩卷三首

不解烟霞調戲君，强將詩思與山親。❺苦吟共道西遊樂，林鳥岩花恐笑人。

心境無邊萬象新，直須泉石離風塵。區區等爲紛華役，未分膏肓是達人。❻

---

❶「作」下，至順本有「元日」二字。

❷「風」，至順本作「恩」，《遺詩》卷六《喜遷鶯》作「思」。

❸「崇」，至順本作「重」。

❹「盡」，至順本作「拾」。

❺「將」，原作「相」，今據至順本、四庫本、畿輔本改。

❻「盲」，原作「旨」，今據至順本、成化本、四庫本、畿輔本改。

登臨有法莫相誣，❶絶壑縣崖不信渠。十步回頭五步坐，窗間眉黛笑君愚。

漫　記三首

夢覺關頭夢已空，此時方識樂無窮。便將富貴浮雲比，恐落華歆一擲中。

醉知避客猶存禮，死不忘骸尚有身。一自坡仙生一轉，浮虛十倍晉朝人。❷坡謂劉伶「豈知忘死未忘骸」，謂淵明「醉中對客元何害」。❸

安樂名窩有真賞，打乖非是要安身。坡仙便道學瘖啞，負殺園中獨樂人。❹「打乖非是要安身，道大方能混世塵」，又云「時止時行皆有命，❺先生不是打乖人」，明道《安樂窩詩》也。「拊掌笑先生，年來學瘖啞」，東坡《獨樂園詩》也。

草亭睡起

萬古乾坤一草亭，❻淡然相對静儀形。釀成碧酒客難得，生出白雲山更青。❼

---

❶「臨」，至順本作「高」。
❷「倍」，原作「陪」，今據至順本、成化本、四庫本、畿輔本改。
❸「元」，至順本作「眠」。
❹「園」，原作「圍」，今據至順本、畿輔本改。
❺「止」，原作「至」，今據至順本、成化本、畿輔本改。
❻「古」，至順本作「里」。
❼「青」，原作「清」，今據至順本、成化本、畿輔本改。

寒食出郭

衣冠不似逸人高，容貌初無達士驕。醉裏騎牛過山北，傍人不信是漁樵。

即事

曬罷空庭藥裹收，❶閉門無睡却梳頭。過雲幾點黄昏雨，❷分與蟲聲半霎秋。

冬曉

歲寒心事在蒲團，清曉開簾試一觀。禾稼乍迎紅日影，依稀學似杏花殘。

可庵

莫道無衣不可身，更從裘葛辨冬春。惡惡不可惡惡可，等秤無星恐誤人。❸

許由棄瓢圖

堯天萬古大無鄰，何地容君作外臣。莫占箕山最深處，後來恐有避秦人。

癸酉書事

嬌兒索栗一錢空，怪見家人不忍中。我不怨天貧賤我，吾兒自合享吾窮。

---

❶「裹」，原作「果」，今據至順本、畿輔本改。

❷「雲」，原作「門」，今據至順本改。

❸「秤」，原闕，今據至順本、成化本、畿輔本補。

米元章雲烟疊嶂圖二首

筆勢或傳是阿章，短屏山影露微茫。苦心只辦雲烟好，不捄人呼作米狂。

烟影天機滅没邊，誰從豪末出清妍？畫家也有清談弊，到處南華一嗒然。

宋理宗南樓風月横披二首

試聽陰山敕勒歌，朔風悲壯動山河。南樓烟月無多景，緩步微吟奈爾何。

物理興衰不可常，每從氣韻見文章。誰知萬古中天月，只辦南樓一夜涼。宋理宗自題絶句其上，有「併作南樓一夜涼」之句。「才到天中萬國明」，❶宋太祖《月詩》也。

題枯木怪石圖

物有常情最奈看，❷看時容易畫時難。奇峰怪石驚人眼，❸誰信丹青解熱慢。

探　春

道邊殘雪護頹牆，牆外柔絲露淺黄。❹春色雖微已堪惜，❺輕寒休近柳梢傍。

---

❶「天中」，至順本作「中天」。

❷「情」，至順本作「形」。

❸「石」，至順本作「木」。

❹「絲」，至順本作「條」。

❺「色」，至順本、成化本作「意」。

酬寫真者

自覺形骸已枯槁，何從眉宇尚豪英。筆頭慣畫麒麟像，❶乍寫山翁似手生。

夢中題吟風亭壁

方榮不拆寒爲虐，已謝重開兩借恩。一種是花元不異，多由天氣少由根。

題秋景扇頭

嵐光蒼翠山遠近，木葉青黄霜重輕。萬里晴天秋著色，❷不曾慘淡入經營。

月　下

桂華涼冷渺風鬢，灝露一天秋意閑。不記醉中呼李白，傍人笑道是人間。

金太子允恭墨竹二首

墨竹猶堪驗一班，❸金源文物見當年。博山烟暖春闈静，却笑承乾嗜好偏。

手澤明昌秘閣收，當年緹襲爲誰留？露盤流盡金人泪，應恨翔鸞不解愁。

---

❶「筆頭」，至順本作「知君」。

❷「天秋」，至順本作「秋天」。

❸「班」，成化本、四庫本作「斑」。

遊飲山亭二首❶

十年種木望成陰，及至成陰礙山色。幾欲砍去心所憐，❷安得高堂數千尺。❸

山翁一去不復返，亭下幽花空自開。慚愧茅簷雙燕子，飛鳴猶喜故人來。

❶「飲」，原作「隱」，今據至順本、四庫本及目録改。

❷「砍」，至順本作「斫」。

❸「堂」，至順本作「臺」。

樵庵詞卷六

酹江月❶ 飲山亭月夕

廣寒宫殿，想幽深，不覺升沉圓缺。天上人間心共遠，如在瓊樓玉闕。厚地微茫，高天涼冷，此際紅塵歇。翠陰高枕，併教毛骨清澈。　爲問此世從來，幾人吟望，轉首俱湮滅。蟣虱區區尤可笑，幾許肝腸如鐵。八表神游，一槎高泛，逸興方超絶。常娥留待，桂花且莫開徹。

玉漏遲 汎舟東溪

故園平似掌。人生何必，武陵溪上。三尺蓑衣，遮斷紅塵千丈。不學東山高卧，也不似，鹿門長往。君試望，遠山顰處，白雲無恙。　自唱一曲漁歌，覺無復當年，❷缺壺悲壯。老境羲皇，换盡平生豪爽。天設四時佳興，要留待，幽人清賞。花又放，滿意一篙春浪。

鵲橋仙

悠悠萬古，茫茫天宇，自笑平生豪舉。元龍儘意卧床高，渾占得，乾坤幾許。　公家租賦，私家雞黍，

---

❶「酹江月」，至順本作「念奴娇」。

❷「覺」，原作「當」，今據至順本改。

學種東皋烟雨。有時抱膝看青山，却不是，長吟梁甫。❶

二 喜雨

紇干生處，❷幾時飛去，欲去被天留住。野人得飽更無求，滿意一犁春雨。　田家作苦，濁醪釀黍，准備歲時歌舞。不妨分我一豚蹄，更試聽，今秋社鼓。

木蘭花

未開常探花開未，又恐開時風雨至。花開風雨不相妨，説甚不來花下醉。　百年枉作千年計，今日不知明日事。春風欲勸坐中人，一片落紅當眼墜。

二

西山不似龐公傲，城府有樓山便到。欲將華髮染晴嵐，千里青青濃可掃。　人言華髮因愁早，勸我消愁惟酒好。夜來一飲盡千鍾，今日醒來依舊老。

三

錦雲十里川妃共，一棹晚涼風欸送。只愁無處着清香，滿載月明舡已重。　冰壺水鑑元空洞，天意似嫌紅翠擁。拚教風露入吟尊，❸不惜秋光渾減動。

---

❶「長」，原脱，今據至順本、成化本補。

❷「紇」，原作「紀」，今據至順本、成化本、四庫本改。

❸「拚」，至順本作「併」。

菩薩蠻

元龍未減當年氣，呼山卧向高樓底。今日到山村，青山故意昏。　商歌聊一振，千里浮雲静。❶ 老子氣猶豪，山靈未可驕。

二　飲山亭感舊

種花人去花應道，花枝正好人先老。一笑問花枝，花枝得幾時？　人生行樂耳，今古都如此。急欲醉莓苔，前村酒未來。

三　回文

水圍山影紅圍翠，翠圍紅影山圍水。西近小橋溪，溪橋小近西。❷　隱人誰與問，問與誰人隱？孤鶴對言無，無言對鶴孤。

清平樂

青松偃蹇，不受春風管。松下幽人心自遠，驚怪人間日短。　微茫雲海蓬萊，千年一度春來。争信門前桃李，年年花落花開。

---

❶「静」，至順本作「盡」。

❷「小」，原作「水」，今據至順本改。

二❶

青天仰面，卧看浮雲卷。蒼狗白衣千萬變，都被幽人窺見。　偶然夢見華胥，❷覺來花影扶疏。窗下魯論誰誦？　呼來共詠舞雩。❸

三 飲山亭留宿

山翁醉也，欲返黄茅舍。醉裏忽聞留我者，説道群花未謝。　脱巾就卧松龕，覺來詩思方酣。❹欲借白雲爲筆，淋漓洒遍晴嵐。❺

四 賀雨

雨晴簫鼓，四野歡聲舉。平昔飲山今飲雨，來就老農歌舞。　半生負郭無田，寸心萬國豐年。誰識山翁樂處？　野花啼鳥欣然。

---

❶ 「二」，原作「一」，今據四庫本改。

❷ 「見」，至順本作「到」。

❸ 「舞」，至順本作「風」。

❹ 「詩思」，至順本作「酒興」。

❺ 「嵐」，原作「風」，今據至順本、成化本、四庫本改。

五 圍棋

棋聲清美，盤礴青松底。門外行人摇指似，好箇爛柯仙子。　輸贏都付欣然，❶興闌依舊高眠。山鳥山花相語，翁心不在棋邊。

人月圓

自從謝病修花史，天意不容閑。今年新授，平章風月，檢校雲山。　門前報道，麴生來謁，子墨相看。先生正爾，天張翠蓋，❷山擁雲鬟。

二

茫茫大塊洪爐裏，何物不寒灰。古今多少，荒烟廢壘，老樹遺臺。　太山如礪，❸黄河如帶，等是塵埃。不須更歎，花開花落，春去春來。

太常引

男兒勳業古來難，歎人世，幾千般。一夢覺邯鄲，好看得，浮生等閑。　紅塵盡處，白雲堆裏，高卧對青山。風味似陳摶，休錯比，當年謝安。

---

❶「贏」，原作「瀛」，今據四庫本改。

❷「蓋」，至順本作「幕」。

❸「山」，至順本作「行」。

二

臨流相喚百東坡，君試舞，我當歌。不樂復如何？❶看白髮，今年漸多。　青天白日，斜風細雨，盡付一漁簑。天地作行窩，把萬物，都名太和。

三

冥鴻有意避雲羅，問何處，是行窩？今古一漁簑，收攬了，閑人最多。　求田問舍，君休笑我，❷兩鬢已成皤。髀肉儘消磨，渾換得，功名幾何？

風中柳 飲山亭留宿

我本漁樵，不是白駒空谷。對西山，悠然自足。北窗踈竹，南窗叢菊。愛村居，數間茆屋。　風烟草屨，❸滿意一川平緑。問前溪，今朝酒熟。幽禽歌曲，清泉琴筑。欲歸來，故人留宿。

西江月 飲山亭留飲

看竹何須問主，尋村遥認松蘿。小車到處是行窩，門外雲山屬我。　張叟臈醅藏久，王家紅藥開多。相留一醉意如何，老子掀髯曰可。

---

❶「復」，至順本、成化本、四庫本作「欲」。

❷「笑」，原作「歎」，今據至順本、成化本改。

❸「屨」，至順本作「屩」。

静修先生遺文卷一

雜　著

唯諾説

唯恭於諾，何也？曰：各有所施也。呼之，則其音必内，故唯以趨赴之，若取物而奉之也；命之，則其聲必外，故諾以承受之，若與物而受之也。失其所施，則文理從而亂矣。豈但是乎？凡物，無無對者，無無陰陽者，而聲亦然。其意象之清濁闔闢，亦莫不合也。姑以進退、存亡、吉凶、消長體之，則可見矣。此天機之所發，而禮樂之所由生，雖天地亦不知其所以然者。豈但人乎？物之聲亦然。豈但聲乎？凡形、色、氣、味皆然也。而況古今之時變，事物之倫理，聖人何嘗加損於其間哉。雖然，妙此理而宰此事者，心焉而已矣。必盡夫心也，然後聲爲律而身爲度。苟爲不然，幾何其不爲無適非道之道，作用是性之性也。

唯諾後説

天之聲清而上，地之聲濁而下，形感而聲出焉，理於是乎在；來之聲必來，去之聲必去，事感而聲出焉，理亦於是乎在：初無心曰天地去來也。至於一草一木，其聲亦必象其形。曰樹，有植立之象焉；曰枝，有散殊之象焉。至於曰鵝、曰鴨、曰鷄、曰雀、曰鴉之類，則又因其聲而聲焉者也。鴞鴞，所以協鵝也；喈喈，所以協鷄也。言語生於有聲之後，而其理具於有聲之前。有聲之後，則古今方域日益不同。人惟見其不同，而不知其同也。知其同，則知吾之所以説唯、諾者，不但説唯、諾也。授坐而立，授立而跪，齟齬於其形也；當唯而諾，當諾而唯，齟齬於其聲也。聖人之所以制禮者，非誠有制也，特知之焉爾。

櫝蓍記

蓍之在櫝也，寂然不動，道之體立，所謂「易有太極」者也。及受命而出也，感而遂通，神之用行，所謂「是生兩儀，兩儀生四象，四象生八卦，八卦定吉凶，吉凶生大業」者也。猶之圖也，不用五與十。不用云者，無極也；而五與十，則太極也。猶之易也，絜静精微。絜静云者，無極也；而精微，則太極也。知此，則知夫櫝中之蓍，以一而具五十，無用而無所不用。謂之無則有，謂之實則虚也，而其數之流行於天地萬物之間者，則亦陰陽奇偶而已矣。

故自掛扐之奇而十二之，則陽奇而進之不及夫偶者爲少陰，陰偶而退之不及夫奇者爲少陽，而四之則三四五六合夫畫，奇全偶半合夫數，而畫亦於是焉合其多少。則合其位之陽少而陰多，故有自一進一而爲偶，自偶退一而爲奇之象也。自過揲之策而十二之，陽奇而退之不及夫偶者爲少陰，陰偶而進之不及夫奇者爲少陽，而四之則六七八九合夫數，奇三偶二合夫畫，而數亦於是焉合其多少，則合其數之陽實而陰虚，故有自一虚中而爲偶，自二實中而爲奇之象也。蓋掛扐之奇徑一，而過揲之奇圍三，而掛扐、過揲之偶鈞用半也。故分掛扐、過揲而横觀之，則以陰爲基，而消長有漸。分四象而縱觀之，則亦以陰爲平，而低昂有漸。其十二之，則自右一而二，自左二而三。其四之，則自右三而六，自左六而九。如水之流行，觸東而復西。其消長則其自然之淪漪，❶其判合則其「盈科而後進」者也。此皆自夫一行、邵子之説而得之。知此，則知夫誤推一行三爻八卦之象，❷謂陰陽老少不在乎過揲者，爲昧乎體用之相因；而誤推邵子去三用九之文，謂七八九六不在乎掛扐者，又昧乎源委之分也。

由此而極其奇偶之變，以位則陽一而陰二也，以數則天三而地兩也。初變之徑一而圍三以爲奇者，三而得之，是以老陽少陰之數多也。後二變之圍四用半以爲偶者，二而得之，是以少陽老陰之數少也。分陰分陽，則初一變皆奇，而後二變皆偶也。迭陰迭陽，則去掛一，初一變皆偶，而後二變皆奇，又如畢中和天地人之説也。其變也，自一生二，二生四，而又四之四生八，八生十六而言，則畫卦之象也；自四乘而十六，十六乘而六十四，則重卦之數也。故初變而得兩儀之象者，❸二畫卦之數也；再變而得四象之象者，四畫卦之數也；三變而得八卦之象者，六畫卦之數也。自兩儀之陰陽而言其用數，則乾、兑、離、震皆十二，而巽、坎、

❶「淪」，原作「倫」，今據至順本、成化本、四庫本、畿輔本改。

❷「爻」，至順本、成化本作「變」。

❸「者」，原作「也」，今據至順本、成化本、畿輔本改。

艮、坤皆四也。自八卦之陰陽而言其體數，❶則乾、坎、艮、震三十二，而巽、離、坤、兑三十二也。自二老二少之陰陽而言其饒乏之數，❷則又如四象之七八九六也。六變而得四象之畫，則每位之静變往來，得十畫卦之數也。又二畫，則總其數矣。其數也，皆静者爲多，變者爲少，而一爻變者居中。其静與變，皆老陰爲多，老陽爲少，而二少居中。積畫成卦，則每卦之静變往來，得十五畫卦之數也。又三畫，則總其數矣。其數也，亦皆静極者爲至多，而變極者爲至少，而又一爻二爻進退于其間。其静與變，則皆坤爲至多，乾爲至少，而三男三女進退于其間。因而重之，則每卦之静變往來，得三十畫卦之數也。❸又六畫，則總其數矣。其進退多少，皆與八卦之例同也。此皆自歐陽子「七八常多，九六常少」之一言而推之，與夫後二變不掛，不知其爲陰，而使二老之數與成卦同，二少之數與二老同，而參差益甚。其初一變必鈞，不知其爲陽，而於乾坤六子之數勉强求合。❹乃若四十九蓍而虚一，與五十蓍虚一而掛二者，固有間矣。此以蓍求卦者也。

若夫以卦而求變也，則自夫交易已成之體爲變易應時之用，由兩儀而上，自紓而促，八卦循環，而其序不亂，以遠御近，以下統上，而皆有文之可尋也。以變而求占也，則自静極而左之一二三四五，自動極而右之一二三四五，極自用其極，而一則專其一，居兩端而分屬焉；二則分其爻，居次兩端而分屬焉，動則上爻

❶「言」，原作「合」，今據畿輔本改。
❷「乏」，原作「之」，今據至順本、成化本、畿輔本改。
❸「三」，原作「二」，今據至順本改。
❹「數」，原作「率」，今據畿輔本改。

重，而静則下爻重也；三則分其卦居中，自爲兩端而分屬焉，前則本卦重，而後則之卦重也。動中用静，静中用動，静多主貞，動多主悔，而皆有例之可推也。

然自此而極言之，則以六甲納之，其卦之序不亂也。以互取之，❶其序有漸，而亦不亂也。以伏求之，其序亦有漸，而不亂也。以世位反圖而推之，則一而二，二而四，四而八，八而十六，進退有序，逆順以類，而不亂也。以策數即圖而考之，則在兩儀而一消長，在四象而二消長，在八卦而四消長，在十六而八消長，在三十二而十六消長。故長中八消，消中八長，皆震爲巽之消，而坤爲乾之消，巽爲坤之長，而乾爲震之長，❷而不亂也。以揲變之數應圖而推之，則其多少又合乎一一爲乾，八八爲坤，以少爲息，以多爲消，而亦不亂也。是則按圖畫卦，揲蓍求卦，莫不脗合矣。

然而朱子猶以大衍爲不自然於《河圖》，而變揲之左可以形右，卦畫之下可以形上者，❸又以爲短於龜。其三索之説，則一行有成説，既取之于《本義》，後復以爲不必然。而卦之陰陽，之奇偶，畫與位合，則《大傳》有明文，既著之《筮説》，而不明言於《啓蒙》。是又恐後人求之過巧，而每遺恨不能致古人之詳者也。❹

若以奇策之數，合之圓圖之畫，則四十八，一卦之畫也。其奇之十二，即乾之陰，而策之三十六，即其陽

❶「互」，原作「玄」，今據至順本、畿輔本改。

❷「而乾爲震之長」，畿輔本作「而震爲乾之長」。

❸「下」，原作「不」，今據至順本、成化本、畿輔本改。

❹「者」，原作「君」，今據至順本、成化本、畿輔本改。

也。三十六，自九進而得之也。九，陽也，三十六，亦陽也，全陽也。其奇之二十，即兑、離之陰也，而策之二十八，即其陽也。二十八，自七進而得之也。七，陽也，二十八，陰也，陽合於陰也。其奇之二十四，則坤所去之半也，而策則所用之二十四，陰也。二十四，自六進而得之也。六，陰也，二十四，亦陰也，全陰也。其奇之十六，即艮、坎自上所去之十六也，而策之三十二，❶即其所用之半，并上所餘之八，陰也。三十二，自八進而得之也。八，陰也，三十二，陽也，陰合于陽也。其震、巽之不用，則猶乾之不用陰，坤之不用陽也。其奇策之八，方數之變也；掛扐之六，圓數之變也。此邵子之説也。然前之奇策之所當，陰不若陽之齊；後之六八之所應，圓不若方之備。是必有深意也，第未能考而知之，又不知朱子之意以爲如何。

此因櫝蓍而記之。至元十年春二月吉日，櫝成記。

太極圖後記❷

《太極圖》，朱子發謂周子得於穆伯長。而胡仁仲因之，遂亦以謂穆特周子學之一師。❸陸子静因之，遂亦以朱録爲有考，而潘誌之不足據也。蓋胡氏兄弟於希夷不能無少譏議，是以謂周子爲非止爲种、穆之

---

❶「三」，原作「二」，今據至順本、成化本、畿輔本改。

❷「太極圖後記」，至順本作「書太極圖後」。

❸「以」，畿輔本無此字。

學者。❶陸氏兄弟以希夷爲老氏之學，而欲其當謬加無極之責，而有所顧藉於周子也。然其實，則穆死於明道元年，而周子時年十四矣。是朱氏、胡氏、陸氏不惟不考乎潘誌之過，而又不考乎此之過也。

然始也，朱子見潘誌，知圖爲周子所自作，❷而非有所受於人也。於乾道己丑，已序於《通書》之後矣。後八年，記書堂，則亦曰：「不繇師傳，默契道體，實天之所畀也。」又十年，因見張詠事有陰陽之語，與《圖說》意頗合，以詠學於希夷者也，故謂：「是説之傳，固有端緒，至於先生然後得之於心，無所不貫，於是始爲此圖，以發其秘爾。」又八年，而爲《圖》、《書》註釋，則復云「莫或知其師傳之所自」。❸蓋前之爲説者，乃復疑而未定矣。豈亦不考乎此，故其爲説之不決於一也？而或又謂：「周子與胡宿、邵古同事潤州一浮屠，而傳其《易》書。」此蓋與謂「邵氏之學，因其母舊爲某氏妾，藏其亡夫遺書以歸邵氏」者，同爲浮薄不根之説也。❹

然而周子、邵子之學，《先天》、《太極》之圖，雖不敢必其所傳之出於一，而其理則未嘗不一。而其理之出於《河圖》者，則又未嘗不一也。夫《河圖》之中宮，則《先天圖》之所謂「無極」、所謂「太極」、所謂「道」與「心」者也。《先天圖》之所謂「無極」、所謂「太極」、所謂「道」與「心」者，即《太極圖》之所謂「無極而太極」，所

---

❶「穜」，原作「仲」，今據至順本、畿輔本改。

❷「知」，原作「之」，今據至順本、畿輔本改。

❸「云」，至順本作「爲」。

❹「浮」，至順本作「淺」。按：本文第一、二段内容，與《静修先生續集》卷三《河圖辨》第六段大致相同。

謂「太極本無極」，所謂人之所以最靈者也。《河圖》之東北，陽之二生數，統夫陰之二成數，則《先天圖》之左方震一，離、兑二，乾三者也。《先天圖》之左方震一，離、兑二，乾三者，即《太極圖》之左方「陽動」者也。其兑、離之爲陽中之陰，即陽動中之爲陰静之根者也。《河圖》之西南，陰之二生數，統夫陽之二成數，則《先天圖》之右方巽四，坎、艮五，坤六者也。《先天圖》之右方巽四，坎、艮五，坤六者，即《太極圖》之右方「陰静」者也。其坎、艮之爲陰中之陽者，❶即陰静中之爲陽動之根者也。《河圖》之奇偶，即《先天》《太極圖》之所謂陰陽，❷而凡陽皆乾，凡陰皆坤也。《河圖》、《先天》《太極圖》之左方，皆離之象也，右方，皆坎之象也。是以《河圖》水、火居南北之極，《先天圖》坎、離列左右之門，《太極圖》陽變陰合而即生水火也。❸

至元丙子八月望日，静修新齋記。❹

節　彖

涣，先陰而後陽也。自一陰一陽而二陰二陽也，故爲涣焉。涣，散也。節，先陽而後陰也。自二陽二陰而一陽一陰也，故爲節焉。節，止也。以卦之象而言之，澤所以限水，水遇澤而止，皆節之義也。以卦之德

❶「陽」，原作「動」，今據畿輔本改。

❷「即」，原作「則」，今據至順本、成化本、畿輔本改。

❸按：本文第三段内容，與《河圖辨》第八段大致相同。

❹「静修新齋記」，至順本作「書」。

而言之，方説而遇險，險而以説行之，又皆節之義也。夫事物之有限而止者，節也。而節亦一事物也，獨無所謂有限而止之乎？❶知節而不知節其節焉，於彼雖爲節，於節則爲不節也。此則節而至於苦者也。在物皆有自然之節也，若因其節而節焉，猶支之有節，分之有段，亦風行於水，自然披離之爲涣而已。若節而至於苦，則非自然之節矣。

凡卦之所謂亨與貞者，其亨與貞皆同，而所以爲亨與貞則異。涣即亨也，亨在事先。節有亨之道而已，亨在事後。然《易》無無貞而亨者，猶物之無無陰之陽也。亨在事先者，其卦以亨爲主，而守之以貞；亨在事後者，其卦以貞爲主，庶幾其有亨也。在涣，其辭有聚涣之象焉；在節，其辭有苦節之戒焉。涣，非必涣也；節，非必節也。未節，則思所以節焉；已節，則思戒其所以苦節者焉。動久而以静節之，静久而以動節之，皆所以爲節也。知此，則知其所謂亨與貞者，亦隨所遇而變也。夫人遇節，❷當以象辭占，故爲言其義例之大略焉。

己卯春釋菜先聖文

聖代天言，明告萬世，寥寥方册，孰傳聖言？天啓聖心，程朱將命，堙晦浚闢，聾聰昏明。❸謂當後人，

❶「之」，至順本作「者」。

❷「夫人」，至順本、成化本作「友人筮」。

❸「昏」，至順本、成化本作「瞽」。

承此遺澤，孰云剽盜，資我而文。肆焉多歧，❶孰會其一？❷徒爲瞻仰，有惻此心。❸某早躁狂，❹若將有志，中實脆屈，未立以頽。揆厥無成，實由貪懦，時馳意去，凛不自容。❺顧念初心，怳焉如失，今此闕舘，惟我之求。講學有徒，進修有地，研窮參訂，亦復有書。於古遺言，於今學者，尚有裨益，少慰此心。但懼悠悠，復循前軌，惟神啓迪，實有臨之。

與政府書❻

九月二十八日，某再拜。

某自幼讀書，接聞大人君子之餘論，雖他無所得，至如君臣之義一節，自謂見之甚明。其大義且勿論，姑以日用近事言之。凡吾人之所以得安居而暇日，❼以遂其生聚之樂者，是誰之力歟？皆君上之賜也。

---

❶「焉」，至順本作「然」。

❷「會」，原作「謂」，今據至順本、成化本、畿輔本改。

❸「惻」，原作「測」，今據至順本、畿輔本改。成化本作「澤」。

❹「某」，至順本作「因」。以下或同，不再出校。

❺「凛」，原作「亶」，今據至順本、成化本改。畿輔本作「懍」。

❻「與政府」，至順本作「上宰相」。

❼「日」，至順本、畿輔本作「食」。

是以凡我有生之民，或給力役，或出智能，亦必各有以自效焉。此理勢之必然，亘萬古而不可易，而莊周氏所謂「無所逃於天地之間」者也。某生四十三年，未嘗効尺寸之力，以報國家養育生成之德，而恩命連至，某尚敢偃蹇不出，貪高尚之名以自媚，以負我國家知遇之恩，而得罪於聖門中庸之教也哉？且某之立心，自幼及長，未嘗一日敢爲崖岸卓絶甚高難繼之行。平昔交友，苟有一日之雅者，皆知某之此心也。但或者得之傳聞，不求其實，止於蹤迹之近似者觀之，是以有高人隱士之目。惟閣下亦知某之未嘗以此自居也。請得一一言之。

向者先儲皇以贊善之命來召，即與使者俱行。再奉旨令教學，亦即時應命。後以老母中風，請還家省視，不幸彌留，竟遭憂制，遂不復出。初豈有意於不仕耶？今聖天子選用賢良，一新時政，雖前日隱晦之人，亦將出而仕矣，況某平昔非隱晦者耶！況加以不次之寵，處之以優崇之地耶！是以形留意往，命與心違，病卧空齋，惶恐待罪。

某素有羸疾，自去年喪子，憂患之餘，繼以痁瘧，歷夏及秋，後雖平復，然精神氣血，已非舊矣。不意今歲五月二十八日，瘧疾復作，至七月初二日，蒸發舊積，腹痛如刺，下血不已。至八月初，偶起一念，自歎旁無期功之親，家無綱紀之僕，❶恐一旦身先朝露，必至累人。遂遣人於容城先人墓側，修營一舍，儻病勢不退，當居處其中以待盡。遣人之際，未免感傷，由是病勢益增，飲食極減。至廿一日，使者持恩命至。某初

❶「綱紀」，至順本、畿輔本作「紀綱」。

聞之,惶怖無地,不知所措。徐而思之,竊謂供職雖未能扶病而行,而恩命則不敢不扶病而拜。某又慮若稍涉遲疑,則不惟臣子之心有所不安,而蹤迹高峻已不近於人情矣。是以即日拜受,留使者,候病勢稍退,與之俱行。遷延至今,服療百至,略無一效。乃請使者先行,仍令學生李道恒納上鋪馬聖旨,待病退,自備氣力以行。

望閣下俯加矜閔,曲爲保全。某實踈遠微賤之臣,❶與帷幄諸公不同,其進與退,若非難處之事,惟閣下始終成就之。某再拜。

---

❶ 「某」,原作「集」,今據成化本、四庫本、畿輔本改。至順本作「因」。「賤」,原作「殘」,今據至順本、四庫本、畿輔本改。

碑　銘

中順大夫彰德路總管渾源孫公先塋碑銘

中統元年，今天子即位，草昧一革，古制寖復。及至元改元，則建官立法，❶幾於備矣。獨御史臺未立，於是今彰德路總管孫公公亮慨然以爲言，不報。五年，以言者益衆，始立之。故首以公爲監察御史，屢有所彈舉，天子以硬目之。尋出僉山東東西道提刑按察司事。臺薦其所行知大體，迁山北遼東道副使，既而有今命焉。

予始識公於鎮州，於其言論風旨，已得其所謂良御史者。及其子拱與予交，❷則又得其出處之詳者如此。然於其名位赫著，子孫蕃衍，則宜其必有發之者，❸而尚未及知也。一日，公使拱持書抵予，曰：「先公

❶「建」，原作「遠」，今據至順本、成化本、四庫本、畿輔本改。

❷「及」，原脱，今據至順本、成化本補。

❸「宜」，至順本、成化本作「疑」。

以末世之孤裔，奮焉爲起家之始祖，❶使公亮輩得有所沿襲。凡以予曾大父及大父勤德利物之所致，以隱不仕，今已不可得而考其迹矣。而先公則資沉鷙豪宕，重然諾，好施予。年十六七，已有志於功名。❷值金貞祐之變，❸即欲應募爲兵，其親或難之，因逃去，謁西京帥謀年，以驍勇得近幸。時金主南遷，謀年帥欲有所奔問，而難其人。公感激請行，見金主於真定，得報歸，往復二千里，甫七日。及西京内附，國朝所置守帥馬侯熟其膽略，表授義軍千户，尋復董平山府甲工從軍。潞州之役，力出其伯父成、族兄公政于俘虜。鳳翔之役，太宗詔從臣分誅居民，違者以軍法論。輒歎曰：『誠能脱衆人死，實不愛一身。況主上見問，必有以對，而未必死耶！』遂盡匿己所分者。河南之役，汴既降，仍不聽居民自出，日餓死不可計。遂請於大帥速不歹，以渾源名族如御史雷氏、同知均州樊氏、張具瞻、馬正卿、王仲賢、王禄、楊玉者數十家而出，且護而歸之鄉里。先夫人杜氏，亦嚴正有法。平山府有妄告工人變者，皆力爲營捄之，賴以全活者甚衆。此皆見之太常許君靖所録《行實》，及鄉先賢之所撰《紀》，而先塋下棺之碑則無以銘之，惟有以待乎子之言，以信於後人也。」

按孫氏，世爲州之横山人。公之曾大父某，娶何氏，四子：慶祐、慶文、慶元、禄和。慶文，則公之大父

---

❶「焉」，至順本作「然」。

❷「功名」，原脱，今據至順本、成化本、畿輔本補。

❸「值」，原脱，今據至順本、成化本、畿輔本補。

也。娶趙氏，有婦德，二子：❶威、平。平早世，威即公之考也。夙巧慧，❷少出入戰陳，每患世之甲胄不堅。壽其婦兄杜伸，則《考工記》所謂燕人能爲函者，因密得其法，且能創蹄筋翎根别爲之。太宗親射之，不少貫，寵以金符。故其從征邠、乾諸州也，見其攻拔不避矢石，帝勞之曰：「汝縱不自愛，獨不爲甲胄惜乎？」又命諸將衣其所進甲，目之曰：「汝等孰所愛重？」諸將各以意對，帝皆不之許，曰：「能捍蔽爾以與我國家立功名者，非此人之甲耶？顧無以之對者，何也？」復以錦衣錫之。前後所領平山、安平諸工人，皆俘虜之餘，殆少生意，數爲表給衣廩子女以勸之，諸工人至今感之如父母。年若干，終於平陽河南懷州順天諸路工匠都總管。帝聞，爲嗟恨久之。杜氏年八十八，下及五世孫。疾，公率其子拱、撒、振等，❸諸孫謙、諧、誼等以問。見公佩金虎符，拱、撒皆佩金符，曰：「吾家起寒微，今一門貴盛，但當竭忠勤以報國家爾。」言竟，卒。

嗚呼！當大變故，夫人之與氣運而升降者，以人視之，非必盡有所以致之者，而其予奪之間，又未必盡得其平也，疑若一出於偶然而已。抑不知人之所見者，以一世爲終始，固不能如天之所見者之久且遠也。予固知孫氏之有以發之者也。然而公未老，事業尚未既，而拱有才氣，謙既以能世其業，而奏隸東宮，而諧亦穎悟，予他日又可以考其淺深厚薄於此也。銘曰：

昔龍之山，有晦而淪，必孫氏之先。蓋有嗟其屈者，謂天道之或愆。今曄其華，賁及丘原。亦有嗟

---

❶「二」，原作「婦」，今據至順本、成化本、畿輔本改。四庫本作「生」。

❷「慧」下，原衍「也夙巧慧」四字，今據至順本、成化本、四庫本、畿輔本删。

❸「率」，原作「卒」，今據至順本、四庫本、畿輔本改。

者，謂賦與之或偏。❶彼嗟者愚，不究其終，而不探其源。孰馭龍山，遊萬物巔？渺下視乎神川，歷百世而循一環。不輊不軒，而得夫造物者之權。玄鐵符握，黄金色寒。翠屏雷裂，瀚海雲翻。❷有物蕩盡，再造坤乾。有惻天心，莫捄其然。孰其庇之？孰其翼之？於此時而保全，乘此時而騰騫。孰其誘之？孰其相之？人皆嗜殺，我獨惕焉。惟山西之名御史，曰雷默與劉雲。郁乎相輝，一代人文。❸惟將作君，武臣桓桓。有子如公，復與雷、劉之子而驄馬聯翩。相彼根株，有此蔓延。窮天地物，極天地年。又安有不定之天！夏蟲疑冰，孰大其觀？後之嗟者，示此銘言。

懷孟萬户劉公先塋碑銘

至元十一年，詔大丞相伯顔領諸將兵伐宋。有志之士咸喜，乘此際會，思效計勇以自奮。是時，今懷孟萬户劉公潭，以世襲上百户攝行千户事，將七百人，屬今尚書右丞史公格，由西道進。是年渡江，❹以攻下

❶「與」，原作「輿」，今據成化本、畿輔本改。至順本作「予」。

❷「瀚」，原作「澣」，今據至順本、成化本、四庫本改。

❸「文」，原作「門」，今據四庫本改。畿輔本作「聞」。

❹「渡」，原作「没」，今據至順本、成化本、四庫本、畿輔本改。

一堡，生得將二人，攻沙市，先登，加忠顯校尉，遷總把。明年，以攻下十餘堡，生得將十人，❶攻潭州，先登，❷加昭信校尉。明年，以略定柳、賓、邕三州，生得將一人，攻静江，先登，賜銀符，加武略將軍，爲真千户。明年，以攻下鬱林、化二州，略定廉、欽、高、雷四州，生得安撫使二人、將四人，加武德將軍。明年，以從平章政事阿里海牙過海略定瓊州，降大將六人，賜金符，加宣武將軍，遷總管，守瓊州。又以略定萬安軍，攻下黎洞一百二十所，降大將三人，賜虎符，加顯武將軍。明年，又以略定吉陽、昌化二軍諸洞寨，加明威將軍，爲萬户、兼安撫使、鎮海招討使。守瓊凡九年，以民夷既定，來朝京帥，遂加廣威將軍，授今職，移鎮嚴州。

國朝兵制尚質，其將帥皆以所統户數名，故有百、千、萬户三等。其符節有金、銀、虎符，亦三等。又於百、千之間置總把，千、萬之間置總管，以爲遷拜旌賞之漸。其許佩符節，子孫襲職二事，則惟將帥得之，故將帥在今爲美官。而至佩虎符，爲萬户，則又爲最貴矣。公自以階襲至此，過家上塚，圖報先澤。以近世多刻石先塋，敘先世名迹，如古先廟碑者，乃再拜以《事狀》來請。

按顯曾祖考諱德安，隱居不仕，妣張氏、楊氏。顯祖考祁陽府君諱寶，姿榦奇偉，氣略過人。當金貞祐主棄河朔徒都汴時，❸有張甫者據信安，武仙者據真定，皆爲金守，易、定之間，大爲所擾。而蔡國張公柔開

---

❶ 「十」，至順本作「一」。

❷ 「先」，原作「元」，今據至順本、成化本、四庫本、畿輔本改。

❸ 「金」，原作「今」，今據至順本、成化本、四庫本、畿輔本改。「貞祐主」，至順本作「主貞祐」。

府滿城，凡州縣來歸者，皆承制封拜，令各城守，相爲應援以禦敵。乃以祁州爲祁陽府，令左副元帥賈公輔行帥府祁陽，以府君爲行府右監軍。仙軍嘗攻深澤、新樂二縣，府君將兵往捄，大敗仙軍，二縣之人，賴以安全。後仙將柴姓者襲取冀州，府君從張、賈二公往捄之。時天大雪，深三尺。與柴軍遇，張公陷雪馬倒，爲柴所逼。府君以一矢斃之，柴軍遂潰，而張公獲免。上府君功，授宣武將軍、祁陽府通判，再遷總管。後以年老致仕，優游鄉里，享年若干。妣李氏、楊氏、姜氏。顯考蒲陰府君諱世鼎，以蔭補蒲陰尉，後以良家子從軍，特授上百户，戍亳。嘗以主帥命將五千人攝府事，❶攻荆山，身先士卒，不避矢石，竟被創而廢。享年若干，妣齊氏、張氏。三世皆葬祁州蒲陰之北鄉百長原。其宗支，别有圖列碑陰。銘曰：

自北而南，天開元基。遼漸燕垂，金奠淮夷。厭分裂耶，孰撤藩籬？❷白雁一舉，横絶天池。彼瘴海兮藏鯨鯢，巨鬣如城兮尾如旗。安得壯士兮，驅而守之。矯惟劉公，熊羆虎貔。奮髯一呼，藜山爲摧。❸强黎是讎，罷民之依。彼祥雲瑞日，❹固爲可喜。不有風霆，孰行天威？方挽强是賴，而一字奚施？我聞瓊人，劉公之思。相彼甘棠，根株在兹。乃今燕趙，如唐山西。或一矢斃敵，赴主將之難。

❶「府」上，至順本有「帥」字。
❷「撤」，原作「徹」，今據至順本、成化本改。
❸「藜」，至順本、成化本、畿輔本作「黎」。
❹「彼」，至順本作「被」。

或百戰致命，合荆山之圍。蓋三世受封，而後出益奇。❶語彼瓊人，有來京師，道出于祁。黄蕉丹荔，當一酹劉公先塋之碑。

明威將軍後衛親軍總管李公先塋碑銘❷

至元十七年，丞相伯顔以舊所領諸將中四人見皇太子，曰：「此皆臣收江南時，渡江水戰，攻城略地，爲國家盡力命，臣所親見者。」是時，天下事聽皇太子處置，乃命四人者無外補，可使將侍衛親軍，仍賜食殿中。今致仕後衛總管清苑李公，其一也。

公便騎射，材趫過人。雖自幼以宦家子從軍爲將校，然每喜與士大夫遊，且其居近予，故聞其勳爵、行事也習。壬戌，憲宗南征，將兵隸史忠武公，至巴州，能却敵，攻諸栅先登。至崇慶，❸卒遇敵江峽，❹奪戰艦。中統元年，今上北征，復將兵隸忠武，❺至吉河。三年，李璮叛，將兵隸張勇烈公，圍濟南，日夜與賊戰，獲賊衆十餘人。明年，詔河南統軍略地荆南，將勇敢分攻堅栅，多所克拔。九年，圍襄陽。十一年，丞相伐

---

❶「出」，原重，今據至順本、成化本、畿輔本删。四庫本作「咄咄」。

❷「明」上，至順本有「大元」二字。

❸「崇」，畿輔本作「重」。

❹「峽」，原作「浹」，今據至順本、成化本、畿輔本改。

❺「復」，原作「後」，今據至順本、成化本、四庫本、畿輔本改。

宋，爲衙前將。至鄂州，部所將引戰艦入，❶至郢州，夜奪浮橋。攻沙陽、新城二栅，先登。渡江，將勇敢水軍首與敵遇，取旗，奪戰艦、甲仗。❷既渡，能盡却所當守岸兵。復入江，順流追奔至白虎山。❸明年，取真州，能退敵，焚其舟。時敵將夏貴水軍陳巢湖，勢不可犯，能破其堅，奪旗鼓戰艦。取常州，將勇敢先登，拔其城。又略定蘇、秀二州。此其功。憲宗時，中書右丞闊公子清牒爲百户。❹中統二年，璽書遷總把，錫以銀符。至元十一年，軍職例加散官，授敦武校尉。十三年，遷武略將軍，錫以金符，爲千户。十五年，加武德將軍，再加宣武將軍，爲總管。十七年，遷明威將軍，爲後衛親軍總管。後例減總管，復爲千户。凡六被璽書，再授符節。憲宗南征時，詔賞白金一鋌。北征時，今上賞錦衣一襲。圍濟南時，親王爲大將者賞白金半鋌。渡江時，丞相賞馬一疋、白金一鋌。此其爵賞。下濟南，出誤爲賊所汙者數十人死。拜衛率，讓其同列先，己最後補。此其行事。

公知予習聞是，謂予曰：「凡此皆藉先世，今思報效，而先塋近在縣之臨水里，❺考品制得樹碑，願列先

---

❶「入」下，至順本有「江」字。

❷「奪」，原脱，今據至順本、成化本補。

❸「奔」，原作「奪」，今據至順本、成化本改。

❹「闊」，原作「相」，今據至順本、成化本改。

❺「在」，原作「縣」，今據至順本、成化本、畿輔本改。四庫本作「欒」。

世名行，❶使子孫知仁祐今日者有所自。皇考諱義，大元開國時，從楊甲立栅保南。甲爲李丙所害，乃慨然以義動衆，共殺丙，以復所事讎，其衆遂推爲長。後大帥山赤丹略地燕南，乃以衆歸之。朝廷賜以璽書、金符，俾就領其衆，爲權府，如古留後。天下既定，乃浮沉里社，年八十二終。請書是爲銘。」予按司馬遷《自序》多及己，蓋史家變例。故公勳爵亦宜附見，以榮先世。公諱仁祐，字安卿。男一人，曰元，襲公職。女一人，嫁僉行樞密院事王公之子守。銘曰：

吁其好還，卧榻不容。白鴈載飛，千彬益雄。❷有翼而從，咸第其功。南至於江淮，北至於沙漠。東至於青齊，西至於巴庸。惟公生平，預折四衝。當酹以告其先曰：疇昔生男，不愧矢蓬。留後復讎，天亦義之，報不在躬。彼欒幽崇，❸龜螭而豐。銘以賁之，庸壽厥封。

正議大夫禮部尚書王公神道碑銘❹

公本東萊王氏，其大父曰温，娶周氏，生永福。多才有遠識，❺見金末亂，避地徙燕，慕陶朱公爲人，用

❶「列」，原脱，今據至順本補。成化本、畿輔本作「刊」。

❷「千」，至順本、成化本作「于」。

❸「崇」，至順本作「叢」。

❹「正」上，至順本有「大元故」三字。

❺「才有」，原作「有才」，今據至順本、成化本、畿輔本正。

其道以富。天下既定，遂列名莊聖皇太后封邑籍中。後被教主管都城課税，比五品京官，實爲宛平王氏始祖。娶某氏，生公。中統初，選良家子入侍東宫，公甫弱冠，儀觀甚偉，氣宇粹然，太保劉公秉忠見而器之，引以與選，服勤守恪，漸致近密。有詔皇太子裁決天下事，凡時政所急，民瘼所係，知無不言。是時宫職未備，而湯沐分邑地廣事繁，當有攸屬，乃拜公正議大夫、工部尚書，行本位下隨路民匠都總管。及詔立東宫官屬，爲家丞，蓋令署帝鄉貴臣，故以公爲貳。又别置儲用司，掌貨幣出内，以公廉悉，特令兼之。前後所涖，咸以精飭事治獲嘉獎。後以病辭職，不許。辭不已，逾年乃許，仍令食禄如故。復上言：「既不事事而禄食，❶臣心誠所未安。」又不許。面陳其不可，至於再三，方許。

至元廿六年，皇孫出鎮懷孟，天子重其事，選及侍東宫舊臣老成鍊達者護之以行，公乃行。陛辭，天子目之良久，以爲得人。營幕所在，軍政肅然。未幾召還。廿八年，天子更易大臣，一新時政，詔求才可用而久不仕者。群臣咸舉公，拜禮部尚書，復以病辭。皇太子妃召問曰：「人皆欲進，卿獨求退，何也？」對曰：「臣見宫庭舊人如臣等輩十去八九，臣蒙恩最厚，願留侍皇孫，備宿衛更直，實不忍去。」聞者莫不嗟歎。明年，薨，問疾給葬，故事畢舉。

既葬，詹事張九思曰：「公從事東宫三十餘年，小心慎默，無少玷缺，而其辭受去就之間，風義凛然，有可激勵後世者，不可不書。其神道宜有碑，碑宜得劉某銘。」其孤鵬持集賢直學士趙孟頫所撰《行狀》來請。

❶「禄食」，至順本作「食禄」。

公，予所知，資孝友，爲人誠實樂易，讀書務躬行，不徒事章句。其居家教子，撫孤嫠，恤宗族，秩然有序，銘固無愧。

公諱倚，字輔臣。其夫人張氏，薊州節度使滋之女，九思姊也，内助成家。其子男二人：鵬，爲長，朝列大夫、異樣總管府總管，秩視九卿。鵠，讀書未仕。女三人：長適鷹坊總管韓某之子某，次適集賢學士劉瑟之子庶，次適夫人之族子謹。其孫男一人，遂初；女一人，幼。其壽五十三。其薨之日，正月戊申。其葬之日，二月甲申。其所葬，在盧師山下。銘曰：

正從惟一，是爲臣則。偉公得依，確乎不移。初仕東朝，曰勤汝嘉。允惟帝卿，來視予家。身方病休，心未職免。鶴駕仙遊，鸞聲未遠。帝曰予孫，往藩于懷。疇咨家老，作傅惟諧。還歸幾時，乃卿於禮。難忘本初，臣心安此。嗚呼忠哉！兹惟公墟。吉實銘之，過者勿驅。

澤州長官段公墓碑銘

公諱直，字正卿，姓段氏，世爲澤州晉城人。少英偉，有識慮。甲戌之秋，南北分裂，兩河、山東郡縣盡廢，❶兵凶相仍，寇賊充斥。公乃奮然興起，率鄉黨族屬，爲約束，相聚以自守。及天子命太師以王爵領諸

❶「兩河」，至順本作「河北河東」。

將兵來略地，兩河、山東豪傑並應，❶公遂以衆歸之。事定，論功行賞，分土傳世，一如古封建法。公起澤，應得澤，遂佩黄金符，爲州長官凡廿餘年。方天下初集，國家以澤衝隘，别置守兵。主將不善制御，恣其侵暴，❷久之，山民不勝其横，往往自棄爲群盜。公上言，願罷守兵，請身任諸隘，保其無虞，朝廷從之，群盜遂息。公見澤民避兵者多未復，乃籍其舍業於其親戚鄰人户未，約曰：「俟主還，與之。」户如故分，出賦如業，是以民多還集，且户額少而丁業優，❸故賦輕而易足。兵後屢飢，其還民無産者復不能自生，公爲出粟食之，不使流散。時新法藏亡甚嚴，鄉民不一一曉知。澤當諸軍往來之衝，病俘多亡留民家者，若以藏論籍没從坐，保伍爲空。公乃豫爲符券，爲官使收養，以俟諸軍物色者。後凡留俘家，皆得以不藏釋。州民被俘他郡者，公多爲購得之。兵死暴露者，公必爲收瘞之。當大變之餘，兵氣未已，生意未復，而澤風翕然，已爲樂土矣。公又大修廟學，堂筵齋廡庖厨惟備，仍割負郭良田千畝，購書萬卷以給之。州人李俊民，在金時以明經爲舉首，後國朝亦被累徵，賜號「莊靖先生」，❹蓋有道之士也。是時方避地河南，隱約自處，公迎而師之。凡澤之名士散在四方者，亦必百方招延，必至而後已。故不五六年，州之學徒通經預選者百廿有二人。時今上在潛邸，有以公興學禮士聞者，嘉之，特命提舉本州學校事。未拜而公卒，年六十五，子紹隆嗣。

---

❶「兩河山東」，至順本無此四字。

❷「主將不善制御恣其侵暴」，至順本無此十字。

❸「且」，原作「但」，今據至順本、成化本改。

❹「靖」，原作「静」，今據至順本、成化本、四庫本改。本文下同，不再出校。

後三十五年，❶紹隆遣其子倪、從事李賁持公《行狀》及莊靖所作《州學記》造某所，賁贊倪代紹隆拜曰：「請先生銘先公。」予按傳記，初，澤俗淳朴，民不知學。至宋治平中，明道程先生爲晉城三年，諸鄉皆立校，暇時親至，爲正兒童所讀書句讀。擇其秀異者，爲置學舍糧具，而親教之。去邑經十餘年，❷服儒服者已數百人。由是盡宋與金，澤恒號稱多士。故公雖不學，起行間，然其生長見聞，必有起其趨向者。故當用武之際，獨能以立學爲先，敦勸修舉，使前賢數百年之遺風，不遂廢墜。謂倪：「乃祖用是當銘。」倪應曰：「諾，謹拜銘之賜。」

公考諱順，妣趙氏。夫人衛氏，勤儉有禮，❸公既一意公事，凡其所以成家教子者，咸内助之力也。張氏、馬氏、李氏，亦皆賢淑。❹子男四：紹隆，今以遷轉法行，加武略將軍，移知葭州。國初，凡守親王分地者，一子當備宿衛。紹先，宿衛王府。紹祖，❺早卒。紹宗，未仕。女一，適裴氏。孫男六：倪、儀、信、傑、佐、仁。女四：長早卒，次適何氏、郭氏、李氏。卒於甲寅六月，三日而葬，❻葬建興鄉沙城里先塋。公平生

❶「五年」，原漫漶不清，今據至順本、成化本補。畿輔本作「三年」。

❷「經」，至順本、成化本作「才」。

❸「勤儉有禮」至「咸内助之力也」二十五字，至順本無。

❹「亦皆賢淑」，至順本無此四字。

❺「祖」，原作「相」，今據至順本、成化本改。

❻「日」，至順本、成化本、畿輔本作「月」。

朝京師一，朝王二，王寵賜甚渥。初，太師承制封拜，❶時授潞州元帥府右監軍云。銘曰：

天荒澤方，庸試程氏，邦家幾時，春風百世。生爲後民，爲幸已多，矧嗣守土，公如幸何。以富以教，循序兼盡，公焉取斯，承此餘潤。公生閔勞，謂樂斯驕，閱其堂中，皤然蓋公。公生用武，謂如貔虎，迹其嬉遊，泮水優柔。魯城絃歌，不以兵壞，既安既寧，宜爾多賴。不遠公阡，大刻銘詩，於乎澤人，勿替爾思。

❶「承」，原作「丞」，今據至順本、成化本、四庫本、畿輔本改。

静修先生遺文卷三

碑銘表誌

清苑尹耶律公遺愛碑

至元九年五月，以工部主事耶律公伯堅爲清苑尹。後四年八月，用臺薦擢同知恩州事。公字壽之，桓州人。氣豪爽，有幽、燕俠士風。其接人雖一無所失，而中有裁鑑。樂與當世名士游，雖貧乏至典衣，延至不少懈。❶有御錯縱才，昔或薦公規措關陝、川蜀財賦，詔可之。公至，爲條件利病，疏畫出納，事洽而物安，❷識者稱其能。性明决，憲司及府有滯獄，必檄公平之，公能不以刑得其情，而訟者亦以公所理無冤。爲政不事表襮，而民知愛；不任刑罰，而民知畏。作事必爲遠計，使人得以守其成法而不即壞亂。其處己御下，則欲與者避其廉，受罰者思其公。

---

❶「至」，至順本、成化本、畿輔本作「致」。

❷「洽」，至順本作「治」。

其爲清苑也，安肅苦徐水之害，訴於大農，欲以人力奪水之故道，道而東之。東則縣之境也，其地形有不能遂其迅激之性者，而水必終返其故道，而其沮洳波蕩，壞民田幾千頃，彼之害既不得而除，而重以其害貽我。畚鍤已興，民睨視之，莫知計所出。公爲圖地形，指陳利害，要農官及郡侯與俱行視，以止之。縣之西塘，水利溉民田甚廣，有力者以磑奪之，而民無訴所。公至，爲斷理，以每歲溉田之餘月分之磑，仍聞省部，著爲定制。縣居南北衝，每歲爲親王大官治供帳于縣西，以十月成，至明年復撤而新之，吏得媒蘖其事，而至歲費不貲。公以一廢舘舍移其所，不足，分俸禄以繼之，舘成而是役絶。縣西南衞村，多古斥堠溝塹，時伏盜其間。公爲墮其高，堙其下，而奪其穴焉，盜於是息。縣舊雜民居，而縣之鹽法息錢，例當己有。公曰：「是錢在我不必有，公廨在縣不可無。」遂割之以起廨。凡連年和買之不降其直者，公至，白之執政，盡降之。凡府之賦縣有不均者，公輒曰：「寧得辠於上，不敢得辠於下。」必爲争辨，❶得其平而後已。

移恩之明年，恩人已刻石頌公。又明年，清苑之耆老故吏亦思公不忘，以予與公有一日之雅，介吾友趙安之請予紀公遺愛。予亦樂以循吏爲天下勸，而又喜邑人能被公之化，而不忘其舊官長之賢。故次第其民之所以謡公者，而爲之詩，庶其傳之採官，以存一邑之風，且爲他日太史氏之傳循吏者以張本焉。嗚呼！使邑人歌之野，足以爲農勸；歌之邑，足以爲吏勸；歌之道路，聞之恩人，又足以致奪公之私怨。公早歷臺

❶「爲争辨」，至順本作「有争辯」。

閣，人望其通顯可立致。既而獨從外補，今又老且病，將不能復與功名會，❶此在人不能無少難者，而公處之裕如。使恩人聞而歌之以壽公，則其沉滯之思，雖不待有所慰而後忘；而其及人之樂，則或因此而長之也。其辭曰：

我行東野，有田離離，燥焉膏腴。彼鄰不知，持以噏水，孰恤我飢？惟耶律公，出言若堤。奪田於水，障水以歸。西塘之陂，無水旱虞。非陂得歲，食我惟渠。水匪附勢，奚捨我趨。望公之來，使我心休。公浚以理，渠來舒舒。公實水來，公實水去。田雖我田，實公錫與。我之德公，非惟水故。有勢非水，微公孰禦？縣官渠渠，公力所支。昔有絲棼，今皆畫棋。聞公車音，❷吏戒勿嬉。❸旂來揚揚，有宮以息。彼安其宮，我安斯室。車不知服，子不知力。彼盜之穴，南據丘隅。公行視之，荷鍤與俱。昔路斯棘，化而通途。奪田與我，奪時與我。以耕以食，❹于以飽我。食惟公食，持以勞公。公曰歸止，飽爾羸癃。公堂燕深，孰公不容。天乃私恩，奪公之東。❺惟彼東人，相戒以化，無勞我公。我思我公，神其相之。惟壽康公，俾公其來之。

❶「與」，原作「輿」，今據至順本、成化本、畿輔本改。
❷「音」，原作「者」，今據至順本改。
❸「吏」，原作「更」，今據至順本改。
❹「食」，至順本作「穡」。
❺「之」，至順本作「于」。

孝子田君墓表

嗚呼！　天地至大，萬物至衆，而人與一物于其間，其爲形至微也。自天地未生之初，❶極天地既壞之後，前瞻後察，浩乎其無窮，人與百年於其間，其爲時無幾也。其形雖微，而有可以參天地者存焉；其時雖無幾，而有可以與天地相終始者存焉。❷故君子當平居無事之時，於其一身之微，百年之頃，必慎守而深惜，惟恐其或傷而失之。實非有以貪夫生也，亦將以全夫此而已矣。及其當大變、處大節，其所以參天地者以之而立，其所以與天地相終始者以之而行，❸而回視百年之頃，一身之微，曾何足爲輕重於其間哉！然其所以參天地而與之相終始者，皆天理人心之所不容已，而人之所以生者也。於此而全焉，一死之餘，其生氣流行於天地萬物之間者，凛千載而自若也。使其舍此，而爲區區歲月筋骸之計，而禽視鳥息於天地之間，而其心固已死矣。而其所不容已者，❹或有時發焉，❺則自視其身，亦有不若死之爲愈者。是欲全其生，而實未嘗生；欲免一死，而繼以百千萬死。嗚呼！　可勝哀也哉！

---

❶「生」，原作「至」，今據至順本、成化本、四庫本、畿輔本改。

❷「始」，原脱，今據至順本、成化本、四庫本、畿輔本補。

❸「相」下，原衍「爲」字，今據至順本、成化本、畿輔本删。

❹「已」，原脱，今據至順本、成化本、畿輔本補。

❺「有」，至順本、成化本無此字。

先人嘗手録金源貞祐以來致死于其所天者十餘人，而武臣戰卒及閭巷草野之人爲多。而予每覽之，未嘗不始焉而慚惕若不自容，中焉而感激爲之泣下，終則毛骨悚然，❶若有所振勵者。故爲之訪諸故老，撰諸小説，考其姓里，增補而詳記之，惟恐其事之不傳也。近復得清苑孝子田君焉。貞祐元年十二月十有七日，保州陷，盡驅居民出，而君及其父與焉。是夕下令，老者殺。卒聞命，以殺爲嬉。未及君之父者十餘人，而君乃惻然欲代其父死，遂潛往伏其父於下，以兩手據地，俛而延頸以待之。卒舉火，未暇省閲，君項腦中兩刀而死。夜及半，幸復蘇。後二日，令再下，無老幼盡殺。時君已以藝被選，而行次安肅矣。聞其父死，謂人曰：「我當逃歸葬吾父。」❷遂歸，求父尸而得之，負以涉河，冰傷脛至血出，發母塚，下尸而塞之，乃還，而衆不之覺也。嗚呼！此其所以爲孝子者歟！

其子道章，❸資高爽，喜讀書，而遺山元公、陵川郝公皆嘗爲詩文以美之。雅善予，一日，狀其父之孝行，訪予于易水之上，且曰：「古者孝友，雖庶人得書于史官。而先人之孝行若是，生無一命之旌，而死遂無一言之託，以傳不朽，爲先人子者，亦何以自立於世！今謀所以表夫墓，惟先生實哀之。」❹言已，泣數行下。嗚呼！予尚忍不銘君也哉！

❶「悚」，至順本作「竦」。

❷「逃」，原作「遶」，今據至順本、成化本、畿輔本改。

❸「章」，原作「童」，今據至順本、成化本、四庫本、畿輔本改。

❹「生」，原脱，今據至順本、成化本、四庫本、畿輔本補。

君諱喜，世爲保之清苑人。其仕至佩金符，其壽四十三，其卒則歲乙未閏七月。考彦，妣喬，母兄嘉。其所娶實望族韓，有婦德，鄉里稱爲韓孝婦，其壽八十六。男女三：道昭、道章，裴氏女寅。孫五：温、良、恭、儉、讓。曾孫四：元、亞、季、德昌。銘曰：

嗚呼！蹈斧鉞而致死，猶淵冰之歸全。其死者藐焉此身之微，其全者浩乎此心之天。有纍雖丘，匪丘者存。有圓雖石，匪石惟文。百世之下，有旌古而勵俗者，必名此曰孝子之原。過者其式之，孰獨匪人。

洛水李君墓表❶

君諱守通，字彦誠，姓李氏。其先中山人。五世祖從大，宋靖國間仕至朝散大夫，❷因宦游至洛水，愛其風土衍沃而占籍焉，遂爲洛水人。高祖惠明，中武舉，官武翼大夫、同知鄜州節度使。曾祖智静，避靖康之亂，❸隱居不仕。祖德遷，娶劉氏，生君之考道元。讀書有立志，動止以禮。年五十，即斷家事關白，就太一翁受道籙，開別第以居。❹娶張氏，生二子，長曰守進，君其次子也。

---

❶「洛」，原作「洺」，今據至順本及目録改。本文下同，不再出校。

❷「至」，原作「致」，今據至順本、成化本、畿輔本改。

❸「靖」，原作「静」，今據至順本、四庫本、畿輔本改。

❹「開」，原作「關」，今據至順本、成化本、四庫本、畿輔本改。

君資樂易，與物無忤，喜施予，善談論，能言漢、唐、五季事，歷歷如數目前。君既故家，且有才具，故素爲州郡所推擇。及金人南徙，國朝遷諸州工人實燕京，而隸邢、洺者即舉君授符而總之。後以將作如制，數蒙寵賚。已而不樂，曰：「是身可役役於是耶！」遂委符歸鄉里。歲時會耆老故人，相與娱樂。享年九十，以至元九年十月二十有八日無疾而逝，葬武道鎮先塋。娶景州處士劉從直之女，婦道母儀，鄉邑以爲法。先君二十年，年五十八卒。生男子三人：長全福，季全安，皆早世；仲子曰全祐。女子一人，適千户任某。

初，東瀛先生蕭鍊師公弼有重名，所與游皆當世名士。今上在潛邸，屢以安車徵之，至則待以客禮。其前後條對惟及治道，而所薦舉亦皆天下之選。蓋奇特之士，厭於世故，而以方外自隱者也。君以全祐幼有羸疾，不任婚宦，乃命棄家師事之。今以學識清修，先賜號「觀妙大師」，再加「純一真人」，深爲上及皇太子之所眷顧焉。二十五年春，❶純一遣使持君世次行事請於予，曰：「予家自朝散公起家，兩世貴顯。後漸卑下，爰至先考，方圖遠紹先業，尋又棄去，而以樂終。今全祐老矣，雖兩被璽書，而奉祠宫觀之秩甚隆，復不能追及先世。又旁無支屬可以後吾親者。思所以慰吾親，惟有旌紀丘隴之一路耳。平昔願交吾子，凡以是故。今敢以是累吾子，吾子其毋辭。」嗚呼！吾純一託迹玄虚，既老而能不忘其親，雖其天彝之秉，自不容已，然予於是益信東瀛爲奇特之士，而其門人之所觀感而得之者固如是。迺爲敘其始終，且繫之辭，以識吾

❶「二」，原作「一」，今據至順本、成化本、畿輔本改。

純一之悲焉。曰：

天開兮地闢，惟寅兮生人。寅之所生兮，有吾之先；幾億萬傳兮，延及此身。如根而榦兮，如榦而枝；前既有承兮，後當有滋。惕焉傷哉兮，而息於斯；稟世短長兮，厥初不齊。不滑以人兮，乃天之爲稽。伯陽之所崇兮，❶曰生與慈。彼綿綿其不輟兮，由段干而膠西。物與道以爲體兮，今舍此其孰依！惟純一之超詣兮，知反本之當悲。渺黄鶴之翩翩兮，過故墟而徘徊。撫長楸而太息兮，勒金石以告哀。

處士寇君墓表

君寇氏，諱靖，字唐臣。祖禹、父曾，耕於中山安喜陘，號質行家。君始力學爲士。當金遷國汴梁，河朔内附，一軍分戍鎮、定間，開府屈君爲掾。時約法未定，刑賞惟意，君所論一如平世。師出，將吏額士卒輸虜獲爲常，君獨不取，惟受田，募十户爲屯以食。汴梁既破，衣冠内徙者大爲歉所苦，❷君見之，必盡力以恤。天下既定，中書令耶律楚材奏疏，遣使分諸道設科選士，中者復其家終身，擇疏通者補郡縣詳議。君既中選，仍署之縣。君曰：「向從事紛紛，中思濟人且自全耳。今兵已戢，獲奉先人遺體守墳墓足矣，尚復仕

❶「所」，原作「崇」，今據至順本、成化本、畿輔本改。

❷「徙」，原作「從」，今據至順本、成化本改。

耶！」乃謝去。隱居教授，安勤樂儉，日爲琴數弄，讀《易》一編，即所居自號「松溪翁」。其子三爲關洛州郡，恒得以佳山水悦親。籃輿孫擁，琴尊僮隨，徜徉嘯詠，超然物外，自樂也。君安重善下，澹然無緣飾，重以經涉世故，學《易》見消長理，故一意事内，於凡得喪欣戚，不久留中。嘗偶爲浮薄輩所陵侮，旁觀者怒，欲前擊，君止之曰：「彼智不及相知，故然。是宜哀矜。」家有私口二三，君歎曰：「物理有代謝。是既服勤我久，子孫宜不忍更隸之也。」悉毀券釋去。年八十，以至元甲戌秋九月三日無疾而終，❶葬先塋東北，以其配蒲水魏氏祔。

子男二：長元亨，幼失明，精於術數。次元德，早以文學名天下。相國廉希憲薦，事今上潛邸。從征江南。自真定宣撫司諮議，歷懷孟、京兆判官，遷知陝州，再加同知岳州總管，轉同知京畿都漕運使，改燕南河北提刑按察副使，今擢爲兩浙都轉運使。爲政廉易，姚左丞樞、楊參政果、王承旨磐皆作詩以美之。女一，嫁同里著姓甄氏。孫男六，曰某某；女三，皆嫁仕族。因及拜君床下，嘗與聞其平生，重以其子請，宜銘以表君。曰：

閲衰或興，象消息也。感彼更迭，無終極也。寧開靈臺，爲樂國也。早勤耋歌，時所職也。彼韮沖天，伸此屈也。有繁孫枝，本惟一也。體君所學，銘以《易》也。

❶「秋」，原脱，今據至順本、成化本補。

武强尉孫君墓銘

戊申夏六月丁巳，武强尉孫君以疾卒。臨卒，疏其子繼賢等曰：「吾以先世之澤，生而有大幸四，❶若等可念之勿忘。❷金崇慶末，河朔大亂，凡廿餘年，數千里間，人民殺戮幾盡，其存者以户口計，❸千百不一餘，而吾與存焉，一也。❹其存焉者，又多轉徙南北，寒飢路隅，甚至髠鉗黥灼於臧獲之間者，皆是也，而吾未嘗去墳墓，且獲尉鄉縣焉，二也。❺當其擾攘時，侵淩逼奪，無復紀序，而吾四妹一弟，俾皆以禮婚嫁，今皆成家，若與世變不相與者，三也。❻平居非强宗，世亂受淩暴，自其分爾，而吾乃爲鄉人所推，遂得挺身樹栅，保千餘家，凡族黨姻戚，皆賴以安全，四也。❼吾挾是以没，上有以承先人，下有以遺若等，無恨矣！」後卒十日，祔葬范原之先塋。後三十有八年，❽繼賢始狀其爵里，且誦所遺言，請予銘。

❶「而有大幸四」，至順本作「有四幸」。
❷「念之」，至順本無此二字。
❸「者」，原脱，今據至順本補。
❹「一」下，至順本有「幸」字。
❺「二」下，至順本有「幸」字。
❻「三」下，至順本有「幸」字。
❼「四」下，至順本有「幸」字。
❽「後」下，至順本有「葬」字。

予按君諱善，真定武强人。祖泰、父成，皆業農稽粟，嘗遇歲凶，貸飢者不責償。歲癸酉，❶我師略河間，君始以所保栅附大城以降，得賜官修武校尉，佩銀符。後以功遷忠翊。金亡，始罷諸鎮兵，令各封賞有功者，遂署本縣尉以終。娶李氏、周氏、張氏。子男四人：長即繼賢，奉訓大夫、知深州；次繼勳，行軍百户；繼忠，本縣諸軍奥魯長官；❷繼貞，都元帥府知事。獨繼忠爲張氏子，餘皆周出也。周年今九十，康寧。女四人，皆適令族。孫男九人：弼，承信校尉、行軍千户，佩銀符；輔，行軍百户；餘尚幼。銘三章，章八句：

天開洪爐，若有所試。彼紛枯莢，❸祇以滋熾。謂天不仁，此獨何存？吁此何希，彼獨爾繁。

紛如仆僵，君身堂堂。蕩焉崩離，君閭熙熙。❹吾幸所資，一栅之力。微有相之，區區何及。

涼風至止，繒纊不儲。哀哀履霜，兒寒何需。有興吾詩，孰不欷歔。❺匪有所興，一尉奚書。

---

❶「歲」，原脱，今據至順本補。
❷「長」，原作「兵」，今據至順本、成化本改。
❸「莢」，至順本、成化本、畿輔本作「荄」。
❹「君」，原作「若」，今據至順本、成化本、畿輔本改。
❺「欷」，原作「歆」，今據至順本、成化本、四庫本改。

易州太守郭君墓銘

金貞祐主南渡，而元軍北還。是時，河朔爲墟，蕩然無統，强焉弱淩，衆焉寡暴，孰得而控制之！故其遺民，自相吞噬殆盡。間有豪傑之姿者，❶則天必誘其衷，使聚其鄉鄰，保其險阻，示以紀律，使不相犯，以相守望，卒之事定，而後復業。凡今所存，非其人則其人之子孫也。嗚呼！蓋亦無幾矣。而向之所謂豪傑者，後皆真擁雄城而爲大官，其子孫或沿襲取將相，凡其宗族、故舊與同事者，亦皆布列在位，享富貴之樂。而其所賴以存及其子孫，則爲之臣民，而服其役，❷出租賦而禄之。彼亦非幸也，蓋天以是報其功，人以是報其力，僅適其平而已。

易之蔡國張公柔，則當時開壁于易山諸砦者，❸君其女兄子也。君諱弘敬，字仲禮，易之定興人。曾祖安仁、祖儀，皆業農。考彦成，以醇謹勤力爲蔡公所倚任，嘗攝行元帥事。君性警敏，美姿容，讀書善射。蔡公器之，復以女妻焉。丁未，授東鹿長。庚戌，遷易州太守。壬子，改完州。易人以善政請，於是復爲易州。

---

❶「姿」，至順本作「資」。

❷「服」，原作「復」，今據至順本、成化本、畿輔本改。

❸「壁」，原作「辟」，今據至順本、成化本、畿輔本改。「于」，原作「子」，今據至順本、成化本、四庫本、畿輔本改。「砦」，原作「岩」，今據至順本、畿輔本改。

時官制未立，❶諸侯得自辟署，曰長，曰太守，皆從一時之制云。以甲寅三月十日卒，以是月廿一日葬於河内之兆。子男一人，奉議大夫謙，即夫人張氏出也。後三十年，謙泣涕來請，曰：「謙不幸早孤，今思所以報吾親，欲得先生長者一言，以銘其墓，託以不朽，庶幾少慰人子之心。」乃拜。既許，又拜。予迫於禮，文謹且備，而終銘之。銘曰：

生物爲心，乃厭其蕃。自涓涓而洪河，洪河滔天，❷沃之焦山，曾不思造物之艱難。顧兹方慘，而有忻茁然。碩果孰靳，天心可觀。史氏命凡，胡甚不仁。斬首曰級，書多是勤。抑不知取賞于一時之所私事者，乃所以受罰于千萬世公共之天。孰不知忌此，而獨使道家爲知言。易山峨峨，昔誰壁門？易山之民，今誰子孫？爲斯人之壻也，爲斯人之子也，爲易州者，固宜斯人。兹實其墳。

郭君夫人張氏墓誌銘❸

夫人諱文婉，字麗卿，姓張氏，蔡國武康公柔之子。年十有五嫁郭氏，是爲故攝行元帥事彥成之婦，故易州太守弘敬之妻，今奉議大夫謙之母也。夫人之母毛氏，金大興尹王脩然之外孫，賢而好禮，故夫人生而

---

❶「時」，原作「侍」，今據至順本、成化本、四庫本、畿輔本改。

❷「天」，至順本、成化本作「滔」。

❸「君」，原脱，今據至順本、成化本及目録補。

有儀則。時蔡公開國燕、趙間，隱然古方伯，如郭氏，皆所自署者。夫人既嫁，能抑抑敬戒，其舅姑夫子上下咸曰宜。嫁十有五年而夫亡，夫人復能以禮自將，綱紀家政，内而養老撫孤，使喪祭婚宦皆以時，❶外而事母夫人病盡憂，至三刲股肉以進，癰潰，則親爲吮之，❷無難色。又三十年，以至元廿一年五月廿三日以疾卒，春秋六十。以後五月一日，合祔于河内夫氏之墓。

謙以狀如右請銘。夫銘葬非古也。婦人統於夫，若特銘則尤爲非。❸雖然，有則舉之，古今人子之心所同然者，以是則爲宜。且瘞之，將誌其藏，非以表白也，雖婦人亦宜。銘曰：

觀法于坤，陰教之師，婉彼夫人，秉是壺彝。於赫公族，莫敢我夷，姑得而婦，夫得而妻。及兹孤惸，毅然有守，哀哀良人，母恤爾後。姑曰予婦，兒曰予母，屬曰予主，以左以右。盛忘其貴，憂安其勤，士難其兼，婦乃有人。宜壽以樂，鈞其報施，虧之又虧，孰主張是？彼將有特，自獻其天，其天維何？河内之原。得從以藏，魄没其寧，幽文象德，匪事著明。

新安王生墓銘

新安王綱，居母喪以哀毁致疾，繼而其父病作，而綱竟以憂終。其師容城先生爲銘其墓，其辭曰：

---

❶「宦」，成化本、畿輔本作「冠」。

❷「吮」，原作「吃」，今據至順本、成化本、四庫本、畿輔本改。

❸「若」，至順本作「者」，從上句讀。

禮之未制也，人或徑情；人之未知也，禮有失平。生制禮之後，爲學禮之人，不俯就之，而夭禍是嬰。如九原之可作，將聲言以責生。雖然，出繼有嗣，終養有兄，生没其寧。事有過厚，薄俗可驚，吾當作銘。

靜修先生遺文卷四

記

馴鼠記

心之機一動，而氣亦隨之。迫火而汗，近冰而慄，物之氣能動人也。惟物之遇夫人之氣也亦然。❶鼠，善畏人者也。一日静坐，有鼠焉出入懷中，若不知予之爲人者，熟視之，而亦不見其爲善畏人者。予因思先君子嘗與客會飲於易水上，而群蜂近人，凡撲而卻之者皆受螫，而先君子獨不動，而蜂亦不迫焉。蓋人之氣不暴于外，則物之來不激之而去，其來也如相忘；物之去不激之而來，其去也亦如相忘。蓋安静慈祥之氣，與物無競，而物亦莫之攖也。平吾之心也，易吾之氣也，萬物之來，不但一蜂、鼠而已也。雖然，持是説以往，而不知所以致謹焉，則不流於莊周、列禦寇之不恭而不已也。

至元七年十一月三日記。

❶「夫」，原作「天」，今據至順本、成化本、四庫本、畿輔本改。

何氏二鶴記

何氏所蓄鶴，❶有雌雄不雜處者兩。凡鶴之被蓄者多不卵，而其雌卵二。他雖卵而不生，而二卵皆生。他雖或生，亦不長息而死，今卵而生者，已翩然二鶴矣。南州士大夫名以「瑞鶴」，而請其説于予。

夫人，天地之心也。心，故可以帥夫氣，❷而物則氣之所爲也。故物有自我而變者，而鶴何瑞之有焉？苟我之積於中而發於外者，莫不藹然慈祥，則彼物之浮沉於吾氣之中者，雖萬物失所而獨全其生，雖氣類暴悍而獨順其性。故猫有相乳者，雞有哺狗者，夫物固不得而自知之也。今何氏之鶴能有別，復卵而育也，在我必有以使之然者。❸雖然，自物而推之人，自家而推之國，吾之志所得而帥，吾之氣所得而育者，二鶴而已乎？

至元十六年九月朔，容城劉某記。

輞川圖記

是圖，唐、宋、金源諸畫譜皆有評，識者謂惟李伯時《山莊》可以比之，蓋維平生得意畫也。癸酉之春，予

---

❶「何氏」，至順本作「户部尚書何仲韞鎮姑孰時」。

❷「故」，至順本作「固」。

❸「我」，至順本作「仲韞」。

得觀之。唐史暨維集之所謂竹舘、柳浪等，皆可考。其一人與之對談或汎舟者，疑裴迪也。江山雄勝，草木潤秀，使人裴回撫卷而忘掩，❶浩然有結廬終焉之想，而不知秦之非吾土也。物之移人觀者如是，而彼方以是自嬉者，固宜疲精極思而不知其勞也。

嗚呼！古人之一無「之」字。於藝也，適意玩情而已矣。若畫，則非如書計樂舞之可爲修己治人之資，則又所不暇而不屑爲者。魏晉以來，雖或爲之，然而如閻立本者，已知所以自恥矣。維以清才位通顯，而天下復以高人目之，彼方偃然以前身畫師自居，其人品已不足道。然使其移繪一水一石、一草一木之精緻，而思所以文其身，則亦不至於陷賊而不死，苟免而不恥。其紊亂錯逆如是之甚也，豈其自負者固止於此，而不知世有大節，將處己於名臣乎？斯亦不足議者。予特以當時朝廷之所以享盛名，❷而豪貴之所以虛左而迎，親王之所以師友而待者，則能詩能畫、背主事賊之維輩也。如顏太師之守孤城，倡大義，忠誠蓋一世，遺烈振萬古，則不知其作何狀？其時事可知矣。後世論者，喜言文章以氣爲主，❸又喜言境因人勝，故朱子謂維詩雖清雅，亦萎弱少氣骨。程子謂緑野堂宜爲後人所存，若王維莊，雖取而有之可也。

嗚呼！人之大節一虧，百事塗地，況可以爲百世之甘棠者，❹而人皆得以芻狗之。彼將以文藝高逸自

---

❶「掩」，畿輔本作「倦」。

❷「特」，原作「時」，今據至順本、成化本、四庫本、畿輔本改。

❸「喜」，原作「善」，今據至順本、成化本、畿輔本改。

❹「況」，至順本、成化本作「凡」。

名者，亦當以此自反也。予以他日之經行，或有可以按之，以考夫俯仰間已有古今之異者，欲如韓文公畫記，以譜其次第之大概而未暇。姑書此于後，庶幾士大夫不以此自負，而亦不復重此，而向之所謂豪貴王公，或亦有所感而知所趨向焉。

三月望日記。

饕餮古器記❶

或者蓄一銅器，❷若古尊彝，其象拱泉而垂腹，羸其面而坐則人焉。❸河東元裕之爲之考，定其爲古器無疑，而謂其象則饕餮也。❹或者遂以劉敞、吕大臨例而圖之，❺欲以張博古之本焉，而且請予記之。

嗚呼！人之於古器物也，强其所不可知而欲知之，則爲博物之增惑也。舍其所不可知，而特慕其古焉，則爲玩物之喪志也。爲增惑，爲喪志，皆非知好古者也。舍其所不可知者，而求其所可知者，則古人之

---

❶ 按：本文内容，與《静修先生詩文拾遺》卷六《書饕餮圖後》第二段大致相同，其中《圖後》爲全文，本文爲節録。

❷「或者」，至順本作「金臺田景延」。

❸「羸」，至順本、成化本作「羸」。

❹「也」，原作「之」，今據至順本、成化本、畿輔本改。

❺「或者」，至順本作「景延」。「敞」，原作「敞」，今據至順本、成化本、四庫本、畿輔本改。

所以爲戒者在我矣。❶因其所可慕者，而思其大可慕者，則古人之所以爲古人者自此而得矣。❷求知，是知也；求慕，是慕也。則人之於古器物也，固有可爲致知之一、明德之端者也。夫如是，則吾惟恐君之不好古器，❸然亦恐君之終將不好也。❹

至元丁丑十月朔，容城劉某記。

高林重修孔子廟記

安肅高林里，距吾居五十里，聞有孔子廟，枉道而拜焉。詢其創始復興之由，里之耆老劉禎等言：廟起于五代之際，久乃廢毁。金大定間，鄉先生孫直卿，率里中豪族盧、劉、田三氏始修葺之，迄今至元庚辰，圮壞幾盡。禎，劉氏孫也，復率盧氏子孫共繼先志，經營于其年之春。逮明年秋，廟貌既尊，乃興祭器，以祀事告成，且爲鄉約春秋釋奠之禮，俾可以繼。里人自以非學者而祀先聖，❺恐踰禮制，請就質焉。

予按禮，釋奠於先聖先師，謂學《詩》、《書》、《禮》、《樂》者，各以所習之一無「之」字。業而祭其先師也。孔

❶「戒」，原作「惑」，今據至順本、畿輔本改。
❷「自」，原作「在」，今據至順本、成化本改。
❸「君」，至順本作「景延」。
❹「君之」，至順本作「景延」。
❺「者」，畿輔本作「官」。

子豈《詩》、《書》、《禮》、《樂》專門之師耶？ 既非《詩》、《書》、《禮》、《樂》專門之師，豈學官所得而私者耶？❶《詩》、《書》、《禮》、《樂》之官且不得而私，又豈後世俗儒記誦詞章者之所得而私也？ 禮，飲食必祭，祭先造飲食者也。蓋以吾之所以享此者，斯人之力也。孔子，立人道者也。今吾之所以爲人，君君臣臣，父父子子，而不淪胥於禽獸之域者，其誰之力歟？ 於一飲食而知報其力，於此而不知所以報焉，惑矣！ 諸君其勉行事無懈。禎等曰：「諾。」且請書其辭於石，併記歲月之始末云。

又明年秋九月晦日，容城劉某記。

退齋記

老氏其知道之體乎？ 道之體本静，出物而不出於物，制物而不爲物所制，以一制萬，變而不變者也。以理之相對、勢之相尋、數之相爲流易者而觀之，則凡事物之肖夫道之體者，皆灑然而無所累，變通不可窮也。彼老氏則實見夫此者，吾亦有取于老氏之見夫此也。雖然，惟其竊是以濟其術而自利，則有以害夫吾之義也。下，將以上也；後，將以先也；止，將以富也；儉，將以廣也；哀，將以勝也；慈，將以勇也；不足，將以無損也；不敢，將以求活也；無私，將以成其私也；不大，將以全其大也；柔弱，將以不爲物所勝也；不自貴，將以貴也；無以生，將以生也。知窪必盈，於是乎窪；知弊必新，於是乎弊；知少必得，於是乎少；知

---

❶ 「學」，原作「樂」，今據至順本、成化本、畿輔本改。

樸素之可以文，於是乎爲樸素；❶知谿谷之可以受，於是乎爲谿谷。知曒之勢必汙，盈之勢必溢，鋭之勢必折，於是乎爲嬰兒，爲處子，爲昏悶晦寂。曰忿，曰武，曰争，曰伐，曰矜，凡物得以病之者，皆闔焉而不出。知而示之愚，辯而示之訥，巧而示之拙，雄而示之雌，榮而示之辱。雖出一言，而不令盡其言，❷事則未極而先止也。故開物之所始，成物之所終，皆捭焉而不與，❸而置己於可以先、可以後、可以上、可以下、可以進退、可以左右之地。方始而逆其終，未入而圖其出，據會而要其歸，閲釁而收其利，而又使人不見其迹焉。雖天地之相盪相生、相使相形、相倚相伏之不可測者，亦莫不在其術中，而況於人乎！故欲親而不得親，欲踈而不得踈，欲貴而不得貴，欲賤而不得賤，欲利而不得利，欲害而不得害。其關鍵槖籥，不可窺而知；其機紐本根，不可索而得；其恍惚杳冥，不可以形象而搏執也。嗚呼！挾是術以往，則莫不以一身之利害，而節量天下之休戚，其終必至於誤國而害民，然而特立於萬物之表，而不受其責焉。而彼方以孔孟之時義，程朱之名理自居不疑，而人亦莫知奪之也。

中山滕君仲禮，早以學行知名，而爲人則慷慨有才節者也。以「退」名其所居之室，既以「寧失於有所不爲，戒在於無妄之往」自銘矣，而又請予文以記之。余固知仲禮之不爲老氏之退者，❹然亦豈真失於有所不

❶「樸」，原作「曒」，今據至順本、四庫本、畿輔本改。
❷「其」，原作「耳」，今據至順本、成化本、畿輔本改。
❸「捭」，原作「押」，今據至順本、成化本、畿輔本改。
❹「爲老氏」，原作「老爲」，今據至順本、畿輔本改。

爲者也？夫有所不爲者，弊焉而不知舉，❶變焉而不知通，固滯焉而不知所以化，而其終亦至於誤國而害民。然要之，則知不足而已矣，而人亦得而責之，而彼亦無所逃其責焉。非如爲老氏者之以術欺世，❷而以術自免也。予喜仲禮之退，而又欲其慎其所以退也，故極言二者之失。

至元丙子八月既望，容城劉某記。

麟齋記

編修王之才，治《春秋》而專門《左氏》者也。嘗有取於獲麟之義，名其所居之室曰「麟齋」，而請予記之。夫獲麟，仲尼作《春秋》所書之一事爾，而《春秋》之義，非居所係於此者，❸歐陽氏固已言之於前矣。然春秋之時，仲尼實天理元氣之所在，而與濁亂之氣數相爲消長于當時。如麟者，則我之氣類也。其來也，固非偶然而來也。然而斯氣之在當世者，蓋無幾焉。在彼之氣足以害之，在此之氣不足以養之，由麟可以卜我之盛衰，由我可以卜世運之盛衰，而聖人固不能恝然於其獲也。謂之致麟可也，謂之感麟亦可也，皆理之所不無者。雖然，❹聖人之作《春秋》，因天道人事自成之文從而文之，其義皆因事而寓焉，安可曲爲一定之

❶「弊」，至順本作「蔽」。
❷「如」，原脱，今據至順本、畿輔本補。
❸「居」，畿輔本作「有」。
❹「然」，畿輔本作「在」。

説也。雖然，子既有取于麟，則吾不得嘿嘿于麟矣。

夫麟之所以爲麟者，乃天地之所以生，而人之所以能爲天地之心者也。在《春秋》，則聖人所賞之善也，在《易》，則聖人所指之陽也，而人之所未嘗一日無者也。苟自吾身之麟而致之，則凡害人者，如長蛇，如封豕，如饕餮，如檮杌，莫不消鑠蕩滌于魑魅之域，而天下振振皆吾氣湛行之地矣。今聖人雖不得盡其所致于當時，然其所以扶此抑彼者，而斯麟固已麟於萬世矣。子之讀《春秋》者，予知子將思有以麟夫一齋而已也。雖然，予於聖人剥廬閉關之戒，見聖人之拳拳於此，乃歎鳳鳥之不至，傷魯麟之致獲之心也。嗚呼！麟乎！又當以聖人之心爲心，❶而自麟其麟也夫！❷

種德亭記

趙郡王允中，其先太夫人所居之堂，而鄖城先生題以「善慶」，❸且爲之記。允中別築亭，爲游息之所，而寓軒先生題爲「種德」，求予記之。予聞或有疑夫善慶、種德之意若重出者，❹蓋不知二公命名之意，其脉絡所屬，有賓主之分焉。堂之名，自我泝而上之也，而我爲承其慶者也；亭之名，自我沿而下之也，而我爲

❶「當以」，原作「以當」，今據至順本、四庫本、畿輔本改。

❷「夫」下，至順本有「年月日記」四字。

❸「題」，至順本作「名」。

❹「疑」，原作「起」，今據至順本、成化本、四庫本、畿輔本改。

有所種者也。就夫種以譬之，如去歲之所種，所以給夫今歲之用也；而來歲之用，所以仰夫今歲之種也；一不種焉，則其用也從而窮矣。今允中之所以承其慶者既有所自，而其實亦見於堂之記矣。其後人之所以承於我者，必將自允中而出之。

予嘗因是而求允中之心。三爲廉使，未嘗不以賑恤罷民、平反冤獄爲事。使河南時，奏罷鎮南郎將爲民害者一人，力出良家誤爲豪右所臧獲者百餘口。此雖皆人所不敢爲者，然未足以知允中也。❶至於陳請省臺，嚴江浙鬻子之禁，上書天子，論國家儲副之重，使河南而哀江浙，守一官而憂天下，此可以見其心之忠誠惻怛之至也。由是而觀之，允中固不愧斯亭之名，而斯亭也，其將復爲子孫善慶之堂矣。二名相因，當反覆無窮，又何患其意之重出也耶！

至元壬辰八月望日，容城劉某記。

鶴庵記

或贄大經鶴二，畜庭中，遂名其庵「鶴」。一日，問予曰：「子知我鶴名庵也，何哉？」予曰：「此在我而不在鶴。夫樂水者，吾見其知之周流同於水也。樂山者，吾見其仁之重厚同於山也。大經之機警高亮，游心閑遠，發爲文章，清雄婉麗，可以鳴一時而傳後世，此非同於鶴者乎？故聞其聲，見其形，欣然而悦。非鶴

---

❶「也」，原作「者」，今據至順本、成化本、畿輔本改。

可悦也，我之同於鶴者使之然也。」

大經曰：「予之於鶴，非但悦之而已也。子其爲我更思之。」予乃顧鶴而歎曰：「謂大經爲厭世俗之卑隘，不可與處，心欲高舉遠覽，❶而與此遊耶，則其心狹矣。謂大經爲以己之軒昂超卓，勢利不可得而覊縻之，姑引此以自況耶，則其心矜矣。狹與矜，大經不爲也。然則名庵之意，果安出耶？予觀古人之教，凡接於耳目心思之間者，莫不因觀感以比德，託興喻以示戒，是以能收萬物而涵其理以獨靈。如《黄鳥》之章，孰不賦之，而聖人則曰『於止知其所止』。夫斯鶴之呼之不來，長鳴下趨，亦常事耳，而子瞻乃歎其爲難進易退，蓋亦《黄鳥》之遺意也。由此而推之，其遊於陰，知養也；感夜半，識時也；鳴則聞于天，飛則一舉千里，有本也；其動也節，其鳴也律，用和也。月白風清，徘徊佇立，玩此數者於縞衣玄裳之外，❷寧無起予者乎？名庵之意，或出於此。」大經曰：「得之矣。」

至元壬辰冬十月望日，劉某記。

遊高氏園記

園依保城東北隅，周垣東就城，隱映静深，分布穠秀。保舊多名園，近皆廢毀，今爲郡人所觀賞者惟是。

❶「心」，至順本、成化本、畿輔本作「思」。

❷「玩」，原作「況」，今據至順本、成化本、畿輔本改。

予暇日遊焉，甚樂。園之堂，其最高敞者，尚書張夢符題爲「翠錦」。或者指之謂予曰：「此貴家某氏之樓也，今甫四十五年耳，❶已徹而爲是矣。嘻！人其愚哉。非不見之，復爲是也，奚益！」予聞之，大以爲不然。

夫天地之理，生生不息而已矣。凡所有生，雖天地亦不能使之久存也。若天地之心，見其不能使之久存也，而遂不復生焉，則生理從而息矣。成毁也，代謝也，理勢相因而然也。人非不知其然也，而爲之不已者，氣機使之焉耳。若前人慮其不能久存也，而遂不爲之，後人創前人之不能久有也，而亦不復爲之，如是，則天地之間，化爲草莽灰燼之區也久矣，若與我安得兹遊之樂乎！天地之間，凡人力之所爲，皆氣機之所使。既成而毁，毁而復新，亦生生不息之理耳，安用歎耶！予既曉或者，復私記其説。

至元辛卯四月望日記。

❶「四十五」，至順本、成化本作「四五十」。

靜修先生遺文卷五

序　説

徐生哀挽序

至元十二年秋九月，徐生景岩卒。其疾革也，泣謂予曰：「養未終，學未成，廿六年而死，亦虚生也。欲吾子一言於石，庶其不朽，以少慰焉。幸終平昔之愛，而無遺死者之恨。」其遺言於父祐及其故人徐子懌，亦然。

嗚呼！以生之明敏，而未冠能文章，既長而講學不輟，夫豈不知其爲學初不爲不朽計，而所以不朽者，又不在夫人之一言。而人之一言，果可以託以不朽者，又不必區區之石也。今其哀懇如是，豈其氣方英鋭邁往之際，而天遽然折奪之，其中有不能自已者乎？即此而觀其所志，使天假之年，或有以致夫真不可朽者，亦未可知也。欲勒銘表墓，或分有未宜，乃敘生之才志有如此者，率同志爲辭以哀之，亦庶幾乎與人有終之義焉。

明年正月既望，容城劉某序。

送郝季常序❶

名家之子弟，處天下之至易，而亦處天下之至不易。苟能勉焉自立，而少異於衆人，則皆得因緣馮藉，以立事功。苟爲不然，在他人未必遽得貶斥，而已爲清議所不容矣。

季常於其兄使宋之二年，請介行人以問罪，遣之，而宋人不納。後十年，又請焉，下大臣會議，以爲不可。明年，又請焉，不得已復遣之，至建康而還，幾死者凡十數。其事雖無成，而其可與有爲者，於此亦可以見之。舊嘗從予授《詩》、《書》，又知其爲有志者。今其將爲州于潁也，❷載米與幣而過予以別，且請予有以告之。予無以告子也。子行矣。予固已言之矣，❸勉其所以處天下之至易，慎其所以處天下之至不易者而已矣。予無以告子也。

容城劉某序。

---

❶「常」下，至順本有「知潁州」三字。

❷「潁」，原作「穎」，今據四庫本、畿輔本改。

❸「予」，原作「子」，今據至順本、四庫本、畿輔本改。

送翟良佐序❶

予昔聞翟氏之先人有隱德於人，其事甚悉，存之於心有日矣，特未有以信之者也。渡江之役，而良佐與焉，自江淮抵閩越，觸炎熱瘴癘，遂病不起。時氣運方厄，而南北之人病死相藉，奄然一息，孰能勝之？人固不望其生，已亦不復以生理自念矣。及還，則鄉里雖驚其至，然形容非昔，而生氣若奪，識者尚憂之。後二年，予居山中，忽報新除江州路判官來訪，❷出應，則隱然昔之良佐也。凡事有智數之所不能測者，必有一定之天存乎其間。昔予所聞，於是乎有以信之矣。

良佐好善，喜讀書，今將爲政矣。其思夫天人之際，雖反覆變亂之極，以人勝天，以文滅質，而氣失其平，其所謂一定之理者，固未嘗有毫髮僭差以負於我，則其政必有異於人者矣。子行矣。予將覯子矣。登廬山，泛九江，裴徊於濂溪、白鹿之間，以致其高山景行之意。而良佐見輕舟淩波，隱見垂綸長嘯，鼓枻而歌，如太康之漁父者，其必我也。

---

❶「良佐」，至順本作「判官」。

❷「報」下，至順本有「云」字。

送張仲賢序❶

東南富山水之奇秀，而限於南北，不得周遊而歷覽之，使人恒鬱鬱不樂，而若有所失。自宋亡，百五十年之分裂一日復合，凡東南名勝之迹，一日萬里，而惟其所欲焉，此固不屑屑於當世以觀物自娱者之所樂得也。方天下無事，事有綱紀，士以才能自負者，每以無以自異於中人，而不得盡其所有者以自歎。❷今沿江南北，皆我所新有，民不習静而多變，有弊以革，有害以除，此亦有志於當世以有爲爲事者之所樂得也。

堯山張仲賢，出金源名族。少嘗爲刀筆吏，鄉先生道之令學，❸乃能世其儒。作詩文有遠意，頗喜讀内典，於世味雖甚薄，而其可與有爲，❹與其所欲有爲者，則磊磊固在。自省掾出參山東、真定諸幕，入而爲京官，復出而同知宣德，雖皆有能聲，然視其所存，則百不一二施。今宣慰淮東，則其所也。將行也，而訪予山中。予聞其有是行也，而東吴西楚，宛然吾扁舟之上矣。故吾與仲賢之意向雖殊，而得其所樂則一。乃舉觴引滿，各盡平生。既而復與之盟曰：「今公與予固樂矣，然未真得其樂也。或秋風春水，我將圖南，公與賢州牧郊迎於淮海之間。予因訪淮東之父老及公之僚佐，得公之所施設，於是以大白壽公，而公乃指顧江

---

❶「賢」下，至順本有「宣慰淮東」四字。

❷「有」，原作「以」，今據至順本、成化本、畿輔本改。

❸「鄉先生」，至順本作「武安樂舜咨」。

❹「與」，至順本、成化本作「以」。

山之勝概者以酬我。於是時，予二人之樂，又將不止此而已也。」仲賢曰：「然。」謂既有盟，不可不載之辭，故書以贈其行。

容城劉某序。

中祀釋奠儀序

堂寢之制非古也，像設之儀非古也，而釋奠之禮獨從古焉，未免有情文相戾者。如神不地坐而籩簋前陳，神不面東而拜或西向，此皆先儒所欲爲之修明而未暇者也。雖然，以今觀之，其所謂情文相戾者，學者亦不復盡見之矣，而況先儒之所欲修明而未暇者乎！

安肅劉仲祥，集諸家釋奠儀以成是書，施於今之學者不爲無益，然向之所謂情文相戾，與夫先儒所欲修明而未暇者，學者亦不可不知也。

至元戊子八月望日，劉某序。

篆隸偏旁正譌序

小學之廢尚矣。後世以書學爲小學者，豈以書古之小學，六藝之一乎？夫古之小學，果專於藝而已乎？而其藝，果止於書而已乎？而今之所謂書學者，又果古人之所謂小學者乎？夫古人之於爲一無「爲」字。書也，點畫顛末，方圜曲直，一出於法象之自然，非可以容一毫人力於其間者。而幼學之士，蓋欲即此而知其事物義類之所在，因其形而求其聲焉而已矣。是皆天理人事之所當爲，非有一毫慕外爲人之私也。若夫後世，則虞有不知其姓，而顔有不知其名，顛倒側媚，惟妍而已矣，❶而況於學者乎。嗚呼！世變降矣，雖一藝之微，亦莫不然。可勝歎哉！

予今教授餘二十年，每欲令初學者移臨模法書之功，而求知夫偏傍之所以相生，篆隸之所以相因，分六書爲類，而以次習之，顧力有未暇者焉。今田生纂集凡隸書之形雖相近，❷而篆實不同，如奉、泰、奏、秦、春者爲一書，非惟使爲篆者不以隸而誤，而亦使爲隸者知以篆爲本，真有用之書也。名曰《篆隸偏傍正譌》，而請予序之。予因傷古道之不復，歎予志之不就，而喜生之勤篤也，❸故爲之書。

至元丙子八月既望序。

静華君張氏墨竹詩序

古之男女各有學，其所學亦各有次第，而莫不以德行爲本。如男子之所謂六藝，女子之所謂婦工，雖皆其所當能而必用之者，亦各居其末焉。然其所謂藝與工者，乃内外之職，男女之工，❹各有常分者也。蓋不

---

❶ 「妍」，原作「奸」，今據至順本、四庫本改。
❷ 「生」，至順本作「君景延」。
❸ 「生」，至順本作「景延」。
❹ 「工」，至順本作「功」。

惟不敢相越，而知之亦有不暇者焉。是以《詩》、《書》六藝之文，婦學不得而與之。《詩》、《書》六藝之文且不得而與之，❶而況後世之所謂書札繪畫，雖男子亦有所不暇者，❷而婦人又安得而與之哉。使其天資之美，有不待學而能之者，亦但當自寓而已。❸至於藉是以求知，而傳永久，則爲外事明矣，又暇屑屑於是耶！

静華君張氏，蔡武康之女，嫁爲喬氏妻。而金源名士王翛然、元裕之，皆其外氏之親表，故其家學遺澤，蔚有風範。而君之貞静端潔，其氣類之合，又有與竹同一天者。故素善墨竹，而元、郝諸公見之，因爲詩賦以比其德，❹君皆不與知也。而喬氏集成一卷，請予序之，將併刻之石焉。昔歐陽永叔作《五代史》，敘王凝妻於雜傳之中。朱文公删定《楚辭》，録《胡笳》於《反騷》之後。蓋不無望於後世之爲士者矣。予因歌黄魯直詠姨母李夫人墨竹「人間俗氣一點無，健婦果勝大丈夫」之句，乃慨然爲書之。讀者亦當知予之書君者，不在此而在彼。併敘男女之學，古今之變，庶其又有知所趨向者焉。

至元辛巳二月既望，容城劉某序。

---

❶「之文」，至順本無此二字。

❷「有」，至順本無此字。

❸「自」，原作「白」，今據至順本、成化本、四庫本、畿輔本改。

❹「賦」，原作「歌」，今據至順本、成化本改。

莊周夢蝶圖序

周寓言夢爲蝴蝶，予不知何所謂也。說者以爲齊物意者，以蝶也、周也，皆幻也。幻則無適而不可也，無適而不可者，乃其所以爲齊也。謂之齊，謂之無適而不可，固也，然周烏足以知之？周之學，縱横之變也。蓋失志於當時，而欲求全於亂世，然其才高意廣，有不能自已者。是以見夫天地如是之大也，古今如是之遠也，聖賢之功業如是之廣且盛也，而已以渺焉之身，横於紛紛萬物間無幾時也，復以是非可否繩於外，得喪壽夭困於内，而不知義命以處之，思以詑夫家人時俗，而爲朝夕苟安之計而不可得。姑渾淪空洞，舉事物而納之幻，或庶幾焉得以猖狂恣肆於其間，以妄自表于天地萬物之外也。以是觀之，雖所謂幻者，亦未必真見其爲幻也。幻且不知，又惡知夫吾之所謂齊也，又惡知夫吾之所謂無適而不可也！

吾之所謂齊也，吾之所謂無適而不可也，有道以爲之主焉。故大行而不加，窮居而不損，隨時變易，遇物賦形，安往而不齊，安往而不可也。此吾之所謂齊與可者，必循序窮理，而後可以言之。周則不然，一舉而納事物于幻，而謂窈冥恍惚中，自有所謂道者存焉。噫！鹵莽厭煩者，孰不樂其易而爲之；得罪於名教、失志於當時者，孰不利其説而趨之。在正始、熙寧之徒，固不足道。而世之所謂大儒，一遇困折，而姑藉其説以自遣者，亦時有之。要之，皆不知義命而已矣。

雖然，周已矣，其遺説亦其夢中之一栩栩也，❶吾從而辯之，宜無與於周矣。然以周觀之，則不若休之以天均，故即其圖而戲之曰：圖汝者畫，辯汝者書，書與畫，無知也。圖汝者之心，及吾之辯汝之心，未發，無有也，既發，亦無有也。以其無所知、無所有者而觀之，安有彼是？既無彼是，安有是非？周而有知，則必曰：吾惡乎知之。使讀者作色於前，發笑於後，乃所以齊之也。圖周者，臯落楊内翰；而序圖者，劉某；繼序而題詠者，京師之才大夫也。

集註陰符經序❷

予讀《陰符經》，觀天之道，執天之行，盡矣。此言其體之自天而人者也。天有五賊，見之者昌，即觀天之道也。五賊在心，施行於天，宇宙在乎手，萬化生乎身，即執天之行也。此言其用之自人而天者也。天性，人也；人心，機也；立天之道，以定人也。此則言聖人之兼體用，以天道立人極者也。天發殺機，龍蛇起陸，則非天性矣。人發殺機，天地反覆，則非爲人心矣。天人合發，萬化定基，則又立天之道以定人者也。夫苟不以道定焉，則天人判而二；以道定焉，則天人合而一。二之，則機過而相悖；一之，則機定而化行。化行，則天地位，萬物育，而君臣父子各得乎天理，而止其所矣。性有巧拙，可以伏藏，九竅之邪，在乎三要，

❶「其」，原作「有」，今據至順本、畿輔本改。

❷「集」上，至順本有「趙徵士」三字。

可以動静，此希天希聖之功。而所謂執天道，見天賊，立天道，合天人者，其天皆出乎此也。❶ 蓋九竅之邪未除，則不能静而常動。若以三要爲害而絶之，則又一於静而不動也。惟知夫九竅之邪在乎三要，克其邪而反其初，則可以動静矣。其所謂動静者，即朱子之所謂動未嘗離静，而静非不動者也。其天人合發，萬化定基，則動而未嘗離静者也。而殺機，則動之過者也。火生於木，禍發必尅；姦生於國，時動必潰。❷ 知之修煉，謂之聖人。夫火尅、姦潰，以其大者而言之，則龍蛇起陸、天地反覆之謂也；以其小者而言之，則九竅之邪也。知之修煉，以其大者而言之，則立天之道以定人之謂也；以其小者而言之，則伏藏動静也。此其言之自相發明，若無所容夫説者。

而中山趙徵士才卿之集註近百家，幾數萬言，其志亦勤，而學亦博矣。陵川郝侍讀既爲序之，復因外舅郭公請一言於予。予謂經之出處意義，則前人已盡之，而其廣衍推稱，則郝序又無遺者。若兵家及養生家之説，予又未暇熟讀而悉知之。特疑蔡氏中篇所引「民可使由之，不可使知之」之説，若非正學之語，而有害夫道者。豈蔡氏早年之説耶？趙君必能考夫此，故書以問之。

至元八年四月望日，容城劉某書。

---

❶「天」，至順本作「本」。

❷「潰」，原作「漬」，今據至順本、成化本、四庫本、畿輔本改。本文下同，不再出校。

内經類編序

近世醫有易州張氏學，於其書雖無所不考，❶然自漢而下，則惟以張機、王叔和、孫思邈、錢乙爲得其傳。其用藥，則本七方十劑而操縱之。其爲法，自非暴卒，必先以養胃氣爲本，而不治病也。識者以爲近古。而東垣李明之，則得張氏之學者，而其論著治驗，略見《遺山集》中。鎮人羅謙甫嘗從之學，一日過予言：❷「先師嘗教予曰：『夫古雖有方，而方則有所自出也。鈞脚氣也，而有南北之異。南多下濕，而其痓則經之所謂水清濕，❸而濕從下受者也。孫氏知其然，故其方施之南人則多愈。若夫北地高寒，而人亦病是，則以其嗜酮乳，❹而且以飲多飲速爲能故也。此則經之所謂飲發於中，跗瘇于下，與穀入多而氣少，濕居下者也。我知其然，故我方之施於北，猶孫方施之於南也。子爲我分經、病、證而類之，則庶知方之所自出矣。』」予自承命，凡三脱藁，而先師三毁之。研摩訂定，三年而後成，名曰《内經類編》。敢望吾子序。」

夫《内經》十六卷，《素問》外九卷不經見，且勿論，姑以《素問》言之，則程、邵兩夫子皆以爲戰國書矣。然自甲乙以來，則又非戰國之舊矣；自朱墨以來，則又非甲乙之舊矣；而今之所傳，則又非戰國疑當作「朱

---

❶「於其」，至順本、成化本作「其於」。

❷「過」，原作「遇」，今據至順本、成化本改。

❸「痓」，原作「痊」，今據至順本改。四庫本、畿輔本作「病」。

❹「其嗜」至「經之」十九字，原脱，今據至順本補。

墨」。之舊矣。苟不於其所謂全書者觀其文而察其理焉，則未有識其真是而貫通之者。今先生之爲此也，疑特令學者之熟於此，而後會於彼焉爾。苟爲不然，則不若戒學者之從事于古方。而學者苟不能然，❶則不若從事古方者之爲愈也。羅亦以爲然。予聞李死今三十年，羅祠而事之如平生，薄俗中而能若是，是可序。

年月日，劉某序。

賜杖詩序

至元二十九年春，上賜侍衛都指揮使王公慶端西土所貢雕玉杖。公既捧以拜，天下聞之，作詩而美之者五十餘首。公分爲三卷，命某爲序。

某曰：夫古人自授田百畝，含哺鼓腹，以至於列土分封，萬鍾千駟，凡上之所以賜下者，宜隨其分位而無不足焉。蓋其職然也，非有所爲而賜也。自力田以租，至於御金革而理庶務，凡下之所以勤上者，宜隨其分位而無不盡焉。亦其職然也，非有所爲而勤也。上之人若曰，是可以鼓舞之也，是可以駕御之也，以是而賜焉；其下亦曰，私惠之可懷也，厚賞之可致也，以是而勤焉。則不惟非所以爲君臣之義，而其更相責望之間，一有不至，則其職從而虧矣。後世君臣之不終也，其以此歟！

然則臣之於君之賜也，宜如何哉？曰：敬之而已矣，榮之而已矣。如古人之正席先嘗、乘服以拜者是

❶「不能」，畿輔本作「爲不」。

也。某舊聞公嘗被錦衣貂裘之賜，惟於巡衛錫宴則服之，及退，❶則襲而藏之惟謹，蓋知是禮也。今其於杖也，其所以敬而榮之者，亦必有以處之矣。此則詩人已略言之。若夫聖上以如天之仁，推赤心於天下，必不以一杖之故，遽圖責報於臣下。而公之平昔以忠勤著聞，蓋出於性分之所固有，而行其職分之所當爲，必不以一杖之故，然後加勉於國家。此雖詩人之所共知，而其言則未有及之者也。敢以是爲序，而補其闕云。

明年二月望日，劉某謹序。

都山老人九十詩序

慶都之山有老人焉，姓劉氏。少值兵亂，未嘗一日去鄉里，而兵亦不犯之。今年九十，尚無恙，子孫滿前，田園如故，而老人不知其老也。燕趙諸公作詩而壽公者甚多，其子式集爲一卷，將時諷詠之，以侑捧觴之樂焉。復請予書其事而序之。予讀而竊有感之者。

金源貞祐，迄於壬辰，河之南北，兵凶相仍，生意殆盡。而先儒所謂「天下蕭然，洪水之禍蓋不至此」者，惟是時足以當之。夫天地氣運壞亂若是，而人物生乎是氣之中者，乃所謂命也，將何術以逃之哉！而老人居南北之衝，乃若與世變不相與也，豈氣稟之異，雖天地之運亦不得而奪之耶？抑存之深而積之久者，有以勝之耶？或偶然也？是固不可得而知之矣。然而此老人之所以自壽者也，夫人子之所以壽夫親，如悦

❶「及」，原作「反」，今據至順本改。

其心志而安其起居，時其寒温而節其食飲者，❶又非一也。今老人九十而康强，由是而登上壽，一步武之間耳。式其勉之，子欲我序九十詩而已乎？

年月日，容城劉某序。

壽史翁百歲詩序

翁年九十六，百歲，舉盈數也。翁，保定祁人，有子，今爲郡從事。從事先爲宰府掾，請出，求爲鄉郡，以翁故也。尹以下聞從事有親年及百，擁車騎，持酒肉，造翁爲壽，敬老也，親賓佐也。夫人生滿百，舉世無幾。唐人稱九十爲人瑞，況百歲乎！《漢官儀》：三老、五更，取男女全具者。蓋以男女全具爲可貴也。宋故事，民百歲，男子官，婦人封；仕而父母年九十，官、封如民百歲。蓋以有子而仕爲尤可貴也。今翁既百歲，又有子而仕，仕而又爲鄉郡，其爲人所歌詠之也，宜哉！

至元辛卯二月望日，樵庵序。

惷齋説

近世士大夫，多以頑鈍椎魯人所不足之稱以自號。彼其人未必真有是也，亦非故爲是謙託而然也，蓋

❶「食飲」，至順本作「飲食」。

必有所取焉耳。然其所取之義有二焉。蓋或病夫便儇皎厲之去道甚遠也，思欲自矯以近本實，於是不得已而取之，而其意若曰，與其失於彼也，寧失於是。此其設心，於義爲無所失也。或爲老、莊氏之說者則不然，以爲天下古今，必如是而後可以無營而近道、保嗇而自全也。此則擇而取之，非不得已也，而其意則將以自利而已。使前之說行，亦不過人人尚質，而於世固不爲無益也。若不幸而此說一熾，則天下之人皆將苟簡避事，而其爲害庸有既乎？嗚呼！一事之間，心術之微，其義利之分有如此者，不可不之察也。

安肅劉仲祥，明敏博物，專門禮學，以「惷」名其齋，蓋將以自矯，而非以自利也。故予既爲題其扁，復以是說列其左。

劉某書。

道貴堂說

邵康節詩「雖無官自高，豈無道自貴」，非以道對官而言也，但言道不以此爲有無爾。若以爲對，則其淺狹急迫，非惟不知道之所以爲道，而慕外之私，亦必有不可勝言者矣。河間李生，摭邵氏詩名堂曰「道貴」，求其說於予，故云。

遂初亭說

君子立心之初，曰爲善而不爲惡，曰爲君子而不爲小人，如是而已。苟爲善也，爲君子也，則其初心遂矣。夫道無時而不有，無處而不在也。故欲爲善、爲君子，蓋無時無處而不可，而吾之初心，亦無時無處而不得其遂也。若曰：「吾之初心，將出以及物也，苟時命不吾與焉，則終身不得其遂矣。」如是，則是道偏在乎出，而處也無所可爲者矣。若曰：「吾之初心，欲處而適己也，苟時命不吾釋焉，則亦終身不得其遂矣。」如是，則是道偏在乎處，而出也無所可爲者矣。道果如是乎哉？

詹事張公子有，予知其心爲最深，蓋樂爲善，而惟恐其不爲君子者也。今築亭，名以「遂初」，而其心乃在乎閑適。而諸公爲詩文以題詠之者，以子有朝望甚重，❶才業甚備，又皆責其心當在匡濟，皆不可也。夫義當閑適，時在匡濟，皆吾所當必爲者。然其立心，則不可謂必得是也而後爲遂。苟其心如此，則是心境本無外，而自拘於一隅，道體本周遍，而自滯於一偏，其爲累也，甚矣！子有其以吾言思之，久之必有得也。

至元壬辰重九日，劉某書。

---

❶「朝」，原作「期」，今據至順本、成化本改。

静修先生遺文卷六

序説銘贊雜文

廉公惠更名序

故相廉公嗣子公惠，舊名「孚」，以其於兄弟之名字形取類爲不合也，蓋嘗請於公而未及更。今雖已孤，而意恒若有闕焉者，遂謀於予，而更之曰「怡」，而以告諸家廟焉，蓋亦禮之變也。而其取名之義，則有取於兄弟雍睦之義也。蓋公之臨終也，以諸子恪、恂等皆幼，而公惠獨長，懇懇目諸子而屬之也。今其設心，以爲既以一名字形於兄弟不合，且必求其合焉而後已，而其取義，則又專在於兄弟之義也，以是而日警省焉。先訓之不忘也，其庶幾乎！

至元戊子十月既望，容城劉某序。

古里氏名字序

吴景初，請予制其子名。自敍其爲女真人，其祖石倫爲金大將，爲金死。本姓古里氏，以女真諸姓今各就其近似者易從中國姓，故古里氏例稱吴，已數世矣。予聞之，大以爲不可。

夫姓氏，乃先世有所受，而傳之子孫，其脉絡截然，有不敢毫髮亂者。今非有所禁，而自絶本根，附於他裔，顧乃因仍苟且，狥於流俗而不恤。彼兒子之名，何所不可，而反以爲問乎！今先爲正其姓，然後名其子「承」，字之「延伯」，蓋示其不忘所天，而且有所貽也。如是，則古里氏其將爲著姓矣。後世子孫雖欲改之，其可得乎？嗚呼！承也，其勉聽之哉！

至元庚寅重九日，牧溪翁序。

李公勉復初名序

天之授予，曰人焉而已矣。凡配人而稱其美，如賢人、善人之類，雖其高下之品不同，要其所指稱也各有限，皆不足以盡人之大也。如天也，或稱之曰上天者，❶言其崇高也，或稱之曰神天者，則言其變化也，皆不能有以相兼也。若止曰天而已，則其天之全體爲盡見也。惟人也亦然。今人，有人稱之曰，子賢人也，子善人也，則必欣然而悦，稱之曰子人也，則將怫然不悦，蓋不知天之授予曰人者之爲大也。苟知之，將終身汲汲，望有以少及乎人之稱而未能，而向之所以欣然而悦者，亦將陋之而不屑矣。

無極李公勉，幼名「授」，親所命也。及冠而字，則已孤矣，嫌授幼名也，而更曰「策」。今也，公勉知其所

❶「或」上，至順本有「人」字。

當勉者，在乎天之所授也；即幼名而稱之終身，古人之道也；已孤，則其名又所不忍更也。於是慨然因祭以告其親，而復乎初。嗚呼！公勉其有志也耶！其不苟也耶！吾知其必能思其名而勉之矣。因其請也，告以是説。

年月日，汎翁序。

皇甫巽字説

朱子謂：周子之所謂剛柔，即《易》之兩儀，而各加以善惡，則《易》之四象也。以陰陽之大分言之，陽爲剛，爲君子，陰爲柔，爲小人，剛宜善於柔也。以剛而善，則固美矣，❶以剛而惡，則不若柔善之爲愈也。是君子小人之分，不係乎剛柔，而係乎剛柔之善惡而已矣。剛之善，陽之陽也；柔之善，陰之陽也。然剛柔雖各有善惡，而其所謂善者皆陽，所謂惡者皆陰，是剛柔之善惡，又不係乎剛柔，而係乎陰陽而已矣。蓋猛也，隘也，强梁也，陰之慘屬焉；慈也，順也，巽也，陽之舒屬焉。爲陰之屬，在陽亦爲惡；爲陽之屬，在陰亦爲善。此聖人之所以拳拳於陽而扶之，人之所以尊夫陽而貴之者也。

皇甫安國名其子曰「巽」，蓋亦就其氣稟之偏於剛者而捄之也。既長，誤以予爲鄉先生，以巽執贄來見，而欲予有以字而教之。予字之以「伯陽」，曰：「巽乎，汝剛也，亦思夫所謂陽焉；汝柔也，亦思夫所謂陽焉。

---

❶ 「美」，至順本作「善」。

剛柔惟汝之所適也，陽之是趨，則予之所望焉。」

張潛名説

張氏子從予學，既長而更幼名，予命之以「潛」。曰：潛乎，吾語汝潛。夫人之家或未振，而有以振者，❶必卓越非常之人也。人而未自振，思所以振之，非挺拔特立蹇蹇自負者不能也。爾之家卑而未顯，爾之質柔而懦，❷予又潛爾也，又欲爾之潛也，惑矣！雖然，爾獨不知夫天地之凛然者乎？❸此潛之象也，剛健之初，君子自强之始也。躍也，飛也，自潛而來也。以傳新而家，❹以道立而身，汝之潛也。不然，渾渾淪淪，混于常人，以終其身，顧爾自能之，予又何教焉！抑又有一説，我將終教之。大矣而後小之，潛也；明矣而後晦之，潛也。不大而小，不明而晦，固宜也，亦曰予潛，自欺也。潛乎，無負爾名！

❶「以振」，至順本、成化本作「振之」。
❷「懦」，至順本、成化本作「愿」。
❸「知」，至順本、成化本作「見」。
❹「傳」，至順本作「儒」。

王景勉名字説

故人王利夫請制其子名。王氏世居與予外家鄰，❶予外祖楊公字「勉之」，實王氏之鄉先生也。以之名其子，孰云不可！遂名之曰「景勉」。勉者，將以力行也。可字之以「履」，而以「文」配稱焉，曰「文履」。❷

至元己卯二月癸未，容城劉某書。

少中李公名字説❸

公之先，契丹氏之族也。其氏李，則遠有端緒，而碑誌存焉。名則國語，譯云鐵也。公見國朝諸貴族，多因官若名以氏，又有從而字之者，自以氏李則既有所承，而名、字尚未稱，其心若有闕焉，遂以爲請。予名以「鑌」，而字之「伯堅」，蓋存其初名，又本其所自出，而就以爲勸焉耳。

至元庚寅二月吉日，容城劉某書。

---

❶「世居」，至順本、成化本作「居世」。

❷「文履」，畿輔本作「履文」。

❸「少」，原作「以」，今據至順本、成化本改。

嘉氏子字説

名，己所稱者，❶故多示謙；字，因名而生義，人所稱者，故多致尊美之意焉。若曰子、曰彦、曰卿之類，固無自稱之理也。後世不之察，每每錯亂，故有於稱呼之間或不順者。今嘉氏子名「淳」，可字「士真」，蓋因名而生，以致尊美之意也。❷

至元己丑冬至日，牧溪翁書。

友松軒銘并序

總帥史侯子明，種松私第，因以「友松」名其堂之軒。友人涿郡盧處道爲請銘。銘曰：

孰賦遠遊？泰初爲鄰。孰廣絶交？麇鹿爲群。❸彼其薄世，棲心物外。世固未薄，汝薄已大。矧侯貴游，於侯何負。乃今翻然，亦松與友。植物之英，象斯人賢。象則與之，而況其真。寬裕樂易，孰求此心？我將持松，責侯來今。凛乎風霜，巍乎明堂。彼實有之，予靈敢忘！

---

❶「己」，原作「人」，今據畿輔本改。

❷「美」，原脱，今據至順本、成化本、畿輔本補。

❸「麇」，原作「麋」，今據至順本、成化本、四庫本、畿輔本改。

王孝女旌門銘并序

女家容城西，以母喪感念，遂不嫁終身。州上其行，御史按實，禮部令旌表之。内翰盧公署其門，曰「孝女王氏」。縣人劉某銘曰：

魯山之兀，❶道州之陽。稱卓行何？❷謂非平常。二子且然，女奚責望？❸盧公表之，❹用以戒荒。

神農畫像贊

天初生民，粒食已成。如人育子，湩與俱生。於赫炎皇，繼天而已。聖德神功，止於如此。

退翁真贊

廊廟之姿，山林之思。惟所謂天下之士，故能爲學者所師。奚藏諸用，而昌於辭？有德有言，寧卒不

❶「魯」上，至順本有「孰不娶終身曰」六字。「兀」，至順本、成化本、畿輔本作「元」。

❷「稱」，至順本、成化本作「史名」。

❸「女」，至順本作「於一女子復」。

❹「之」下，至順本、成化本有「何」字。

施。迫而視之，非吾退翁而誰！

王允中真贊

齒未老，鬢胡爲而白耶？隱然含四海之憂。鬢已衰，顔胡爲而壯耶？凜然横千仞之秋。竹實丹心，砥柱中流。百折而必東，寸折而不柔。其履危犯分，❶幾禍一身，固可爲戒。然視循默苟容，貽害當世者，寧不優耶？

郭安道真贊

衣冠自同於鄉人，而文章名天下；言論若無所臧否，而風鑒析秋毫。安處下僚，而人不見其屈；力辭兩命，而人不忌其高。我相英華，得其根苗。蓋於此眉睫之間，又見其所以肖夫先君子之捐金購書，揮觴結客，以倜儻起家，爲幽并之豪也。❷

張大經畫贊

眉之揚然，若將遠游。目之凝然，若有深憂。其清雄俊逸者，在骨之奇；果決通達也，如髯之虯。有欲

❶「分」，畿輔本作「險」。

❷「豪」下，至順本有「者」字。

驗夫襟懷志趣之高，與其文章政事之美者，於兹焉而求之。

書畫像自警

所以承先世之統者，如是其孤；所以當衆人之望者，如是其虚。嗚呼危乎！不有以持之，其何以居。

祭楊待制文名恕，字誠之

堂堂文獻，金之儒宗。❶得見嗣子，如及音容。況我先人，出文獻門。既世有契，義當公親。總角拜公，鷄泉之濱。期與莫當，凜乎此身。後公重來，我方南還。德孤道否，煢煢在艱。拜書于公，義動公顔。❷别五六年，移居西湖。吾道日窮，交道日踈。問疾憂貧，兩辱公書。愛我如斯，死别終天。不及執紼，猶當漬綿。矯首東望，奈此臞然。❸緘辭寓哀，公其鑒焉。

---

❶「儒」，原作「傳」，今據至順本、成化本、畿輔本改。

❷「動」，至順本作「重」。

❸「臞」，原作「矐」，今據至順本、成化本、畿輔本改。

祭王彦才文❶

維至元二十一年歲次甲申，❷十一月乙亥朔，越二十日甲午，容城劉某謹以茶果之奠，致告于故參知政事王公之靈。

在公晚年，嗣續惟重。方將慶公，公已告病。問疾之舉，旦夕治裝。公謝弗來，公已云亡。孰知此行，施行公喪。昔公之西，予寓易城。百里送公，爲公遠行。今公此去，終天永訣。敢不扶疾，送公於穴。恩禮未酬，音容窈然。謹此區區，公其鑒焉。嗚呼哀哉！尚饗。❸甲申十一月。

祭王利夫文❹

維云云，❺謹以清酌之奠，致祭于鄉丈王公利夫之靈。❻

---

❶「祭」下，至順本有「參知政事」四字。
❷「維至元」至「致告于」三十六字，原脱，今據至順本補。
❸「尚饗」，原脱，今據至順本補。
❹「祭」下，至順本有「鄉丈」二字。
❺「維云云」至「致祭于」十二字，原脱，今據至順本補。
❻「丈」，原作「友」，今據至順本改。

鄉中親舊，所存惟公。謂當百年，今復已矣。孤子之際，憂患之餘。所遇皆傷，矧兹永訣。嗚呼哀哉！庚寅四月。

祭張御史文

維至元二十八年歲次辛卯，❶八月乙丑朔，承德郎、右贊善大夫容城劉某，謹以清酌之奠，致祭于亡友故監察御史張君仲實之靈。

嗚呼！精勤之志，俊逸之才。博洽之學，清謹之節。已矣已矣！哀哉哀哉！尚饗。❷辛卯八月。

告峨山龍湫文

嗚呼！一邦之望，有峨惟山。山之精深，聚而淵泉。山川惟形，有神棲之。雲雷雨露，神實司之。今是邦之凶旱極矣，豈神之靈坐視而不恤哉？蓋雨暘之數出于天，非神之所得而專也；雨暘之咎由於人，非神之所得而釋也。是以使神涵蓄靈潤，❸雖欲發之而不得也。雖然，山川之神，受命于天，而主佑下民者也。今欲佑之而不得矣，則當爲之請命于天。昭昭在上，安有不從。由是言之，神雖欲無責，烏得而無

---

❶「維至元」至「致祭于」三十七字，原脱，今據至順本補。

❷「尚饗」，原脱，今據至順本補。

❸「神」，原作「人」，今據至順本、成化本、四庫本、畿輔本改。

責也！

且小民至愚，窮且極矣，而無所歸誠，則惟淫昏之鬼是求。夫淫昏之鬼，乃神之所當屏黜，而下民之衷，亦神之所當誘相也。今氣運已窮矣，窮則必通。或天降之雨，則小民必歸功於淫昏之鬼，而惑信愈篤，❶孰能禁之！今是邦之大夫致禱于神，則是禱其所當禱矣。既禱其所當禱，而當禱之神，能隨其禱而應之以雨，使既足而又周浹焉。庶小民之愚，知天地之間自有名山大川之正神，實能闔闢陰陽，而神妙造化，而境內吏民之所當敬修其壇壝、潔其牲幣而事之，而向之所謂淫昏之鬼者，真不足信矣。如是，則人情世教，或自此而變之，則神之惠，又不但一雨而已矣。如其不然，則是雲雷之澤，神其不司之；旱乾之虐，神實不恤之；❷天命之職，可怠而曠之；惑邪之俗，可助而成之。又何望焉！又何望焉！敢告。

題高允圖後❸

人之制行，近於當理者多矣。欲必其制行之初，真見義理之當然，而斷然無一毫人欲之私者，則未易知也。然考其平生，則心術之微，亦有不可得而掩者矣。如高允，忠情之直亮，蓋其生質之本然，其設心處事，必非善爲僥倖委曲之人也。如勸翟黑子有罪首實，亦以義理之當然爾。而作史者遽繼之以「庶或見原」之

❶「惑」，至順本作「感」。

❷「恤之」，原作「之恤」，今據至順本、成化本、四庫本、畿輔本正。

❸「題」，至順本作「書」。

語，則所謂首實者，乃所以爲僥倖之資也。至於史事不欺，則又以謂「恐負翟黑子故」，則允之所以爲是，非以義理之當然，第以此爾。此皆史臣不明義理，而於遺辭之際輕爲增損，往往使人忠亮之心，不灑然于天地間。非止允一端而已，讀史者亦一無「亦」字。不可不知也。

書東坡傳神記後❶

形，神之所寓也。形不同焉，而神亦與之異矣。予嘗愛韓魏公記北岳廟之言，曰：「嶄然而石，坳然而谷，泉焉而衆派別，林焉而萬榦擢，岳之形也。倏霽忽冥，伏珍見祥，喜焉而風雨時，怒焉而雷雹發，岳之神也。」予謂惟是形則有是神。於是形而求是神，則得之；不於是形而求是神，則不得也。是以公又曰：「廟而祭焉，非古也。」嗚呼！廟而祭焉，雖非古也，苟即其形，而求其形之精神，聚之一室而致禱焉，則猶方坎圜丘、壇以四望之遺意也。至廟而像之以人，被之衮冕，而王之帝之，形則人，衣冠則人，名則人之稱，而岳烏乎在？於是而求岳之神，❷亦難矣！

人之祭也，主以別名氏，尸以會精神。蓋子孫，則祖考精神之餘也。其祭社也，即其地而表以樹，而主乎石焉。蓋植物之根乎土，土地，精神之發見者，而石則土之類也，是以得其神焉。豈惟是也？喪禮之服，

❶ 按：本文第三段内容，與《静修先生詩文拾遺》卷六《田景延寫真詩序》大致相同，其中本文爲全文，《詩序》爲節録。

❷ 「神」，原作「人」，今據畿輔本改。

必其人之衣。温公藏祖考手澤遺文於其廟而祭之，蓋以精神嘗在乎此也。豈惟是也？禮文制度，亦必有精神之所安者。如身爲士，而席則大夫，祭爲卿，而樂則天子，固已居之而不安，聞之而不享。至於昔焉而席地，今焉而匐伏，理有可疑，神亦烏得而流通也哉！由是而推之，凡像設之未極其精，而苟簡於習俗者，皆不若無像設之爲愈也。而程子神女衣冠之辨，土木人身求雨露之説，❶蓋爲一髭髮之語相爲發明，其亦精矣。滹南王氏，妄爲辨論以譏之，彼亦烏知所説之所謂哉！

田景延嘗爲先人作大小二像，不惟極其形似，併與夫東坡所謂意思者而得之，是以予於禰祭特用之。夫畫，形似可以力求，而意思者必至於形似之極，而後可以心會焉。非形似之外，又有所謂意思者也。❷亦下學而上達也。予去歲題一畫卷云：「烟影天機滅没邊，誰從毫末出清妍？畫家也有清談弊，到處南華一嗒然。」此又可爲學形似而不至者之戒也。予既作三詩以贈之，而復書此説于所藏郝奉使所書《東坡傳記》後云。

至元十二年三月望日書。

書康節詩後

物，齊也，齊之，則不齊矣。猶之東西也，東自東而西自西，固不齊也。然東人之西，則西人之東也，是

---

❶「説」，原作「設」，今據成化本、畿輔本改。

❷「又」，成化本作「别」。

曰東亦可，曰西亦可，則是未始不齊也。然東西之形既立，指其西而謂之曰東，則爲東者必將起而争之，而不齊者出矣。不齊之，則物將自齊而平矣。東也，西也，吾立於中而制其東西焉。如是，則謂之無所著可也。一有所著，則不西而東矣，❶謂之無所著，可乎？彼空將無所著也，一倚於空，獨非著乎？此程子深有取于邵子之言也。然彼爲其説者曰：「是不足以破吾説也。吾曰齊，固未嘗齊夫物也。吾曰空，固未嘗著夫空也。」噫！悠謬輾轉，愈遁而愈無實矣。

書王維集後

維與鄭虔同以能詩與畫名當世，後又同事賊，賊平，復同以畫得苟免死。而鄭相如者，固嘗言虔當汙僞官，然復云：「願守節，可免。」夫仁義禮智，天道固有所謂命者，而其義之於君臣，有不能盡者。彼善術者，或於其氣運之間，有可以推而知之者，然其曰「守節則可免」，則是有性焉而已矣。陳圖南謂种放晚節當不逮初，謂敬慎則不失，亦此意也。是彼爲術者，固亦必以人事爲主，而不專以數矣。因表而出之於此云。

跋朱文公傑然直方二帖真蹟後

先生《傑然》、《直方》二帖，郝奉使得之儀真。予觀其詞旨筆勢，則跨越古今，開闔宇宙，荆公實不足以

---

❶「不西而東」，至順本作「不東而西」。

當之。而其頹然其順，浩然其歸，方康節檢束之時，蓋亦無有也。書法自漢、魏而下，壞於晉、宋，極於黄、米，此先生千古絶絃之論。觀者以此意求之，或有感焉，而於其讀先生之書而得其心，❶則視凡世俗之所爲學者，皆在百尺樓下矣，又豈但書法而已乎。

至元丁丑八月壬戌日書。❷

跋懷素藏真律公二帖墨本後❸

顔魯公自其九世祖騰之至公，以能書名天下者凡十人，而頵、頍不與焉。其淵源已如此，而其父已傳法於殷仲容，而公又會意於張長史。今見懷素此帖所云，則知公之講習於師友者又如此。❹嗚呼！書，一藝也，必欲其精而猶如是，矧其大者乎！

帖後有文潞公、吕汲公、趙懿簡、劉忠肅諸公元祐四年跋語。是年，潞公以年老平章軍國事，❺方辭去不得，而汲公爲宰相，懿簡公爲樞密，忠肅公爲御史。吁！亦盛矣哉！後游師雄刻此帖於長安，則八年九

---

❶「於其」，至順本作「於以」。
❷「日」，至順本、成化本作「容城劉某」。
❸「墨本後」，原脱，今據至順本、成化本、畿輔本及目録補。
❹「公」，原作「父」，今據至順本、畿輔本改。
❺「年」，至順本、成化本作「元」。

月也。宣仁后實以是月崩，而明年已非元祐矣。宋之治亂，於此焉分，又所以發予之歎也。此雖一帖，而有可鑒者二，故併書於後，以待覽者云。

至元丁丑七月己亥書。❶

書王子端草書後

「子端振衣起遼海，後學一變争奇新。黄山驚歎竹谿泣，鍾鼎騷雅潛精神。」默翁語也。「雪溪仙人詩骨清，畫筆尚餘詩典刑。聲光舊塞天壤破，議論今着兒曹輕。」遺山語也。二公之言，必有能辨之者。東坡謂：「書至於顔、柳，而鍾、王之法益微。詩至於李、杜，而魏、晉以來高風絶塵亦少衰矣。」朱文公亦以爲然。而默翁蓋知此者，是以不取於子端也。安得如默翁者，而與之論書。

至元十五年正月二十三日書。

題遼金以來諸人詞翰後

遼誥勅一卷，金正隆詞人製作，附今姚、竇諸人跋語一卷。予觀之，謂遼、金迄今，自北而南漸以大，其文物之變也亦然。劉某題。

❶「亥」下，至順本、成化本有「容城劉某」四字。

題婁生平鈒模本後

銀工婁生平鈒墨本，前人題誌莫不以爲天下之絶巧也。夫以人心之靈，有可以參天地而贊化育者存，苟專力于一藝，其精密神功，❶亦何不至此，固無足怪焉。予所感者，自汙尊抔飲而有器皿，❷自器皿而有文飾，自文飾而有如此。至有如此者，考其世尚未遠也，而來者無窮焉。將止於如此而已耶？將變而益以文耶？❸抑亦將反古人創物適用正大淳厚之制也？

❶「功」，畿輔本作「巧」。

❷「抔」，原作「杯」，今據至順本、成化本、四庫本、畿輔本改。

❸「益」，原作「抑」，今據至順本、畿輔本改。

静修先生遺詩卷一

五言古詩三十八首

四　皓二首

智脱暴秦網，義動英主顔。須眉不得見，猶思見南山。每當西去鴻，目極天際還。馬遷歌采薇，託名夷齊間。孰謂《紫芝曲》，能形此心閑。鄙哉山林槁，搏也或可班。安得六黄鵠，五老相追攀。一笑三千古，浩蕩觀人寰。

留侯在漢庭，四老在南山。不知高祖意，但欲太子安。一讀《鴻鵠歌》，令人心膽寒。高飛横四海，牝鷄生羽翰。孺子誠可教，從容濟時艱。平生無遺策，此舉良可歎。出處今誤我，惜哉不早還。何必赤松子，商洛非人間。

嚴　光

文叔雖天子，因陵位愈尊。爲陵成高節，此亦天子恩。兩星映千古，精爽如尚存。有此謹厚者，可贈狂奴真。巢由本不經，怪妄徒擬倫。《中庸》久蕪没，矯激非天民。惟餘仁義語，至今凛若新。想像富春石，崔嵬猶起人。

翟節婦詩并序

昔金源氏之南遷也，河朔土崩，天理蕩然，人紀爲之大擾，誰復維持之者！而易之西山，乃有婦人曰翟氏，年廿餘，其夫從軍，死於所事。翟出入兵刃，往復數百里，晝伏夜行，以其尸歸，負土而葬之。既葬，自以孟寡無子，遭時如此，思以義自完，乃自決於墓側。鄰里捄而復蘇，終始一節，今八十餘年矣。夫人心之極，有世變之所不能奪者，於此亦可以見之。予聞之，爲作是詩，俾其外孫田磐刻之石。或百世之下，有望燕山而歌予詩者，使翟之風節，凛然如在，亦庶幾乎吴人河女之章焉。

兵塵浩無際，烈女難自全。❶婦人無九首，志欲不二天。燕山翟氏女，既嫁夫防邊。一朝聞死事，健婦增慨然。生有如此夫，孟寡非所憐。求尸白刃中，負土家山前。事去哀益深，義盡身可捐。無兒欲何爲？所依惟黄泉。鄉鄰捄引決，烈日丹衷懸。誰辨節孝翁，重賦睢陽賢。我昨過其鄉，山水猶清妍。聞風髮如竹，飄蕭動踈烟。千年吟詩臺，峨峨太寧巓。爲招馮太師，和我節婦篇。太寧山有馮道吟詩臺，距翟居甫數十里。

燕歌行

薊門來悲風，易水生寒波。雲物何改色？游子唱燕歌。燕歌在何處？盤鬱西山阿。武陽燕下都，歲晚獨經過。青丘遥相連，風雨墮嵯峨。七十齊郡邑，百二秦山河。學術有管樂，道義無丘軻。蚩蚩魚肉民，

❶「女」，至順本、成化本作「士」。

誰與休干戈？往事已如此，後來復如何？割地更石郎，曲中哀思多。❶

吴山夜雪圖

江南無寒歲，一雪今幾時。吴山豈無春？畫此寒峕姿。壯哉萬里流，不廢東南馳。胸中謾長風，俯仰今古非。誰能唱小海，❷爲和大江詞。

白馬篇

白馬誰家子？翩翩秋隼飛。袖中老蛟鳴，走擊秦會之。事去欲名留，自言臣姓施。二十從軍行，三十始來歸。矯首望八荒，功業無可爲。將身弭大患，報効或在兹。豈不知非分？常恐負所期。非干復讎怨，不爲酬恩思。❸偉哉八尺軀，膽志世所希。惜此博浪氣，不遇黄石師。代天出威福，國柄誰當持？匹夫赫斯怒，時事亦堪悲。

答樂天問三首

二氣日交感，變態何紛紜。清濁與厚薄，賦與定難鈞。❹世運如四時，類聚仍群分。升沉與奪間，今古亦難倫。天道自悠遠，百年寓此身。未來不可見，既往有未聞。愚者或貴壽，賢者或賤屯。龍亢豈無悔，蠖

❶「中」，至順本作「終」。

❷「唱小海」，至順本作「小海唱」。

❸「思」，至順本作「私」。

❹「與」，至順本作「予」。「鈞」，至順本作「均」。

屈豈不伸？君自不知此，何云詰羲文。

邈哉開闢初，造化惟陰陽。錯然入形化，一受不可忘。稻粱固爲愛，❶豺狼非故殃。物理本對待，生氣常相將。孔聖豈無後？暴秦不可長。鬼神禍福機，昭昭亦可量。桃囓李樹死，城焚池魚傷。外來非我取，生意自洋洋。君何不思此，徒欲問穹蒼。

樂天種香草，有艾同根株。鋤溉兩相妨，題詩問何如。恨君計已晚，草草種樹初。根荄不早辨，使與莖葉俱。鋤根固相傷，莖葉猶可除。臭葉日以除，香莖日已蘇。區區彼微根，僅有知無餘。雖需灌溉恩，生意已漸踈。君今尚未決，歲晚益難圖。

代來使答淵明

何時發天目？山中雲出時。出山山更佳，草木非所知。公田幸有秫，何問菊與薇。一笑領此意，翁豈爲酒歸！

幽　禽

幽禽初出谷，其聲何熙熙。但知春可鳴，渾忘蟄凍時。天生復天殺，恩怨敢自私。寥寥古人心，世遠今誰知！

❶「粱」，原作「梁」，今據至順本、畿輔本改。

寓　意

萬木凍欲折，❶中有天地春。一元貫萬古，❷生意誰能屯。但苦未充滿，此心終難伸。秋風髮毛改，❸卓爾顔色貧。❹

又二首

愁陰翳陽景，超然慕遠遊。天風忽吹衣，命駕崑崙丘。冰壺洗秋露，霽月霜空流。平生多故人，回首生離憂。

世路空嶮巇，❺游子天一方。況是青春深，桃李争芬芳。相媒有百鳥，巧韻無絲簧。客行雖云樂，歸哉非故鄉。

有　懷

朝詠小招詞，暮歌白頭吟。出門何所適，欲語誰同心。豈無平生交，顔色非真金。目送西南鴻，令人思

❶「木」，至順本作「物」。
❷「元」，原作「無」，今據至順本、成化本、畿輔本改。
❸「髮」，至順本作「鬢」。
❹「色」，至順本作「家」。
❺「空」，至順本作「苦」。

之深。❶思子不可置，誰從懷好音？年意惜已往，進修徵來今。

獨　酌

青山淡無夢，相憶無由來。每當西北風，曠然開我懷。爲從山中至，對之舉吾杯。主人有佳客，此門容勿開。

月下獨酌

佳月靜可飲，一天明水寒。餘光泛不極，徘徊尊俎間。但覺涼露下，不知清夜闌。醉眠吾有興，君當下西山。

書堂谷晏坐

上負青天壁，下引碧澗滋。中有晏坐石，日夕忘吾歸。永懷幽棲人，千載誰與期？人間九瀛海，莽蒼天相圍。黄塵重如霧，舉手不欲揮。白雲如可招，願作雙鶴飛。

九日登洪崖有道士居此，今二十年不睡矣

卑居不見秋，登高自誰始？清狂未免俗，謹厚亦復爾。山光故相迎，百步翠可倚。屈指數勝游，兹山居食指。高絶讓龍門，平敞亦專美。群山渺波鱗，天開見洪水。列岳真清塵，❷遐瞰小千里。卻恐行路人，

---

❶「之」，至順本作「子」。

❷「清」，原作「情」，今據畿輔本改。

視予旋磨蟻。解衣林表坐，爛摘蒲萄紫。甘漿來逡巡，毛骨脱泥滓。勝境得真賞，泉石迥如洗。況有幽棲人，嗒然空隱几。相對已忘言，一笑雲林喜。回首暮烟深，高歌望吾子。

游龍宫

翠澗如生烟，石瀨欲無雪。縱目失平地，仰面猶清樾。時節未當春，生意方謀泄。❶隨時久閉藏，與物今超越。兹游豈人力，勝境殆天設。拊石看棲龍，髣髴仇池穴。聞説如桃源，自古有深絶。❷拂衣徑欲往，❸不見當年轍。獨立馭長風，哀歌山石裂。

登聖泉庵❹

緩轡指西山，振策淩崇丘。臨風一回首，擾擾令人愁。蒼石負崛崎，碧草藉芳幽。長林泛餘霽，初節成高秋。端居氣始平，頽然漸神游。舉目欣所期，叩心思欲酬。爲問石上松，千年爲誰留？飄飄巢居子，歲晚同歸休。

---

❶「謀」，四庫本作「暗」。

❷「古」，至順本作「此」。

❸「拂」，原作「坤」，今據至順本、成化本、畿輔本改。四庫本作「攝」。

❹「泉」，原脱，今據至順本、四庫本及目録補。

三月二十二日同仲韞飲北溪分韻得「卻」字

世紛謝已久，恍若隔今昨。惟餘北溪雲，❶可愛不可卻。時當持詩往，報復亦不惡。百年何將軍，山林未寂寞。北溪擅佳名，春服有成約。❷頗聞張氏宅，池舘自疏鑿。不須弔鵝池，且喜餘嵒壑。春風覺我來，佳色動蘩薄。❸烟霏效奇供，乍喜復可愕。顧盼不暇給，遲回迷所託。清泉會人意，愛弄入杯杓。觴流水故遲，歌發聲仍作。野簌旋充盤，舉網聞魚躍。生徒展餘敬，賓主雜善謔。圖畫沂上翁，意象窪尊酌。蒼苔笑仰天，微風蕩雲幕。禽鳥過我鳴，似語翁正樂。大笑昔人愚，所見未脱略。後來亦塵迹，俯仰語成錯。人心妙無際，崑崙復磅礴。一元貫萬古，普遍無郛郭。雅意不可言，商歌滿寥廓。源泉，古北溪也。金大行人張通古故居，今爲巫覡所據。弔鵝池，見錢氏弔右軍宅文。

秋晚登西山

十日罷琴誦，招摇慕飛仙。❹天風何許來，吹我蒼崖巔。誰知此絶境，秋華亦芳鮮。采采泛清尊，山容變春妍。只應城中人，遥知弄雲烟。若見孤鴻來，可咏悠然篇。

---

❶「溪」，至順本、成化本作「山」。
❷「有」，至順本作「亦」。
❸「蘩」，至順本作「叢」。
❹「招」，至順本、成化本作「超」。

九月攜諸生登西山❶

九月秋服成，童冠從我游。萬古清沂春，重結西山秋。白雲歸青岑，狂瀾落滄洲。永嘯長風來，❷爽籟生嵓幽。清商失摇落，生氣浮林丘。門生顧我言，樂矣行歸休。風袂尚飄然，此意浩難收。

沙溝二詠

漱霞巖

丹霞淩日觀，餘津浩難收。蒼涼蘇病骨，醉暈浮嵓幽。萬象春意融，頹然得歸休。擾擾路傍子，無勞歌遠游。

飛泉亭

崦嵫多露草，❸秋空挹飛泉。❹胸中玉芙蓉，❺滿意清泠淵。火食困煩鬱，下顧心茫然。❻何當分一杯，洒落齊州烟。

---

❶「月」，原作「日」，今據至順本改。本詩下同，不再出校。

❷「長風來」，至順本作「來長風」。

❸「露」，至順本作「靈」。

❹「挹」，至順本作「掩」。

❺「蓉」，至順本作「蕖」。

❻「茫」，原作「芒」，今據至順本、成化本、畿輔本改。

六華峰

入山採靈芝，濯足東澗濱。白雲不可招，丹霞有餘津。長風忽絶頂，悠哉淩翠氛。舉手問浮世，此子今何人？❶

寄宋生

西南吾楚澤，吞三江五湖。眼中此尤物，不可一日無。有客報渾一，胸次如還珠。望極不可到，逸興風飄裾。家人笑挽之，恐遂淩空虚。寄聲宦游子，❷歸與江山俱。閉門望雲濤，屋梁霜月孤。❸西陵斷巴蜀，南雲渺蒼梧。徑圓一千里，杯酒納有餘。新詩想瀟洒，爽氣餘清臞。明朝函丈中，坐對江陵圖。

送劉校書回

祁陽堯故國，淳朴餘山川。每見祁陽人，心如對堯年。而況賢宗盟，久矣相周旋。今年護我歸，青山照華巔。處我既以禮，贈君無可言？言動戒在戲，當誦《東銘》篇。

---

❶ 「今何」，原作「何今」，今據至順本、成化本、四庫本、畿輔本正。

❷ 「宦游」，至順本作「游宦」。

❸ 「霜」，原作「雙」，今據至順本改。

李伯堅宣慰荆南并序❶

李公伯堅，幼以世家子入事北安王，❷來典保定，蓋爲王守分地也。安静樂易，屈己下士。郡嘗被水災，力請於朝，多所蠲復，郡人賴之。爲郡五年，王朝京師，有司被王教，宜奏公宣慰一道。至元二十七年二月十五日，詔下，當往荆湖。保府諸公賦詩爲贈，郡人劉某爲之敍。❸

荆南壯哉郡，作鎮多英奇。三年廉相國，千古甘棠詩。聞公相國客，荆人恐來遲。公來何所望？望如相國慈。有子父乃顯，觀臣王可知。榮親與報王，❹勉力在此時。

凡　物

凡物能振厲，即見生意融。慢氣或少施，衰颯不自充。志至有定位，敬勝多奇功。强哉復强哉，德業將日隆。

植　榴

植榴將食實，三年不見花。日夕灌溉勞，物情自可嗟。今朝兩相忘，静緑清且佳。三歎詠此意，❺不覺

❶「并序」，原脱，今據至順本、成化本、四庫本、畿輔本及目録補。

❷「北」，原作「比」，今據至順本、成化本、四庫本、畿輔本改。

❸「某」，原作「集」，今據成化本、四庫本、畿輔本改。至順本作「因」。

❹「王」，至順本作「主」。

❺「三」，原作「二」，今據至順本、成化本、畿輔本改。

芳陰斜。

學東坡小圃五咏

枸　杞

仙苗被城郭，聞之杞國人。始疑制名初，義與荆揚均。❶遠慚勾漏令，空望黄河濱。常山古靈潤，烟霞流餘津。青荑發丹乳，厚餉謝我神。世人厭肥膩，思與雅淡親。客來薦蔬茗，用以華吾貧。方書自有本，疑信未敢真。偶思青城山，山人壽且淳。手持羲皇書，念此區中民。

地　黄

山行多上藥，地賤民亦辱。村民誇善染，功能竟誰録？仙翁種藝法，隱處未成卜。旅居容少試，❷膏土課深斸。❸頃筐如有秋，靈液光潤屋。俯鑑盆影中，華髮已成緑。❹九醖謝清泉，鄰牆浥餘馥。❺朝陽發

---

❶「均」，至順本作「鈞」。

❷「少」，至順本作「小」。

❸「課」，原作「果」，今據至順本改。畿輔本作「早」。

❹「成」，至順本、成化本作「思」。

❺「浥」，至順本作「挹」。

蒼涼，與世解酲毒。❶ 元氣久蕭索，内熱紛相逐。黄鵠憑寄聲，❷山中酒方熟。

甘　菊

金行發黄素，風露饒甘馨。政使非上藥，猶當充前庭。❸ 對花誦陶詩，❹持詩問淵明。帝鄉不可期，安用制頽齡。忍飢啖松栢，直以奴僕輕。東坡豈忘言，❺空腹嚼落英。采采還自笑，君今何所榮？❻ 無病不服藥，邵子有深情。❼ 壽夭付天公，歐陽差失平。吾心在蠲疾，持此報兩生。

薯　蕷

玉延事韜養，朽壤深以密。短楥受柔條，❽葱鬱護風日。貧居乏肉味，勞力苦羸疾。❾ 松聲泛緑畦，夢

---

❶ 「酲」，原作「醒」，今據至順本、成化本、畿輔本改。

❷ 「鵠」，至順本作「鶴」。

❸ 「充」，原作「克」，今據至順本、成化本、四庫本、畿輔本改。

❹ 「誦」，至順本作「論」。

❺ 「言」，至順本作「此」。

❻ 「榮」，至順本作「營」。

❼ 「邵」，原作「郡」，今據至順本、成化本、四庫本、畿輔本改。

❽ 「楥」，畿輔本作「援」。

❾ 「力」，至順本作「生」。

聞石鼎溢。初疑湯餅滑，乍見晴雲出。和飲宜杏酪，煎糜縷崖蜜。餉鄰報炊芋，❶留客代煨栗。入藥宜自擐，❷留種戒勿失。奇人分嘗薄，計用今六七。靈物聞善化，慎勿輕呵叱。

黄　精

黄精晚得名，丹家貴朱草。❸蕣蕣仙經中，參术避華藻。名高有物忌，榛莽幾摧倒。春風入溝畹，英翹忽已好。感子灌溉恩，糜身錫難老。豈無難老願？所願在探討。世變閲無窮，乾端見更造。此志理難遂，斂之寄襟抱。釋爾任重憂，歲晚共一飽。

❶「炊」，原作「吹」，今據至順本、畿輔本改。

❷「宜」，至順本作「疑」。「擐」，畿輔本作「擇」。

❸「朱」，原作「失」，今據四庫本、畿輔本改。

靜修先生遺詩卷二

七言古詩三十二首

送徐生還鄂并敘

江夏徐生，東湖故家。庚申北渡，客燕趙十七年而宋亡。其子姪書來，迎之而還，蓋前人所謂「黄鶴歸來，疑城郭之猶是；浮雲一去，惜人代之俱非」者也。諸公賦詩以道其行，命容城劉某敘而倡云。

燕山送客歸南州，興來每恨無扁舟。君歸爲我謝江漢，思君不見令人愁。千里風烟想蕭洒，一代英雄成古丘。當年才氣鸚鵡洲，撫掌笑殺黄鶴樓。❶黄鶴歸來哀江頭，江山依舊人悠悠。浮雲萬古恣變滅，眼中擾擾何時休？紫陽仙人歌遠游，飛蛟起滅三千秋，❷爲君揮手崑崙頭。紫陽謂晦翁。飛蛟起滅，見《遠游集》注。

蠡吾王翁畫像并序

蠡吾王翁，世爲農家，多蓄粟。金源貞祐初，宣宗南渡，河朔大饑，翁于是發之，全活者甚衆。時鄉豪在

---

❶「撫」，至順本作「拊」。

❷「蛟」，至順本作「蚊」。下同。

所皆自樹，慕義者咸欲推公爲首。翁不許，挈家避地扶溝。餘二十年而汴亡，天下蕭然，蕩爲丘墟，翁家獨無恙而歸。子孫讀書，不求禄仕，三世皆以壽終，殆不偶然也。翁之曾孫天輔，求予敘翁之行義於其畫像，謂庶幾能聞之名士大夫，❶而有以發潛德之幽光也。

北門翠屏雷破山，畢逋頭白五馬遷。乾坤運會到血肉，有欲脱之誰飛仙？河朔諸州尤可憐，有饑以來無此年。❷鄉閭嗷嗷公哺之，❸公困有底心無邊。諸豪推唱彼亦義，❹亂世性命公能全。教子讀書不求官，歸來素髮家山前。天理不隨陵谷變，坐看老樹生蒼烟。只今圖畫對公像，回首兵塵一慨然。誰能生死太平日，白石共煮西山泉。

宋徽宗賜周準人馬圖

筆底金鞍有蕭爽，誰云不博降王長。汴梁門外若雲屯，畫本相看應自賞。十載青衣夢故都，經營慘淡欲何如？只除金粟呼風鳥，曾見昭陵鐵馬趨。

---

❶「幾」，至順本作「其」。

❷「以」，原作「一」，今據至順本、畿輔本改。

❸「公」，至順本作「翁」。本詩下同，不再出校。

❹「唱」，至順本作「倡」。

宋高宗題李唐秋江圖

秋江吞天雲拍水，濤借西風扶不起。❶斷雲分雨入江村，回首龍沙幾千里。澹庵老筆摇江聲，髣髴阿唐慘淡情。千秋萬古青山恨，不見歸舟一葉横。

宋理宗緝熙殿硯

使君持送緝熙硯，捷音才到山中人。四十三年如電抹，此硯曾經秋復春。寂寞經筵勸講臣，詩酒宫中樂事新。文章只數天中月，❷萬卷何曾筆有神。

宋度宗熙明殿古墨

江南賜姓功臣李，吾州奚生墨工爾。江南赭盡吴山松，吾州老樹摇晴空。君王弄墨熙明殿，不覺江頭度白鴈。劫火猶解愛庭珪，吹送山家易水西。松風含哀生硯滴，似訴優游解亡國。只今誰有哀江南，寶氣不受鵝溪縑。早晚扁舟適吴越，爲君揮洒天門雪。

金太子允恭墨竹

黑龍江頭氣鬱葱，武元射龍江水中。江聲怒號久不瀉，破墨揮洒餘神功。天人與竹皆真龍，墨竹以來凡馬空。人間只有墨君堂，何曾夢到瓊華宫。瑶光樓前月如練，倒影自有河山雄。金源大定始全盛，❸時

❶「扶」，畿輔本作「挾」。

❷「天中」，至順本作「中天」。

❸「源」，原作「願」，今據至順本、四庫本、畿輔本改。

以漢文當世宗。興陵爲父明昌子，樂事孰與東宮同？文采不隨焦土盡，風節直與幽蘭崇。百年圖籍有蕭相，一代英雄惟蔡公。❶策書紛紛少顏色，空山夜哭遺山翁。我亦飄零感白髮，哀歌對此吟雙蓬。秋聲蕭蕭來晚風，極目海角天無窮。黑龍江，❷見《金史》。幽蘭軒，義宗死所。汴亡，張蔡公以《金實録》歸，遺山嘗就公謄録。❸此軸亦公得于汴之中秘者，公之子仲仁持以求予詩，故終篇及之。

白鴈行

北風初起易水寒，北風再起吹江干。北風三起白鴈來，❹寒氣直薄朱崖山。乾坤噫氣三百年，一風掃地無留殘。❺萬里江湖想瀟洒，佇看春水鴈來還。

渡白溝

東北天高連海嶼，太行蟠蟠如怒虎。一聲霜鴈界河秋，感慨孤懷幾千古。只知南北限長江，誰割鴻溝來此處？三關南下望風雲，萬里長風見高舉。萊公灑落近雄才，顯德千年亦英主。謀臣使臣强解事，❻枉

---

❶「惟」，原作「誰」，今據至順本改。

❷「龍」，原作「童」，今據至順本、四庫本、畿輔本改。

❸「謄」，原作「勝」，今據至順本、成化本、四庫本、畿輔本改。

❹「起」，至順本作「吹」。

❺「殘」，原作「錢」，今據至順本改。

❻「使」，至順本作「史」。

着渠頭汙吾鼓。十年鐵硯自庸奴，五載兒皇安足數。當時一失楡關路，❶便覺燕雲非我土。更從晚唐望沙陀，自此横流穿一縷。誰知江北杜鵑來？正見海東青鳥去。❷漁陽撾鼓鳴地中，鶻鵠飛滿梁園樹。黄雲白草西樓暮，木葉山頭幾風雨。只應漠漠黄龍府，比似愁岡更愁苦。天教遺壘説向人，凍雨頑雲結淒楚。古稱幽燕多義烈，嗚咽泉聲瀉餘怒。仰天大笑東風來，雲放殘陽指歸渡。

過易州登西樓

秋氣壓山山欲摧，❸西樓正有詩人來。悲歌感慨聊一發，萬古抑鬱今崔嵬。寧山爲有瀛王臺，頑癡至今如死灰。幽燕勁氣老益壯，北山飛翠來吾杯。

登鎮州龍興寺閣❹

太行鱗甲摇晴空，層樓一夕蟠白虹。天光物色驚改觀，少微今在青雲中。初疑平地立梯磴，清風西北天門通。又疑三山浮海至，載我欲去扶桑東。雯華寶樹忽當眼，拍肩愛此金仙翁。金仙一夢一千載，騰擲變化天無功。萬象繞口恣噴吐，坐令四海皆盲聾。千池萬沼盡明月，長天一碧無遺縱。我生玄感非象識，此眼此臂將安庸。海岳神光埋禹鼎，人間詭態何由窮。金天月窟爾鄉國，玉毫萬丈須彌峰。一杯徑欲呼與

❶「楡」，原作「渝」，今據四庫本、畿輔本改。

❷「海」，原作「江」，今據至順本改。

❸「氣」，至順本作「色」。

❹「龍」，原作「隆」，今據至順本及目録改。

語，爲我返駕隨西風。堂堂全趙思一豁，江山落落吾心胸。中原左界此重鎮，形勢彷彿餘兵衝。歌舞遺臺土花碧，旗幟西山霜葉紅。乾坤割裂萬萬古，烏鳶螻蟻爲誰雄？❶滹水悠悠自東注，落日渺渺明孤鴻。

乙亥十月往平定早發土門宿故關書所見❷

風烟全趙如平掌，❸失脚山城夢猶想。土門一縷漢時天，萬古行人爲誰仰？指似勍敵談笑中，爲狀羸僕忍寒强。當年鼓角如可聞，急著清吟和林響。遠山宛欲來相迎，近山留人屹相嚮。或從井底忽登天，倚伏已能先想像。平生愛山真惡識，今日果爲山所網。昨朝爽翠擁修眉，最恨高樓負清賞。壯懷鬱鬱悶欲絶，安得淩風恣吾往。天教石頂放一頭，駃若驊騮脱羈鞅。山靈努力出奇供，只恐先生駕虚枉。萬壑霜松動悲嘯，極目雲烟埋莽蒼。❹北門形勢護中原，辨與姦雄增技癢。太行横絶半九州，留在平原幾塵坱。何人爲我起六丁，嵯峨盡隳天宇朗。千年再挽神禹功，恍若鴻流開四象。

范寬雪山

老寬胸次無墨汁，經營慘淡寒生須。秦川名山古壯哉，況復玉立千尺孤。安得晨光滿東壁，❺試看龍

---

❶「爲誰」，至順本作「誰爲」。

❷「定」下，至順本有「奔外舅郭判官喪」七字。

❸「如平」，至順本作「平如」。

❹「莽蒼」，原闕，今據至順本、成化本、畿輔本補。

❺「晨」，原作「辰」，今據至順本改。

燭崑崙墟。赤塵澒洞天爲爐，❶一丘一壑真吾盧。眼中人物誰冰壺？

霸　陵　圖

霸陵平生有詩境，黄閣何物爲清風？鄭五自知非相才，猕猴枉畫淩烟中。作傭莫作詩家傭，百爲淡苦誰汝供？古人星露尚有戒，況是風雪來無窮。襄江明日蒲萄暖，斜風細雨舡頭轉。門前暮雪吾不知，坐上春風人未遠。

趙生水墨虎

南山鬱鬱烟霧濛，北山落日薄幽叢。先生眼花臂猶健，聞虎有真心愈雄。聲絃寄自黄蘆東，❷人言此是高堂中。仰天大笑出門去，時危慘淡來悲風。

仲誠家藏張蔡公石女剪製香奩絶巧持以求予詩

静華墨君天下奇，陵川仙人爲賦之。遺山野史誇慧女，萬古春風蝴蝶詞。豈知此巧復絶代，夜月静拂天孫絲。夢雲絲雨有形外，郢斤庖刃無心時。蔡公凛凛褒鄂姿，諸郎畫戟清香詩。香奩秀發亦餘事，詩人飢眼省見稀。敲門青燈爛紅碧，布衾驚走惡睡兒。破屋猶疑翠鯨怒，短褐誰憐紫鳳移。東家健婦把鋤犂，西家處女負薪歸。哀哀正念誅求苦，對此無言空淚垂。

---

❶「澒」，原作「鴻」，今據至順本改。

❷「自」，原作「目」，今據四庫本改。

張元帥寶刀

土不産金人氣雄，真人握鐵開鴻濛。不知此刀何所得？風烟餘烈來霜鋒。❶將軍聲名今蔡公，酒酣過我歌彤弓。持刀對公兩奇絶，❷眼中已覺南江空。❸水波江聲浩無窮，朝礱夕淬天有工。回鶻健兒戲天巧，前身鐵精非凡庸。紫烟焰焰天爲紅，鑌紋秀發青芙蓉。寶鐶摇落初開封，❹四壁如著清水中。❺天山積雪聚鋩鍔，寒色直欲朱崖通。摩挲神物三太息，此行善保千年功。

山行見馬耳峰

近山豪士少羈檢，酒澆不下胸崔嵬。遠山静女亦閑雅，尚恨少有傷春懷。亂山來聚争拱揖，❻武卒侍婢皆凡材。天知老眼不受塵，路轉忽睹雙峰開。雙峰何年聳雙耳？叱之不動煩風雷。今朝向我効神駿，翠色欲逐神鞭來。浮世浮名酒一杯，我欲駕此觀蓬萊。只愁日暮三山上，❼黄塵回首令人哀。

---

❶「烟」，至順本作「雲」。
❷「公」，至順本作「翁」。
❸「南江」，至順本作「南海」，四庫本作「江南」。
❹「鐶」，至順本作「環」。
❺「壁」，至順本作「座」。
❻「來」，原作「米」，今據四庫本改。「拱揖」，原作「栱楫」，今據至順本、成化本、畿輔本改。
❼「愁」，至順本作「恐」。

雪翠軒觀太寧火❶

吾家雪翠天下白，銀河無聲月無色。❷天關不閉寒峥嶸，箕尾晶英凍將拆。❸帝遣六丁下取將，勅賜名軒换金碧。❹初如紫電蟠青雲，❺飛下人間作堅壁。漸如扶桑六龍出，萬縷丹霞吹海立。何人辨此女媧氏？❻補天重煉蒼蒼石。陽能兼陰今可知，祝融若并玄冥國。正教蕪穢洗欲空，誰爲千年棟樑惜？殺機如火出至微，焰焰寧知有今夕。軒中高卧劉更生，願借餘光照方册。方册有道出黄虞，今古煌煌天與極。火耕明日千萬斛，酒瓮已聞春雨滴。不妨一飲盡群山，醉暈春生半天赤。

雪浪石

邵家水陸説影象，一物自可涵無垠。滄浪仙人歌感應，石中固有此理存。老坡胸中如此幾，魄磊須得銀河噴。嘲嵩唾華天不嗔，武夷赫怒張吾軍。偶從北海得生氣，竹石也愛風姿新。我來正當秋雨霽，一杯冥漠玄都門。小璫好事如先臣，坐令平地石生根。渠家兒戲解忘國，作詩一笑君應聞。

---

❶「火」，原脱，今據至順本、成化本、畿輔本補。四庫本作「谷」。

❷「聲」，至順本作「風」。

❸「將」，至順本作「欲」。「拆」，成化本、畿輔本作「坼」。

❹「名」，至順本作「銘」。

❺「電」，四庫本作「霄」，畿輔本作「霧」。

❻「此」，至順本作「作」。

烟霞觀雲巢松

盤柯盤屈今幾時？龍攣虎跛森英姿。道人眼中無可怪，一巢見餉吾何疑。我所思兮潁與箕，秋聲瀟瀟吹送之。清風一枝雲一席，松中之樂天不知。靈臺方寸有君節，虚籟萬古絃吾詩。歲晚相期君與我，笑捋吾髯盡此巵。

瘍醫詩卷❶

煉心如石補天缺，煉心如泥補地裂。白蘵正飽丹鳳飢，心能竹實亦能鐵。乾坤瘡痍今幾年，誰家藥籠金石堅？千金此方不一試，雲山注目秋風前。

明河秋夕圖

明河澹澹縱復横，行雲悠悠度踈星。鳳媒不來烏夜驚，瓊枝玉佩遲所託。畫中隱隱聞機聲，秋來秋去今猶古。此恨不隨天宇青，崑崙西頭風浪平。辨我一舟蓮葉輕，浩歌中流擊明月。九原唤起嚴君平，人間此水何時清？

美　人

美人娟娟秋水隔，烟霧深沉蒙玉質。目逐晴波去不歸，遥山只有行雲碧。碧雲日暮心悠哉，窗前一夜梅花開。平生自信心如鐵，一寸相思一寸灰。

---

❶「醫」下，至順本有「劉茂之」三字。

玉　簪

春色醉人人未醒，獨憐月露秋零丁。❶昭陽日影巧相避，寸心未減寒泠泠。只應得我一顧足，爲君小醉秋風亭。蓮兄君子菊弟隱，何物處君君意肯。❷玉簪玉簪誰與簪？蒼苔踈雨秋欲深。

荆南送橘

江淮草木少生意，今日佳果來何奇。枯苗一溉自此見，❸入手即有甘棠詩。眼中風露瀟湘姿，渺我幽林千樹思。只恐江聲撼吾枕，相看對坐寒更遲。

食　笋

夢迴齒頰風蕭騷，幽姿不許霜松高。南來蒼玉不盈束，已覺飲興飄雲濤。詩家胸次自宜此，尚嫌烟火須烹炰。想像南風吹萬竹，籜龍正恐稱冤號。石盆養魚心自苦，仰羡鸛鴿雲間巢。❹眼中歲旱土不膏，長鑱後慮山無毛。退食歸來北窗夢，山巔朱鳳聲嗷嗷。

王君奉命賑濟彰德過予求詩

十年監官窮到骨，一簿武邑如登天。巧宦紛紛日九遷，白髮青衫獨可憐。昨朝讀君阜民篇，善察物情

---

❶「獨」，至順本作「誰」。

❷「物」，至順本作「地」。

❸「溉」，原作「慨」，今據至順本、成化本、四庫本、畿輔本改。

❹「鴿」，至順本、畿輔本作「鵠」。

亦已賢。南郡飢民想更苦，以君賑濟非偶然。驛傳星馳乃爾急，何暇載酒揚雄玄。❶茅容問稼當有語，野夫憂國願豐年。

送寇長卿同知岳州

聞君得官岳樓去，我夢已落江湖濱。天下先憂付公等，江山之樂當平分。❷荆湖一城百戰得，存撫安得人人君。岳陽父老宜相賀，君是荆州舊幕賓。廉荆州，治稱第一。

三月三日許天祥置酒東城

都門氣習豪翩翩，此君尊俎今宛然。春色今年遲半月，留待忽忽過寒節。臨流雅唱尋舊盟，青眼青天對今夕。横橋綺服麗人天，蒼苔坐我羲皇前。花枝華髮兩如許，天意時情一杯舉。安石起舞元龍歌，蒼生我竟如渠何！

飲仲誠椰瓢

君家瓠落無所容，江湖誰辨平生胸。海南佳氣久鬱塞，瀸澒似喜今相逢。前年對酒面發紅，今年對酒氣如虹。江山萬古騷人國，跬步便與華胥通。河間古儒病我拘，聞我一飲喜氣濃。平生得意南湖張，此意頗與河間同。太古窪尊老無底，一朝傾倒何由供？醉鄉千年有此客，鳥歌蝶舞春濛濛。醉翁之意不在酒，

---

❶「揚」，原作「楊」，今據至順本、四庫本、畿輔本改。

❷「平」，原作「年」，今據至順本、成化本、畿輔本改。

宛如琴意非絲桐。太和風境無酩酊，❶洛陽樓閣高玲瓏。泠然仙馭一杯水，眼中渺渺無極翁。西家伯倫聱且聾，東家醉死王無功。酒中醒境渠未識，冰壺秋月崑崙峰。舉杯喚月來胸中，人間白日浮雲空。五嶺山高雲幾重，朱崖滅没南飛鴻。玄鶴翩翩渺何許？操瓢徑訪眉山公。❷河間，謂趙君玉。❸南湖，謂仲實。「泠然仙馭一杯水」，❹見潘延之《和茂叔憶濂溪》詩。洛陽樓閣，堯夫空中樓閣事。

南溪行

老人耕牧南溪南，南溪草淺牛所貪。大孫携書小携酒，青蓑爲席樹爲庵。以書教孫仍自讀，隔溪遥聽聲諵諵。牛眠樹陰孫勸酒，老人未醉意已酣。老人氣高軀幹小，面狹於髯森若杉。年周甲子辰又浹，世故十率八九諳。早歲精勤傳世業，口誦太素手弄甘。❺以藝發身寧久屈，安車徵起詔使監。入爲天子侍從臣，龍沙萬里嘗陪驂。鼎湖白雲望不極，招之歸來山有嵐。身出夢關涉覺境，人間萬有皆空函。侍從之名不復記，老人自署南溪銜。呼兒來前雙玉立，曰我愛汝擇所堪。自我中年學讀書，方寸若有神明鑑。活人

---

❶「境」，至順本作「景」。
❷「公」，至順本作「翁」。
❸「君」，原脱，今據至順本補。
❹「水」，原作「永」，今據至順本、成化本、四庫本、畿輔本改。
❺「甘」，至順本作「苷」。

之功豈不美，一有不中中或慚。青囊祕封不再展，塵迹從此乃一芟。讀書力田兩交進，困有所收心有函。❶開此樂國自我始，繼而大之在汝男。我今已成齊變魯，汝等當爲青出藍。東北一舍容城翁，今年卧病家山巖。其室雖邇人甚遠，汝糧自裹簦汝擔。雪中欵段來叩門，僕夫汗流扶酒甔。❷侑尊有物隨土産，厥包雜進鴨與鵪。飲劇談發不自禁，四鄰驚走來窺探。先生静默如土鍾，叩之愈大聲愈韽。❸今朝音吐瀉河漢，老人者誰開其緘。斥之令去不復語，興亡萬古手與談。空鈎意釣不在棋，澹然相對如禪龕。老人思家不可留，二兒扶歸杖几參。臘醅開時魚可膾，相約載酒游溪潭。

雜　詩 二首

先天漆硯詩 并序

予近得漆硯二，劉丈茂之所惠者，❹象壁水而先天八卦周焉，予遂名以别之，且賦詩以答茂之云。

揚雄久寂寞，載酒誰相過？今夕是何夕，燭花吐焰浮烟蘿。天開氣機動，起舞獨婆娑。晨光滿壁佳氣集，客來怪我衰顔酡。袖中隱隱天根雷，欲出不出神所訶。硯漆未爲貴，形古天森羅。夜月碧落影，秋風寰

❶「函」，至順本作「涵」。
❷「夫」，至順本作「僮」。
❸「韽」，原作「鵪」，今據至順本、成化本、畿輔本改。
❹「丈」，原作「文」，今據至順本改。

海波。茫茫兩儀根，日月東西柯。環中方寸地，樂境涵天和。弄丸恣遊戲，觀物供研磨。平生犀韋編，退筆如山阿。成都墨池自尚玄，劉歆醬瓿空作魔。今朝得此天所戲，令人一歎三摩挲。扶摇子，安樂窩，老氣鬱鬱卻日戈。鞭霆裂月未消歇，❶百年光景空蹉跎。冥漠神光恍猶在，❷松風入墨如吟哦。東南澤國尾閭瀉，西北仰看青山多。青山天齊石可磨，安得六丁爲我隳嵯峨。我欲萬年老筆回江河。先生興來不奈何，爲君醉草太古滄浪歌。

示孫諧

龍山古壯哉，鬱鬱盤烟嵐。一讀元子詩，泠然玉泉甘。江山勝境要佳客，而我不到懷應慚。❸雷家髯翁虎眈眈，劉氏遺愛存河南。❹百年喬木動秋色，籃輿誰與供奇探。崑山出美玉，楚國多楩楠。孫郎復貴種，良璞須深函。❺勾萌慎培養，雲霄看嵒嵒。野夫老矣一何拙，平生只有歸休堪。傳經訪道可無愧，爲我早辨龍山庵。

❶「裂」，原作「烈」，今據至順本、畿輔本改。
❷「光」，至順本作「交」。
❸「懷應」，至順本作「應懷」。
❹「遺愛存」，至順本作「性理窮」。
❺「函」，至順本作「涵」。

静修先生遺詩卷三

五言律詩三十六首

書堂旅夜

丈室不自掃，寸心徒爾豪。世途仍險阻，風物故蕭騷。皓月霜洗浄，明河天放高。空庭一片石，獨坐首頻搔。

過唐水望堯山

神化大無外，名山能幾峰？威顔渾咫尺，天日尚雍容。蒲坂堪飢死，重華有舊蹤。三謨讀未老，於此卜巢松。

過奉先❶

閏遼承宋統，此志亦雄哉。置縣名猶在，因山勢已摧。百年元魏史，千古汝南哀。華表鶴應有，悲風海上來。

❶「奉」下，原衍「化」字，今據至順本、畿輔本及目録删。

雜　詩二首

聞昔飛狐口，奇兵入擣虚。人才九州外，天道百年餘。草木皆成騎，衣冠盡化魚。遺民心膽破，諱説戰争初。

關嶺通山後，風謡採路傍。地寒人好壽，草淺畜宜羊。用水如奴婢，從川貯米糧。西風如有約，乘興即吾鄉。

野　興

莽莽榛蕪路，蚩蚩魚肉民。乾坤幾逐鹿，今古一傷麟。眼底人間世，胸中物外春。江山滿花柳，無負百年身。

秋　日

山人久不出，今朝天氣清。秋光濃可掬，草色翠相迎。捫蝨暮山碧，敲門新筍生。歸來重回首，佳處未忘情。

山中憶故人

故人南郡去，消息久無聞。瑶草正堪種，❶白雲誰共分？屋梁驚落月，鵬翼賦垂雲。歲暮一樽酒，高歌如見君。

---

❶「正」，至順本作「止」。

夢採松脂及甘菊

棲遲負松菊，夢寐得甘馨。隱逸喜同臭，流膏味獨青。❶人誰借三徑？天欲制頹齡。毛骨清猶在，枕邊霜露零。

種　杞

法出《千金要》，畦容一席分。灌苗身已健，採實夢先勤。白棘憑誰辨，靈厖只自聞。知音九節杖，惟有華山雲。

戲答人送鹿皮冠

麋鹿山林性，文章冠冕材。頭顱如有此，巖穴更悠哉。老筆天機在，空梁月色來。桃椎應似我，人世莫驚猜。

觀藥爐自戲二首❷

無病不服藥，康節語也。此懷清更嘉。歐陽或有道，韓子豈無瑕。❸羸疾嗟予久，名方信彼誇。回頭謝鷄犬，何日是仙家？「退之服硫黃，一疾訖不痊」，樂天詩也。「赤松共游也不惡，誰能忍飢啖仙藥。已將壽夭付天公，彼徒辛苦吾差樂」，東坡序歐陽子語也。

---

❶「膏」，原作「高」，今據至順本、成化本、畿輔本改。

❷「二首」，原脱，今據至順本、成化本、畿輔本補。

❸「子」，原作「千」，今據至順本、成化本、四庫本、畿輔本改。

地髓服仙草，黄精失採花。徵求遍親友，炊爨罄樵車。屢敗從人笑，偶成容我誇。側聞僮僕語，辛苦是仙家。

閲竇氏名方

人從大節論，士向絶無求。❶ 獻可有先見，老泉多遠憂。方書空物齊，耆舊盡山丘。矯首候斜日，窗中倦鳥投。

眼醫詩卷

火景元中暗，月光徒外明。每當天抹漆，未便目無睛。暗自何年有，明從底處生？若知當告我，心事在蟾精。

褚母節孝詩卷❷

寂寞吾鄉國，才難婦愈賢。題評慚我後，旌表聽人先。艱苦初心盡，安榮老境偏。幽潛天有待，留看百來年。

張監院過

有客敲門久，山人與鶴歸。論文麤草本，换酒當蓑衣。暫會還成别，相歡且莫違。明朝誦佳句，北望謾

---

❶「向」，原作「尚」，今據至順本改。

❷「褚」，原作「楮」，今據至順本、四庫本改。

依依。

寄彦通

吾子今應健，山人老已癡。迷藏高着眼，興廢大觀棋。感遇渾非昔，忘懷若有思。絃歌吾舊隱，寂寞暮春時。

送友生

無人慰幽獨，之子罷登臨。野鶴籠中態，翔鴻天外音。吾儒關世運，晚節見初心。有問山間事，白雲今更深。

盧學士按察江東

不廢芻蕘賤，狂言試一聽。品題停月旦，言動律《東銘》。飲少得真樂，吟多損性靈。清燈《四書》外，澹泊養遐齡。

郭判官按察廣右

謝病三公掾，❶分司五嶺南。桂山天下秀，❷憲府百僚參。夜泊防風浪，晨征避瘴嵐。遥知慈母念，先汝過湘潭。

---

❶「掾」，原作「椽」，今據至順本、畿輔本改。

❷「桂」，原作「柱」，今據至順本、成化本、畿輔本改。

張察院分司臨安

餘杭古佳麗，御史重分司。甘旨足爲養，江山能助詩。梅花春早晚，潮候月盈虧。糾察先從此，❶陰陽恐失宜。

送仲常游北岳

大茂玄都閟，它山拱萬靈。風霆凛神化，河海盡襟形。昂畢空留影，幽并未了青。追風王制變，僭祀世塵腥。禮樂心雖切，烟霞骨有銘。長懷七十户，爲我謝仙扃。

送郝季常赴正陽幕

上黨清涼界，超然慕白雲。名家得之子，勝境若平分。鼓角生新壯，詩書失舊勤。江淮古形勢，有樂在從軍。

送成都術士

邵子不言命，相逢盡此觴。風烟雙白鬢，身世一青囊。玉壘浮雲變，峨眉落日蒼。西游吾有意，先爲謝嚴揚。

宣慰孫公慶七十詩并序

至元二十七年冬，與處士張君、察院張君、提舉郭君、都事張君飲教授趙君所，工匠提舉孫謙繼至。察院

❶「察」，至順本作「按」。

曰：「是家，古世官也，將甲氏四世矣。今其翁正議公階是爲宣慰使，歷事四朝，登秩二品，有子若孫，皆佩金紫，開歲七十，尚躍馬不衰。維爵與齒，實一鄉之望。凡所與游，禮宜往慶，在吾輩，慶宜有詩。」於是約各爲詩一首，言韻、古律不拘。既成，俾諸孫捧觴，歌以獻壽，公宜每篇爲盡一觴，不辭。十二月二十九日，樵庵敘。

爲仁存世職，得壽見陰功。家産千金厚，官銜二品隆。子孫皆貴顯，飲啖尚豪雄。五福誰全備？吾鄉有此公。

何太夫人壽二首

近親宜致敬，❶結友合升堂。薄俗隨遷變，淳風墮渺茫。吾人今復古，此日得稱觴。高詠靈椿句，燕山暮色蒼。

去歲稱觴後，今朝重過庭。將軍不好武，宅相舊明經。拙宦供行樂，忠臣見典形。北堂多竹石，歲晚亦青青。

示張源

堂高餘慶在，道重魯齋傳。洗眼名家後，驚心大學年。白頭負風鑒，青佩見時賢。明日鹿門隱，須君拜我前。

哀徐生

去歲登高句，霜楓秋幾多。東籬成惡讖，西郭動悲歌。天道憐渠在，吾文奈爾何。送君紅樹下，風葉尚

---

❶ 「宜」，至順本作「猶」。

吟哦。生且死，求予銘，爲不朽計。東籬事，見《擊壤集》。

烏古論顯之母夫人挽章

冠帔金源舊，門闌戚里榮。鶴悲人世短，銅泣露槃輕。往事驚波去，新墳宿草生。烏啼原上樹，霜月有餘清。

侍其提學哀挽

初遠過庭訓，擇鄰得子賢。春風渾一月，恩制欲三年。步武思猶在，頭顱愧所憐。念親仍感舊，❶欲語淚如泉。

名醫張國綱挽卷

良醫不出户，真隱要逃名。宿草今如此，春風宛若生。一囊三世藥，兩子萬籯金。平昔憂多病，懷賢倍有情。

劉仲文挽章并序

仲文名郁，祁州蒲陰人。❷少從事亳府軍，謝病歸，杜門不出，以《春秋》左氏學爲業。所居里名黄臺，因以爲號。後仕京師，爲將仕郎。年六十餘，命酌賦詩而終。子元，❸今爲太常奉禮郎。

---

❶「仍」，原作「侶」，今據至順本、成化本、四庫本、畿輔本改。

❷「祁」，原作「析」，今據至順本、成化本、畿輔本改。

❸「元」，至順本、成化本作「允」。

楚塞十年役，黄臺一室春。從軍有何樂？學道不知貧。生子爲名士，居鄉稱善人。死生無所恨，今古一丘塵。

感　事

間氣來西極，逢時稱世賢。學隨人望盡，家要後生傳。魏野赤松句，堯夫樂社篇。❶卜鄰曾有願，❷聞訃重淒然。

贈答徐生

三年不窺牖，城府有山深。於道無少得，多君肯見臨。一盃上池飲，❸千古水仙音。爲子終宵話，相期勞寸心。

七言律詩三十二首

晨　坐

共笑龕中坐已癡，環堂燈火誦聲遲。人才興替世所係，瓶水温涼天可知。差健每因多病後，一寒偏怯欲明時。三年馬隊成何事？採菊南山舊有期。

---

❶「樂」，畿輔本作「洛」。

❷「曾有願」，原闕，今據成化本、畿輔本補。

❸「池」，原作「地」，今據至順本、成化本、四庫本、畿輔本改。

與客會飲野亭

遥岑一碧淡相依，野態行雲共意遲。❶ 多病留侯寧復偉，長身諸葛但如癡。相思千里尊酒盡，永嘯一聲小鳥悲。❷ 風袖翩翩似何處？❸ 青林西北雨來時。

過徐橋

老岸石欄曙色分，只疑身是入山雲。十年往事不回顧，百里清泉如可聞。人世誰教有長路，坤靈終亦化塵氛。興亡更遣陂塘在，幾欲悲歌酒未醺。❹

白溝

寶符藏山自可攻，兒孫誰是出群雄？幽燕不照中天月，豐沛空歌海内風。趙普元無四方志，澶淵堪笑百年功。白溝移向江淮去，止罪宣和恐未公。

過東安趙宋先塋

五季風烟慘晝霾，渠兒有志亦雄哉。累朝禪策皆虚器，千古黄袍又厲階。文物漢唐今已盡，史編南北更堪哀。荒墳一品知何處？猶遣石麟草半埋。

---

❶「共意」，至順本、成化本作「意共」。

❷「小」，至順本、成化本作「山」。

❸「似」，至順本作「此」。

❹「未」，原作「東」，今據至順本、成化本、四庫本、畿輔本改。

過東安

干戈天亦厭紛紛，豪聖千年共幾君。太祖無心亦徒説，吾兒有志更誰云。悲歌莫管千秋後，王氣應無一品墳。今古區區等如此，五陵哀鴈入秋雲。

登武遂城❶

神州英氣鬱高寒，臂斷争教不再連。千古傷心有開運，幾人臨死問幽燕？平生卧榻今如此，百萬私錢亦可憐。咫尺白溝已南北，區區銅馬爲誰堅？

登中山城❷

黄金一夕冷如鑌，劉項蕭然恐未真。世事惡盈應有數，天心撥亂豈無人！陵遷谷變横流地，卵覆巢傾死節臣。毛髦諸孫生氣在，❸九原精爽凛猶新。予曾伯祖奉議府君，貞祐初死節中山，而舉族没焉。❹

望易京

亂山西下鬱岧嶢，還我燕南避世謡。天作高秋何索漠，❺雲生故壘自飄蕭。誰教神器歸群盗？只見

❶「遂」下，至順本有「北」字。

❷「山」下，至順本有「北」字。

❸「髦」，至順本作「髮」。

❹「舉族」，至順本作「降」。

❺「漠」，至順本作「寞」。

金人泣本朝。❶莫怪風雷有餘怒，田疇英烈未全消。

七月九日往雄州

秋聲浩蕩動晴雲，感慨悲歌氣尚存。洒落規模餘顯德，承平文物記金源。生存華屋今焦土，忠孝遺風自一門。白髮相逢幾人在？蒼烟喬木易黄昏。

武陽故臺

仁義徒令此舌存，轍環初不捄紛紛。天公欲爲秦漢計，野色更無燕趙分。滿眼兵塵餘故壘，一聲樵唱入秋雲。擬乘碣石觀滄海，易水東流去不聞。

鄉先生漢韓太傅嬰墓

章句區區老益堅，百年輒死已無傳。四詩今併毛公廢，三策聊存董相賢。祀典曾聞鄉社在，荒墳重爲里人憐。絃歌燕趙今誰見？高咏周南獨慨然。

定興文廟枯杏復花其尹求詩縣，吾奉議府君故治

手澤天教檜蘗存，窮鄉枯朽亦霑恩。敢將吾道論榮悴，且喜甘棠見子孫。但使儒林有根柢，會看寒谷變春温。題詩當作諸公唱，百里東州又故園。

宿華陽臺

石徑盤盤擁亂霞，雲間雞犬是誰家？空山月出人境失，高樹露涼秋氣加。蜀道青天休種杞，武陵流水

---

❶「金」，原作「今」，今據至順本、成化本、畿輔本改。

漫尋花。太行東北三千里，盡借晴嵐染鬢華。

又

夙志經綸尚未乖，消人閑去只蓬萊。龍門正要書堂在，天柱誰分户帖來？雲外久遲黄鶴至，夢中曾採紫芝回。秋風何日飛來得？重免移家載酒醅。

飲聞雞臺

出門人事厭紛紛，春色三分已二分。十步離山九回顧，一杯到手百無聞。蒼茫天地有如此，磊落古今何獨君。欲向荒臺問遺迹，水明沙浦只行雲。

宿鄉僧致公房

倦客歸來借夕眠，偶因相敬識君賢。常勤有酒邀陶令，❶每愧無衣謝大顛。❷謂暢墨名聊汎應，論周陰助豈誠然。❸平生親切冠巾語，欲發還休亦可憐。

---

❶「勤」，四庫本作「思」。「邀」，至順本作「沽」。

❷「大顛」，原作「太巔」，今據至順本、四庫本、畿輔本改。

❸「周」，原作「同」，今據至順本、成化本、四庫本、畿輔本改。

九月晦日過鎮州宿趙徵士皇極道庵❶

慘酷姦訛禍世親，翕張那復見真淳。❷藏來龜六終留殼，調中狙三已自塵。符藥真能度衰俗，樵漁卻恐有幽人。❸摩挲石刻皆名筆，庭下寒花不似春。庵取象龜藏六。

宿趙山人房有懷

書劍南游氣吐蜺，歸來華髮首難低。江山應識千年鶴，豪傑空慚半夜雞。物外有天藏太古，人間無地種丹萸。❹相思日暮一杯酒，望斷碧雲何處棲。

宿龍宮

擬欲題詩贈白雲，且傾濁酒洗塵氛。閑將談笑論當世，卻喜稱呼是隱君。天柱舊曾分户帖，神林今又有移文。夜深長鋏悲歌罷，此曲山靈恐未聞。

玉乳峰

亂山如擁欲争先，惟許孤峰入馬鞭。舊見劍光曾犯斗，誰教箭筈亦通天。只應絶頂千年石，中有齊州九點烟。安得淩風乘此去，東游滄海看桑田。

---

❶「月」，原作「日」，今據至順本、成化本、四庫本、畿輔本改。

❷「那」，至順本作「無」。

❸「樵漁」，至順本作「漁樵」。

❹「無」，至順本作「何」。

洪　元　宫明日擬到天城

樹邊平野接晴霞，脚底清江走白沙。方外道人留客住，門前塵世倩山遮。自慚爛賞無多暇，更有行窩第二家。烟雨兩坡皆古木，❶興來便作上天槎。

唐張忠孝山亭故基

斷碑藩鎮記當時，杯酒談兵少牧之。山色何曾間今昔，人才初不限華夷。水波風起心猶壯，木杪秋生鬢已知。莫更候雲臺上望，武陽禾黍亦離離。

雙清空堂遺趾❷

心遠由來地自偏，若分心迹已非賢。結廬人境元無害，跨鶴揚州更兩全。石頂經龕有隨處，山中學舘竟何年？馬頭果要爲初祖，擬問西巖借一廛。

張　氏　西　園

水府生烟晚更蒼，翠陰含雨暗生凉。人間豈有赤松子？天上應無緑野堂。一日平原驚客散，千年郭隗又臺荒。誰教老樹夕陽在，留與憑欄遺興長。

賈　氏　溪　堂

澮澮春波遠更宜，丘山華屋總成非。來今往古年華在，厚地高天人力微。世上紅塵無此客，杯中明月

---

❶「坡」，至順本作「陂」。

❷「空」，至順本無此字。「趾」，至順本作「址」。

有清輝。燕南盛事君須記，曾爲東湖盡醉歸。

憇謁山寺

石田霜落晚蕭騷，一徑禪扃亦自高。九萬里風安税駕，三千世界等秋毫。山哀自苦天相罩，❶秋老不禁詩太豪。西望雙龍有高隱，結庵終擬近林臯。

會飲北山

相逢相飲莫相違，往事紛紛何足悲。别後幾經滄海淺，歸來豈止昔人非。此山變滅終如我，後會登臨知與誰？今古區區等如此，不須辛苦歎斜暉。

暮春山游

萬山傍遶翠争新，兩澗平分月有鄰。木杪柴關如看畫，松陰苔徑欲凝塵。浮雲柳絮人間世，流水桃花物外春。杯酒狂歌極浩蕩，野烟晴樹望中匀。

春日游山

川氣迎晴澹作春，泉聲招客浩如神。隨時俯仰有魚鳥，乘興往來無主賓。碧水白鷗心共往，浮雲蒼狗態誰真？平生經濟程夫子，年少看山意已親。「不是吾儒本經濟，等閑争肯出山來」，明道少作也。

---

❶「自」，至順本作「似」。

西山雅會

山色舊無今日濃，雅期新得與君同。胸懷霽月千年後，尊酒春風一月中。❶静裏乾坤無彼此，眼中花柳各青紅。高情久已忘琴了，誰管殘陽送去鴻。

水北道舘

會從氣朗看春朝，始信蘭亭水石遥。物外壺公能避世，山中巢父不知堯。波間明月隨吾取，松上白雲如見招。曉策重來有成約，無妨談易對漁樵。

---

❶「尊酒」，至順本作「樽俎」。

靜修先生遺詩卷四

七言律詩五十七首❶

有懷

百年身世付秋毫，萬里雲霄有羽毛。樓上詩成山欲動，眼中人去氣誰豪？崔嵬自可兄呼石，憔悴直須僕命騷。尊酒論文復何日，西風迢遞暮鴻高。

九日客至

有人車馬訪柴桑，怪見寒花滿意黄。莫對西山談世事，❷試將華髮照滄浪。淵明不與白蓮社，程子猶憐緑野堂。他日燕南話耆舊，此回風味亦難忘。

除夕

莫道春風室罄懸，試看孤影伴頹然。浮雲往事空千變，清鏡明朝又一年。頭上無繩繫白日，胸中有石

❶「七」，原作「九」，今據實際詩文篇數改。

❷「西」，至順本作「青」。

補青天。幾時能了西山約，六角黄牛二頃田。

秋　夜

已喜山深稱野情，每慚無物慰諸生。人貪日課不時睡，❶雞爲誦音長早鳴。❷病後端居信張詠，静中未發有延平。誰知今日絶絃意，卻恐人間知此聲。

又

坐困沉思强起行，虚庭涼露下無聲。爲爾寂寂人莫笑，不肯碌碌君何成？萬古興亡天亦老，百年身世夜難明。情知不爲學仙去，也欲蓬瀛寄此生。

新　曆

山家曆日年年有，林鳥園花報四時。建戌預求尋藥月，逢辰要及種瓜期。胸中《堯典》二三册，❸夢裏《豳風》第一詩。餘韻千年宛如在，晴窗捲卷不勝悲。

---

❶「人」，至順本作「書」。

❷「音」，至順本作「聲」。

❸「册」，至順本作「策」。

偶成

自覺筋骸老漸頑，曾經堅脊度危關。清霜烈日留身後，秀氣春風滿座間。❶後有頹波知底柱，❷莫教秋色避南山。雲鵬税駕今無地，羡殺江鷗儘日閑。

放歌

莫道人生能幾何，金銀宫闕亦無多。垂楊流水輕風裹，碧落銀河暮雨過。天地此身真逆旅，雲山到處是行窩。九原唤起堯夫老，❸我舉一杯君試歌。

野興

得意江山入酒尊，乾坤英氣未沉淪。莫思世事兼身事，不薄今人愛古人。明月清風無盡藏，野花啼鳥一般春。客來惟説烟霞好，只恐先生醉後嗔。

秋郊

行過青林徑欲還，誰家茅屋在林間？雲初湧出半含雨，風漸吹開微露山。世味嘗來知懶貴，物華老盡覺秋閑。天教勝境爲詩敵，未許幽人穩閉關。

---

❶「滿」，畿輔本作「撫」。

❷「知」，畿輔本作「如」。

❸「夫」，原作「天」，今據至順本、成化本、畿輔本改。

西湖

水竇深藏十畝烟，賣書真欲買魚舡。數椽破屋已自足，四海虚名良可憐。醉後不知清露下，興來擬共白鷗眠。濂溪謾有當年志，老去而今只愛蓮。

對菊

迂踈不辨一身謀，鬢髮空添四海憂。畫本流民今復見，詩家逃屋爲誰留？黄茅安得千間厦，白布空歌萬里裘。政有南風曲中意，可能獨醉菊花秋？

憫旱

農夫看雲淚亦乾，靈湫誰信欲生烟。萬金良藥汗猶出，一寸丹心天可旋。未便無飡思樂土，❶不禁憂國願豐年。爲瞻河漢中霄起，❷獨對殘燈理斷編。

城樓待雨

雨入江樓勢欲吞，雷轟何止語難聞。未憂彼岸將爲壑，只恐吾山盡化雲。風伯爲誰能卻敵，物華依舊歎如焚。百年人事今如此，猛拍闌干怨夕曛。

溪光亭看雨

萬山齊擁白烟來，木杪先聲失怒雷。海岳奔崩换毛骨，乾坤收斂入胚胎。龍公所藴有如此，塵世一清

---

❶ 「飡」，至順本作「食」。

❷ 「瞻」，至順本作「占」。

何壯哉。坐看神功空束手，夕陽華髮對蒼苔。

積　雨

萬象何爲入杳冥，懸知物外自高明。前年憂旱有今歲，半月閉門如一生。捧日謾勞中夜夢，補天誰識寸心誠！陰雲政使高千丈，坐愛魚頭恐未平。

秋　霖

春旱泥倉恐謾傳，誰從積雨得豐年？❶麻衣有垢供秋蘚，土銼無文换曉烟。果爲松薪禁明月，真教斥鹵變桑田。胸中幾許晴霓在，四海霖霪獨慨然。

次韻閔雨

己酉豐凶不偶然，❷今年千里土生烟。夢游樂國每嫌覺，望見仙雲猶酷憐。❸畢竟蛟龍思得雨，何勞蟣虱謾呼天。山人萬慮消磨盡，惟有憂農阻静便。

癸酉大雨次人韻

黑風吹海入天瓢，誰信銀河直下潮。渾沌只疑還太古，規模應欲復唐堯。衣冠半夜方孤坐，塵溷千年共一漂。且喜開簾見白日，不須隴畝問秋苗。

---

❶「積」，原作「得」，今據至順本、成化本、畿輔本改。

❷「豐凶」，至順本作「凶豐」。

❸「望」，原闕，今據至順本、成化本、畿輔本補。

海南烏

越鳥群飛朔漠濱，氣機千古見真純。紇干風景今如此，故國園林亦暮春。精衛有情啣太華，杜鵑無血到天津。聲聲解墮金銅淚，未信吴兒是木人。

白海青 一名玉爪駿

扶餘玉爪舊曾聞，青鳥猶needs海氣昏。掌上風標有如此，眼中神駿更憐君。平蕪未洒頭鵝血，❶春水誰開獵騎門。過鴈昏鴉莫回首，霜拳高興在空雲。

爆栗

山家愛客夜留連，奮發驚聞一栗先。鑿竅誰言無渾沌，弄丸今喜得天全。❷香甘合用金甌選，冷淡那容玉版禪。回首燕秦幾陵谷，眼中繁富竟何年？近世山家避栗税，往往伐去。

醉梨

白雪春香洗未殘，玄霜誰遣凍成團？漆封圓顆盤增滑，❸蜜和濃漿齒避寒。緑蟻從今忘病渴，金花無地着餘酸。快人風味依然在，莫作尋常軟熟看。

---

❶「平」，原作「苹」，今據至順本、四庫本、畿輔本改。

❷「今」，原作「金」，今據至順本、成化本、四庫本、畿輔本改。

❸「漆」，原作「涞」，今據至順本、成化本改。

飲江漢白

高亭飲興動江山，爲捲灘聲入座間。糟麯真能釀滄海，魚龍直恐盡神奸。襄流謾説葡萄暖，仙國曾分玉液慳。聞道兵塵埋楚甸，一杯誰與洗愁顔？

薔薇酒

顔色酴醾茉莉香，琉璃到手會須嘗。一杯滄海泡成幻，萬古花庵醉有鄉。涼冷併收天水碧，輕醇猶帶女真黄。❶錦囊盡貯春風在，別是仙家不老方。服食家有餌薔薇法。

黄精地黄合釀甚佳名以地仙酒❷

仙家名品對嵯峨，誰信幽人用物多？酒面白雲招我在，杯中華髮奈君何。西山秀氣斸欲盡，易水寒聲釀亦和。未望天行至千歲，舉觴當和紫陽歌。「雲卧天行，非予敢議。守一處和，❸千二百歲」，晦翁《調息箴》也。

玉柱雙清香

二氣元從太極分，浮雲起滅見來真。白虹貫日豪華散，底柱中流意象新。方寸有靈涵大塊，頭顱無物隔蒼旻。藍田萬頃烟生玉，❹未辨晴窗半穗春。「心無外，體無間」，吾《薰爐銘》也。

---

❶「醇」，原作「浮」，今據至順本改。成化本作「淳」。

❷「甚佳」，至順本無此二字。

❸「守」，原作「宁」，今據至順本、成化本、四庫本、畿輔本改。

❹「頃」，至順本作「里」。

玉　簪

花中冰雪避秋陽，月底陰陰鎖暗香。玉瘦每憂和露滴，心清惟恨有絲長。且留宛轉圍沉水，莫遣聯翩入粉囊。只許幽人太相似，蒼苔踈雨北窗涼。

反垂柳短吟

偃蹇高松雪謾飛，最憐憔悴緑楊枝。青絲曾識鶯聲軟，黄葉俄驚馬足遲。有分只偷春色早，無心要結歲寒知。不應再得東風力，更與行人管別離。

次韻劉尚書尊號禮成

萬姓瞻天仰泰階，老人星現五雲開。混同直擬千年論，積累元從百世來。❶含哺豈能逃帝力，有根無不待春雷。舉頭日近長安遠，葵藿傾心即壽杯。

答或者以所注孫子見示二首

學術兵農豈盡無，規模如此亦區區。權書不免增多口，霸論誰教混一塗。❷親手申韓如果有，許身管樂未全誣。千秋萬古《中庸》在，留與横渠作後圖。邵公武《讀書志》，有横渠少年註《尉繚子》一卷。

誰遣歐陽筆有神，微詞端不赦堯臣。樵夫見笑寧無媿，童子羞稱亦可人。但得躬畊全性命，猶勝偏霸

---

❶「元」，原作「無」，今據至順本、成化本改。

❷「塗」，至順本作「途」。

在風塵。蒭蕘一語宜深聽，樓上元龍且莫嗔。

次韻答范陽郭生

默坐誰窺樂境深，無絃初不用知音。曲肱睡起亦何事？❶弄月歸來徒自吟。多媿寄書勤訪道，未嫌傾蓋即論心。西山百里平如案，欲認東州烟雨侵。

次韻答趙君玉

萬古西山翠不休，一庵今在白雲頭。開軒招月淡相對，倚杖聽泉清可收。已喜陵空有高興，❷豈知卧病阻同游。南湖燈火十年夢，舊好何時得重修？來詩有「千嵓萬壑春風動，安得陵空訪静修」之句，故及之。

傅彦和壽予詩以韻答

遯世今成壁立山，傷時時復井生瀾。希夷老不留張詠，康節初曾笑謝安。歲月妬人雙鬢老，江山分我一杯歡。因君喚起扁舟興，擬畫臨流白帽間。

次韻答王之才見寄

瀟瀟霜葉打窗疎，耿耿寒燈伴獨居。鄉議謾評康節僻，後賢方識子雲書。詩成已破三緘戒，臂穩因思九折初。明日相望在何處？青山佳處即吾廬。

---

❶「肱」，原作「胘」，今據至順本、成化本、四庫本、畿輔本改。

❷「陵」，至順本、四庫本、畿輔本作「淩」。本詩下同，不再出校。

次韻答張夢符❶

癯然一榻卧成痕，多病人踈自古云。執别三年猶念我，開緘千里若逢君。家聲舊仰遼東鶴，才望今稱冀北群。每憶琴尊前日雅，幾迴搔首賦停雲。

寄張之傑

便擬庭闈捧檄過，直須隨俗苦揚波。一瓢有樂誰云細，三釜無歡亦謾多。戰國遺風餘管樂，南朝清議尚王何。見人時樣知吾拙，獨誦滄浪太古歌。

寄彦通

青芻白飯思悠然，❷燈火山亭暮雨前。不意相思渾百里，直教一别動經年。久甘分席樵夫下，敢望過門長者先。自是烟霞愛招客，可無佳句助清妍。

示彩鱗

相思擬話百年情，燈火直須幾徹明。繼志未論班氏史，隆師何用鄭公名。人間忠孝寧無責？學術淵源先有盟。欲寄君詩仍感泣，野夫能有幾門生！

示有寄

南鄰新膾北鄰醅，莫忘蓮湖舊釣臺。根底自宜留故土，焰中真見有寒灰。短長無就相形看，消息當從

---

❶「符」下，至順本有「侍郎」二字。

❷「悠」，至順本作「依」。

既往推。遥想西城共登眺，水光山色亦悠哉。

付阿山誦

十畝荒田不自耕，半空樓觀幾時成？人因遇困方言命，我爲求奇反喪名。此去要知燈是火，向來空指鴈爲羹。新詩銘在山童口，百過高歌告乃兄。

送董巨濟尋親

花繞東鄰竹馬鞭，春隨西舍板輿肩。白雲尚在棲遲地，綵服俄驚喜懼年。樵爨定知生處樂，兒孫多向老來憐。阿翁別後還家夢，比擬思親恐未偏。

送人官浙西

江海十年幾戰酣，劫灰飛盡到畊蠶。亂離文物想猶在，凋弊徵科恐未堪。眼底興亡即今古，胸中形勝欠東南。因君漸有扁舟興，佇待清風洗瘴嵐。

送人官吴中

天徹藩籬要混通，古來佳麗數吴中。送君如對秋風起，恨我不隨江水東。五瘴可妨鄉土異，❶孤雲須念母心同。畫圖留取風烟看，莫趁并刀一剪空。

張仲賢宣慰淮東過余山中臨別贈詩庸見定交之意云

昨夜相逢終夕話，今朝送别百年情。世緣盡付禪心在，官况併隨詩境清。此日拯焚猶有望，他年勇退

---

❶「可」，四庫本作「何」。「妨」，至順本、成化本作「防」。

豈無盟。知君苦愛希夷老，莫厭山深不寄聲。

郭太守提舉松江

蔡公聲望動江東，應識頭顱肖外翁。陵谷初經新化日，蓴鱸不似舊秋風。看雲正要忘憂計，避瘴無如寡欲功。萬里吴松憑寄語，并刀明日試胸中。

贈韓道人

積學輸君氣稟真，❶胸中鵬賦自陵雲。❷靈砂换骨知何物，道籙降心亦謾云。銅泣露槃經幾見，鶴言華表竟誰聞。風流大父承平事，賴有當年李少君。韓及識余先大父，今百三歲矣。

贈司馬道士

仙界清涼亦陸沉，風流儒素渺難尋。白雲自解留佳客，青帔端能爍壯心。知己未論鵬鳥賦，移人先聽水仙琴。野夫近有南來興，❸乞我庵前十畝陰。司馬氏，陵川名家。陵川，❹或謂清涼境界。

---

❶「君」，至順本作「翁」。

❷「陵」，至順本、成化本、四庫本、畿輔本作「淩」。

❸「夫」，至順本作「人」。

❹「川」，原作「此」，今據至順本、成化本、四庫本、畿輔本改。

贈趙丈八十詩 并敘

趙丈字澤民，金義宗初年，應律科，中天下第一，❶授商州知法，尋除左部檢法，遷新息令。北渡，客順天。中統初，擢爲左三部司正，致仕，景州判官。爲人樂易寡默，嘗與先人同應真定宣撫司辟召，故予以父執事之。今年八十餘，里人好事者榮其壽，諸公爲賦詩，而求余倡焉。

律學專門自可疑，更從報施論心期。干戈留在三章法，松菊歸來兩鬢絲。再世通家惟此老，❷百年涉世亦吾師。平生辨作耆英序，慚愧胸中壽域碑。

都山劉丈九十詩卷

感事還悲負米身，此生無復九齡親。干戈誰共知年喜？天地猶全愛日真。❸只擬商顔亦秦土，豈期唐水尚堯民。胸中壽域平生在，開卷題詩覺有神。

訾相士詩卷

形聲感物即天成，善惡因心有相生。人事百年隨反覆，天容一日幾陰晴。僕夫茗椀何妨共，厮役王門未可輕。不向訾家洲上醉，胸中風鑒恐難平。

❶「律科中天」，原作「科中天律」，今據至順本、畿輔本改。
❷「世」，至順本作「拜」。
❸「猶」，至順本、成化本作「獨」。

題贈郄道人詩卷

開卷烟霞著莫人，紫芝瑶草憶芳尊。❶ 法筵古禮存三代，野服遺風見一痕。唐水堯山猶樂國，葛洪張果有仙村。何時輦母東鄰了，老婦烹茶自應門。

哭　申　也

悲來思汝不可置，揮淚問余何所悲？青欲出藍今遽爾，白能受采復誰期！粥杯屢進知君篤，藥裹親嘗豈我欺。從此塵編只獨理，❷不堪燈火夜涼時。

哭王之才編修

草草離觴記去年，誰知此别是終天。傳雖成癖今安用？史未爲榮應自憐。四座高談宛猶在，一經白首竟無傳。❸ 交朋日與來書少，不過西州亦泫然。

千户喬侯挽詩卷

拱木秋聲尚凛然，平生鄉國愧幽燕。千家聚落郎山砦，四海牢籠敕勒天。❹ 龍虎風雲空一夢，關河形勢記當年。重侯累將應須念，創立艱難亦可憐。

---

❶ 「憶芳尊」，至順本作「一方樽」。

❷ 「塵」，至順本作「陳」。

❸ 「首」，至順本作「髮」。

❹ 「勒」，原作「勤」，今據成化本、四庫本、畿輔本改。

孫沁州哀挽

驚看哀誄爲君傷，一面十年不易忘。秦府舊稱天下選，燕人元有北方强。平生豪氣餘丘土，寤寐神交只月梁。聞説條陳有遺草，承家洗眼看髯郎。

静修先生遺詩卷五

五言絶句十五首

偶成

夢回聞雨聲，忽覺是風葉。問余何以知，仰見梁間月。

偶書二首

纍纍山下塚，渺渺嶺頭雲。歲晚不歸去，笙鶴應望君。

昨日宋人苗，今日牛山木。寄語芒芒人，管取牛羊牧。

明珠穴

山從何時裂，珠去誰當還。餘光爛猶在，照我方寸間。

盆池

有月湛秋影，❶無風生小波。澄心一相對，今夜興如何。

---

❶「湛」，原作「漸」，今據至順本、成化本、畿輔本改。

溪橋步月圖

山中有幽人，獨步溪橋月。莫問興如何，披圖亦清絶。

出　花

下石緑珠井，炙面昭君村。坐令宜花地，亦復愁移根。

史處士挽章

平昔未相識，幾回曾寄聲。今朝聞謝世，便有故人情。

春 露 亭 書

老樹含春容，寒泉動幽響。念彼山中人，風露恣清賞。

觀石佛有感

明月露如洗，❶白雲春自生。❷石邊有枯木，風至亦知鳴。

吕洞賓畫像

微茫洞庭曉，瀟洒崑崙秋。海蟾生碧天，相從何處游。

❶「露」，原作「雲」，今據成化本、畿輔本改。

❷「雲」，原作「露」，今據成化本、畿輔本改。

絶句

溪童出門望，鷗鷺滿空下。江水淡無情，❶盡是忘機者。

鴈圖

夢迴烟水寒，鴻鴈驚不起。道人心久閑，❷相忘有如此。

商方爵

商爵既云古，那堪形更奇。不宜燕市酒，雅稱野夫詩。

算盤

不作甕商舞，休停餅氏歌。執籌仍蔽篚，辛苦欲如何！

七言絶句七十一首

顔曾二首

陽光浩蕩斂秋容，陰景深沉暖漸融。萬古顔曾留意象，洪爐春滿聖門風。

剪冰成雪舊知冰，摶雪成冰見未曾？到底春風同一貫，要從此地識顔曾。顔愚德、曾魯質。

❶「情」，原作「清」，今據至順本、成化本、四庫本、畿輔本改。

❷「久」，原作「又」，今據至順本、成化本、畿輔本改。

雜　詩五首

老兔雏雞自有春，壺冰澈底照來真。驢鳴畢竟渠皆聽，解識天機得幾人？

水華庭草思悠然，風月濂溪有正傳。二十四年成主簿，❶已知隨柳過前川。

天教觀物作閑人，不是偷安故隱淪。要識邵家風月興，一般花鳥華山春。

寒氣常侵一半春，詩家道體説來真。不教曉入雄雞口，誰喚南窗打睡人？

湯鼎石壇老眼親，陰陽誰見屈中伸，年來併識顔家樂，十月天教薺麥春。

癸酉新居雜詩九首

一時賓主記從容，萬古風流在洛中。未敢空中望康節，且從實地學温公。

邢恕無端尚可優，朱王那肯復蘇讎。程門萬古春風在，百草千花得自由。

野店襕衫蓋世雄，徂徠几杖列兒童。平生自恨無師友，千古空聞圯下風。

一語希文鑄大儒，太山纔了又横渠。紛紛諸子燈前寢，未管春風朽木蘇。

樂事相關禽對語，生香不斷樹交春。程家若要觀生意，卻恐鳶魚畫不真。

野色更無山隔斷，天光直與水相通。不須中夜深思省，卧我高樓霽雨中。

牛山昨日恨相忘，今日齊苗苦未長。會待明年新雨足，功夫留著護牛羊。

---

❶「成」，至順本、成化本作「程」。

投詩厠裏紛紛口，置筆藩間苦苦心。千古高風一瓢飲，❶不從文字得知音。

仲舒不草漢三策，韓愈欲成唐一經。三百年來麟未泣，不知編簡向誰青！

道境

道境相看滿面春，平生心事數來真。南山正在悠然處，未肯回頭錯應人。

漫題

乾坤未覺化機停，世態難逃醉裏醒。❷共見白雲又蒼狗，豈知蜾蠃即螟蛉。

漫記 四首

天幕高懸兩部蛙，水光山色照黄家。忘情未便真忘得，憶竹栽蘆强自誇。

我自無行便是藏，更將何物要韜光。東睪幸有牛溪在，卻向長安説醉鄉。

百錢破釜發長歎，一局贏棋爲解顔。❸擾擾自無安脚處，幾人打透利名關。「透得利名關，便是小歇處」，見趙顯卿手簡。

應物何嘗累我真，禪家怖死强忘身。昨朝一讀雍行録，卻笑當年墮甑人。

---

❶「瓢」，原作「飄」，今據至順本、成化本、四庫本、畿輔本改。

❷「難」，至順本作「能」。

❸「贏」，原作「羸」，今據成化本、四庫本、畿輔本改。「棋」，原作「楳」，今據至順本、成化本、四庫本、畿輔本改。

感　興七首

江山心境儘風神，弧矢襟期記此身。説與求田田舍叟，遨遊何必故鄉春。

優游千古禍成胎，冷雨踈烟撥不開。卻喜夷吾成霸業，又思漢武亦英材。

天理胸中霽欲流，黄浮眉宇酒浮甌。生香似見花交樹，引得游蜂舞不休。

霜落江湖水太清，巖巖山色欲秋争。争如一覺南窗睡，門外春風草自榮。

功名藉口爲蒼生，唐漢英風未易輕。千載興亡舒卷了，區區勳業亦何成。

斷簡殘編絶賞音，誰從百鍊見真金。龍門千古遺歌後，更覺良工獨苦心。

按劍無人誅武后，斲棺終恨貸朱梁。一杯爽氣迎秋隼，❶何處雲山是致堂？

書　事五首

當年一線魏瓠穿，直到横流破國年。草滿金陵誰種下？天津橋畔聽啼鵑。

卧榻而今又屬誰？江南回首見旌旗。路人遥指降王道，好似周家七歲兒。

朱張遺學有經綸，不是清談誤世人。白首歸來會同舘，儒冠争看宋師臣。

風節南朝苦不伸，泝流直要到崑崙。世宗一死千年欠，此是黄河最上津。❷

---

❶「杯」，畿輔本作「林」。

❷「津」，至順本、成化本作「源」。

唱徹芙蓉花正開，新聲又聽採茶哀。秋風葉落踏歌起，已覺江南席捲來。

試　筆

眼花不見義之俗，口快争言杜甫村。擬欲鑿山藏此筆，高情千古約重論。

讀　史

中才隨世就功名，恰似焦桐爨下鳴。到底中郎唯兩耳，人間多少不平聲。

讀史謾題❶

眼底權奸漢室空，伯喈文舉亦才雄。王畿廟号關何事，亦在區區論建中。❷

梁　甫　吟

功名且就漢庭多，畢竟曹瞞累我何。汶上千年英氣在，有人梁甫正高歌。

寫真詩卷三首

龍祠岳廟盡冠巾，雨露何關土木身。不是二程窮物理，誰從一髮辨天真。

彼此相懸一髮邊，聖賢廟貌幾千年。周郊自有圜丘在，莫道金人便是天。

共説雲雷起畫龍，聲容誰道影堂空。含糊若信俗儒論，已落三家僭禮中。

❶「題」，至順本作「記」。

❷「亦」，至順本作「卻」。

曾點扇頭二首

晉楚英雄管晏才，當時真眼向誰開？❶狂生携著魯兒子，獨向舞雩風下來。

獨向舞雩風下來，坐忘門外欲生苔。歸時過着顔家巷，説與城南華正開。

燕居圖

伊川門外雪盈尺，茂叔窗前草不除。要識唐虞垂拱意，❷春風元在仲尼居。

堯民圖

罼夔遺像凜猶存，更比淩烟意氣真。但使尊前有如此，不慚只作許東鄰。

許由棄瓢圖

人間洪水正横波，❸堂上南風入浩歌。❹兩耳區區無著處，一瓢孰與萬幾多？

夷皓

萬古人心自有堯，直教夷皓怨難消。憑誰移去安歸歎，换作康衢擊壤謡。

---

❶「向」，原作「尚」，今據至順本改。

❷「要」，至順本作「共」。

❸「洪水正横波」，至順本作「極目盡洪波」。

❹「堂上」，至順本作「誰引」。

龜蓮圖

龜約蓮香上翠盤，四灵長向畫中看。題詩記我千年恨，風月無聲洛水寒。

書李渤聯德高蹈圖❶五首

方寸無窮皦皦天，豈惟毛髮要歸全。❷臨終一聽曾元語，愈歎黔婁有婦賢。

天意行藏我自知，區區猿鶴亦何爲。室無萊婦君休恨，免使狂歌誚仲尼。

江湖魏闕有心期，莫怪先生起太遲。寄謝移書韓博士，山妻元不解啼飢。

諸生課罷弄烟霞，紡績乘閑爲煮茶。白鹿高風有誰繼？草堂貧女晦庵家。

萬里江鷗不易馴，百年我愛隱君秦。❸歸來匹婦休相笑，❹老眼真能混世塵。

幽人圖二首

無媒路逕草蕭蕭，❺山鬼修篁夢轉遥。手撚幽香意何遠，爲誰終日面峊嶢？

澗響無心和考槃，雲容有意近長安。野猿窺破中宵夢，卻恐山靈不易謾。

---

❶「書」，原作「畫」，今據至順本改。

❷「歸」，原作「是」，今據至順本、成化本、四庫本改。

❸「君」，至順本、成化本作「居」。

❹「來」，原作「未」，今據至順本、成化本、四庫本改。

❺「路逕」，至順本作「徑路」。

高卧圖

萬里青山卧平地，世間何物是元龍。無人説與劉玄德，君在青山第幾重！

華山圖

水墨驚看太華蒼，夢中千載果難忘。三峰雖乞希夷了，應許劉郎典睡鄉。

孫尚書家山水卷三首

扁舟老樹傍蒼崖，好似今秋雪嶺迴。試問黄塵山下渡，幾人曾爲看山來？

諸公久矣笑吾貪，是處雲山欲結庵。只有皇卿解貲助，畫山須畫靜修龕。謂皇甫安國。

畫圖題品代移文，寄謝神州老使君。❶欲乞龍山恐孤絶，南州隆慮且平分。

郭氏家山圖

鹿門烟影接隆中，翁媪通家社酒紅。只有山童最神駿，舊曾床下拜龐公。

雲山晚景圖

天機濃淡出巖姿，夢境風雲入壯思。畫裏青山照白髮，行藏渾似倚樓時。

春雲出谷横披

筆底天機幾許深，雲容直欲見無心。苦心只許詩人會，❷不爲題詩亦未尋。

---

❶「州」，至順本作「川」。

❷「詩」，原作「時」，今據至順本、畿輔本改。

秋山平遠圖

南山千古一悠然，誤落關仝筆意邊。急著新詩欲收領，已從慘憺失天全。❶

郭熙山水卷

嵓姿秋意淡無弦，烟影天機滅没邊。更看山翁掩書坐，❷只應人境兩翛然。

李伯時馬

足不能行氣自馳，天機深處幾人知？世間無物能形此，除我南窗兀坐時。

祖愚庵家藏畫册二首

敗荷野鴨

畫裏瀟湘自要秋，詩家野鴨謾多愁。試看翠減紅銷處，好稱江清月冷舟。

風柳牧牛

遠意昇平畫不勝，牛邊烟樹渺層層。前頭恐有桃林路，百唤溪童不解膺。

題宋理宗詩卷後❸

已未天王自出師，眼前興廢想當時。臨江釃酒男兒事，誰向深宫正賦詩？

---

❶「憺」，至順本、畿輔本作「澹」。

❷「看」，至順本作「着」。

❸「宋」，原闕，今據至順本、成化本、畿輔本補。

里社圖二首❶

賦薄徭輕復有秋，天恩帝力爲誰優。老盆醉殺村夫子，盡道今年好社頭。

亂後疲民氣未蘇，荒烟破屋半榛蕪。平生心事羲皇上，回首相看是畫圖。

❶「二首」，原脱，今據至順本、成化本、四庫本、畿輔本及目録補。

静修先生遺詩卷六

七言絶句六十一首

新居

萬事休關百病身，書囊藥裹最相親。年來愛與漁樵話，恐有無心失位人。

偶書

平生積學連城璧，萬古虛名衆口金。午睡覺來門巷静，雨晴風細鴿笙鳴。

晝睡

世事悠悠莫謾驚，直消鼻息幾雷鳴。高松似會幽人意，也學齁齁枕上聲。

睡起

晚醉城南不記回，虛簷高枕藉莓苔。❶酒醒涼意瀟瀟在，❷應是前山送雨來。

---

❶「莓」，至順本作「蒼」。

❷「瀟瀟」，原作「消消」，今據至順本改。成化本、四庫本、畿輔本作「蕭蕭」。

客　來

老懶相逢口倦開，山城無酒慰徘徊。家僮使慣知人意，豫設棋枰待客來。

對　棋

直釣風流又素琴，❶也應似我對棋心。道人本是忘機者，信手拈來意自深。

題　樹　上

不脱蓑衣噍網回，❷芒鞋隨意趁蒼苔。忽聞人語還私笑，林外誰呼學士來？

名　吾　山　亭

平生心事與山親，不忍稱呼作此君。亭自屬君山屬我，四時風景要平分。

憶　飲　山　亭

但得酒同張野飲，猶勝事對阮生論。它年乞我園亭住，便喚西疇下瀼村。

書　田　舍　壁

里胥初過期無事，營幕遲來望有年。鄰舍借醅留客宿，土床分席枕瓜眠。

絶　　句

今朝客爲求文至，昨日鄰嫌借米移。木枕質錢多舊帖，看囊不必要新詩。

---

❶「又」，原作「人」，今據至順本、成化本、畿輔本改。

❷「不」，至順本、成化本作「才」。

山家

孟氏養親惟小園，董生有吏索租錢。留詩自媿非韓杜，聊記林宗識子賢。

山行遇雨

無邊暮雨暗山前，❶天意人情豈偶然。衡岳自能哀吏部，嵩高元不識伊川。

喜雨書事四首

拍手兒童笑不休，笑君前日爲誰憂。天公自有甘霖在，未管渠儂浪白頭。

一笑黄河一度清，自緣無物盡歡情。今朝久旱雨三尺，消得山人酒滿傾。

坐占庭蟻戰餘酣，一飽無功益自慚。但見人人厭粱肉，野夫方覺薺苗甘。

爲驗陰晴看漏星，要知踈密候簷聲。夜來還卻當時睡，不脱蓑衣直到明。

即事

雲白天青浩不收，雨晴山色欲無秋。淡烟衰草關何事，❷落日江波空自愁。

登樓絶句

倚遍闌干十二樓，卷舒風景入兵籌。南山自古爲勍敵，秋色終當讓一頭。

---

❶「山前」，至順本作「前山」。

❷「何」，原作「河」，今據至順本、成化本、四庫本、畿輔本改。

山寺早起

松窗一夜遠潮生，斷送幽人睡失明。夢覺不知春已去，半簾紅雨落無聲。

萬壽宮舘舍

來時殘雪點征衣，落盡庭花尚未歸。夢裏不知身尚病，❶春衫歸路馬如飛。

答問目執其兩端章

不是黄河且勿論，只從河水覓通津。西至崑崙東至海，從頭一一認來真。

次人韻二首

花落歸根恐未真，又從碩果强尋春。玄都觀裏桃千樹，誰是前身與後身？

桃花結子更生孫，千樹玄都作好春。若遇禪家説生死，桃根拈與爨頭薪。❷

狂生

放曠無端更自神，豪誇欺世語誰真。如何老阮無情甚，不願兒郎作大人。

蠢齋

莫倚蠢愚遂自踈，保身須要畏刑書。頭邊既有儒冠在，誰爲齋名赦得渠！

---

❶「尚」，至順本作「是」。

❷「薪」，原作「新」，今據至順本改。

勉　齋

萬逕千蹊各自分，❶北轅適越亦徒勤。勉齋究竟將何勉？不認途真恐誤君。

踈　齋二首❷

漫浪隨時聽自更，❸要從僻凡到無名。❹踈齋未便常爲主，月旦明朝有後評。

眼前萬事《先天圖》，人力那容巧有餘。看盡四傍文理密，環中空闊卻如初。

寒　食

執綏猶恐墮危傾，感帨尤還損静貞。欲看人間家道正，重門深閉過清明。

夜坐即席分賦燈花餅聲二首❺

眉間正有喜千丈，眼底纔消燈一華。我自無憂安得喜，不須開向野人家。

萬丈潮頭落晚江，一餅收拾入秋窗。❻宫商不在人間世，鼻息雷鳴未肯降。

---

❶「蹊」，至順本作「歧」。

❷「二首」，原脱，今據至順本、畿輔本補。

❸「聽」，原作「耵」，今據至順本、成化本、畿輔本改。四庫本作「取」。

❹「凡」，至順本、成化本作「汎」。

❺「二首」，原脱，今據至順本、成化本、畿輔本補。

❻「拾入」，原作「入拾」，今據至順本、成化本、四庫本、畿輔本正。

紙帳

閑中今古道中身，静裏乾坤夢裏神。放下蒲團閑打坐，紙簾和月一壺春。

謝處士載月圖

扁舟西子五湖過，謝客西風兩鬢皤。一種清江明月底，憑君試問夜如何。

昭君扇頭二首❶

武皇重色思傾國，趙氏承恩亦亂宫。自售懸知非静女，漢家當論畫師功。

不忍紛紛醜女顰，百年孤憤漢宫春。一身去國名千古，多少名臣學婦人。

僧惠崇柳岸游鵝圖

河堤烟草柳陰匀，舒鴈群游意自馴。此是吾鄉舊風景，畫中相見亦情親。

題孫氏永慕圖畫其家山先壠所在

游宦恐忘丘壠念，披圖如對白雲孤。平生畫卷看多少，最愛孫家永慕圖。

陶母剪髮横披

剪髮英明子可知，披圖三歎淚雙垂。阿娘襟量如陶母，争信癡兒到老癡。

❶「二首」，原脱，今據至順本、成化本、畿輔本及目録補。

跋遺山墨迹

晚生恨不識遺山，每誦歌詩必慨然。遺墨數篇君惜取，注家參校有他年。❶

王君顧縱私屬詩卷

共賦人形覆載間，忍教牛馬與同欄。人情比比王褒約，毁券如君亦自難。

朱孝子割股詩卷二首❷

捄本戕枝亦可憐，❸粉身争忍欲崩天。詩書明日良心在，應對瘡痕一泫然。

便律韓文恐太偏，狂童十歲亦堪憐。偶從德色耰鉏看，重爲朱郎賦此篇。

陳雄州止善堂詩卷

久被邦君撫養慈，野人無路識風姿。願將明日甘棠詠，用續諸公止善詩。

王治中請蠲免回

都南連歲水爲灾，輸挽區區亦可哀。驚見流民行復止，傳聞昨日治中來。

賀廉侯舉次兒子

相國當年病且貧，乘除天理暗中存。青青後樂堂前樹，又見廉泉第二孫。

---

❶「注」，原作「汪」，今據至順本、成化本、畿輔本改。

❷「二首」，原脱，今據至順本、成化本、畿輔本補。

❸「枝」，至順本作「肢」。

長卿兒子阿延百晬二首

老年生子吾何願？所願常推欲及人。但願無灾保家外，一生長作太平民。

和子新詩亦解狂，❶詩中名姓莫相忘。通家會有西山約，各喜膺門共父長。❷

答友人見寄

兩首新詩寄草堂，一詩曾許卜鄰牆。白雲已領歸來約，只恐山靈不解忘。

寄毛得義

白沙翠竹北比鄰，夢想南湖老聘君。遥憶郡樓風景好，幾時同看暮山雲？

寄楊晉州❸二首

曾是吾鄉舊幕官，❹秋風碧水記紅蓮。而今卻憶當時事，回首驚看二十年。

南州選舉數三楊，中統衣冠半在亡。明日朝廷訪耆舊，不應白首尚爲郎。

郝生知林州

到處雲山是我詩，不愁無物慰相思。只從隆慮烟霞色，領取幽人笑傲姿。

❶「詩」，原作「年」，今據至順本改。

❷「各」，原作「合」，今據至順本、成化本改。

❸「州」下，至順本有小字注文「字伯榮」三字。

❹「幕」，原作「暮」，今據至順本、成化本、四庫本、畿輔本改。

送琴客還池州五首

江左衣冠自昔聞，紫陽遺學竟誰真？抱琴爲向山中聽，林下寒栖恐有人。

謫仙胸次九芙蓉，❶又落人間劫火中。浦思山哀天不管，爲絃吾曲和松風。❷

過手春風不見痕，曲中悲壯宛猶聞。明朝無限空山夜，月白風清覺少君。

人物翩翩美少年，不應心事只揮絃。書中名理琴中趣，❸更有歸鴻目外天。

日暮江東有所思，未須千里寄吾詩。但看西北浮雲盡，是我倚樓閑望時。

送新安田尹

扁舟屢訪南溪老，驚見田侯拜下風。一遇蓋公能北面，愛君心與故人同。❹

朱君挽章

送葬曾求薤露辭，一家風樹衆人悲。十年不廢當時念，篤孝如君亦我師。

---

❶ 「芙」，原作「笑」，今據至順本、成化本、四庫本、畿輔本改。

❷ 「吾」，原作「五」，今據至順本、成化本、畿輔本改。

❸ 「名」，至順本作「明」。

❹ 「故」，至順本、成化本、畿輔本作「古」。

李臨城哀挽 字仲温❶

趙郡經過二十春，臨城名姓舊曾聞。驚看哀誄傷存没，悵望恒山日暮雲。

樂　府 十一首

水調歌頭 同諸公會飲王氏飲山亭，❷索賦長短句，倣晦翁體❸

一諾與金重，一笑對河清。風花不遇真賞，終古未全平。前日青春歸去，今日尊前笑語，春意滿西城。華鳥喜相對，賓主眼俱明。　平生事，千古意，兩忘情。醉眠卿且去我，❹扶我有門生。窗下烟江白鳥，窗外浮雲蒼狗，未肯便寒盟。從此洛陽社，休厭小車行！❺

念奴嬌 憶仲良

中原形勢，東南壯，夢裏譙城秋色。萬水千山收拾就，一片空梁落月。烟雨松楸，風塵涙眼，滴盡青青血。平生不信，人間更有離别！　舊約把臂燕南，乘槎天上，曾對河山説。前日後期今日近，悵望轉添

❶「字」，原脱，今據至順本補。

❷「會」，至順本無此字。「王氏」，至順本作「王丈利夫」。

❸「倣」，至順本作「效」。

❹「醉眠卿且去我」，原作「我醉眠卿且去」，今據至順本改。

❺「休」，至順本作「莫」。

愁絶。雙闕紅雲，三江白浪，應負肝腸鐵。舊游新恨，一生都付長鋏。❶

喜遷鶯 乙亥元日

春風滿面，是胸中春意，與春相見。不醉醄然，無人也笑，況是一年清宴。寧兒挽鬟學語，爨婦舉杯重勸。道惟願，❷貧常圓聚，老常康健。 二十七年，❸世事經千變。今是昨非，春思花柳，❹消盡冰霜殘怨。門外曉寒猶淺，門上垂簾休捲。燈花軟，酒香濃，趁歌聲，❺試輕輕嚥。

南鄉子 題外甥郭氏留畊堂壁上

方寸足留畊，大勝良田萬頃平。陰理不隨陵谷變，分明。霜落西山滿意青。 千載董生行，雞犬昇平晝不成。終日相看天與我，高情。身外浮雲自古輕。

二 張彥通壽

窗下絡車聲，窗外兒童課六經。自種牆東新菜莢，❻青青。隨分杯盤老幼情。 千古董生行，雞犬

---

❶「生」，至順本作「時」。
❷「惟」，原作「維」，今據至順本、成化本改。
❸「二」上，疑有脱字。
❹「思」，至順本、成化本作「恩」。
❺「聲」，至順本作「舞」。
❻「莢」，原作「芙」，今據至順本、成化本改。

昇平晝不成。應笑東家劉孝子，❶無能。縱飲狂歌不治生。

菩薩蠻 王利夫壽❷

吾鄉先友今誰健？西鄰王老時相見。每見憶先公，音容在眼中。　今朝故人子，爲壽無多事。惟願歲長豐，年年社酒同。

朝中措 廉公惠正議舉兒子❸

金張家世費貂蟬，七葉侍中冠。若就詩家攀例，生兒合喚添官。　憑誰寄語，廉泉父老，斗酒相歡。今歲孫枝新長，甘棠消息平安。

臨江仙 廉侯舉次兒子❹

四海荆州吾所愛，虎賁誰似中郎？子孫今擬喚甘棠。❺添官前有例，簪笏看堆床。❻　明日乃公歸舊隱，後園喬木蒼蒼。青衫竹馬鴈成行。當年廉孟子，應有讀書堂。

---

❶「東」，至順本作「劉」。「孝」，至順本、成化本作「老」。
❷「王」，至順本作「爲王丈」。
❸「廉公惠正議」，至順本作「賀廉侯」。
❹「廉」上，至順本有「賀」字。
❺「子」，至順本作「小」。
❻「堆」，原作「难」，今據至順本、成化本、四庫本改。

二 送王從事

行色匆匆緣底事？❶山陽梅信相催。梅花香底有新醅。南州今樂土，得意且銜杯。❷　君見太行憑寄語，雲間蒼壁崔嵬。平生遮眼厭黃埃。高樓吾有興，無惜送青來。

西江月 送張大經

留在平生落落，休嗟世事滔滔。青雲底柱本來高，立向穎波更好。　一片花飛春減，可堪萬點紅飄。江華江月可憐宵，莫賦招魂便了。

二 贈趙提學酒

買得雞泉新釀，病中無客同斟。遣人持送旅窗深，呼取毛翁共飲。　少箇散花天女，維摩憔悴難禁。安排走馬杏花陰，咫尺春風似錦。

❶「匆匆」，原作「勿勿」，今據至順本、成化本、四庫本改。

❷「且」，至順本作「即」。

静修先生詩文拾遺卷一

五言古詩八首

郭翁詩并序

翁名恩，本相人。少爲輪扁業，亂後流寓保定，年今近九十矣。早與其兄相失，後聞其居河南，老無所依，翁乃三往迎之。及至，奉事惟謹，與同寢處。翁家貧，素無僕御，其兄卧病，翁親爲浣滌厠牏。其兄臨終，嘗以遺骸歸祔爲託，而翁亦極力以成其志。郡中諸老人，與翁年相若、游相好者，數數爲予道翁行事如此。予感歎不已，爲作是詩。

佳木交清陰，欣然動人意。況聞翁之風，能不有生氣。此翁少有兄，干戈鄉縣異。哀鳴念羈孤，相思勞夢寐。自誓畢此生，復爾歡聚遂。千里三往還，❶竟扶籃輿至。夜雨一方床，春風滿天地。家無十歲僮，百役一身寄。效兒浣厠牏，代婦理中饋。生忘惸獨憂，死免道路棄。關河隔故丘，走送徇歸志。大義今已全，初心始無愧。翁本不識書，所知惟藝事。作詩美翁賢，亦以警士類。

❶「還」，至順本作「返」。

友善堂詩送文子周使江西

我昔客鎮州，東鄰友善堂。一別今十年，主人髮如霜。百年翰林銘，許與聲琅琅。愧昔知君淺，喜今窺汪洋。暫會復遠别，江山懷豫章。舉目見良朋，胸中非故鄉。但憂兵亂餘，民氣恐不揚。人生貴樹立，事業在此方。

李從事北上

在昔爲趙客，君方掾鎮州。❶前年從事保，我爲鄉人留。今聞當上計，適值將南游。區區四五年，足迹無少休。窮達雖云異，飄泊同羈愁。

行家園藥畦

極覽力不任，近尋情亦親。勤人良可愧，生物庸非仁。氛雜没畦隔，洗去如游塵。激流不知小，因風亦生鱗。羊乳生氣少，靈厖渺無聞。牛妳頗肥澤，老馬或當神。薯區才數本，臈粥思及鄰。庭前席許地，可望濟病身。茫茫天宇間，此意難重陳。

種　芋

借地斸深區，西鄰計已成。雖無范陽種，尚愛君子名。糞壤豆萁爛，南風緑雲平。欲知子有孫，當驗葉

---

❶「掾」，原作「椽」，今據至順本、成化本、畿輔本改。

與莖。飢腸日有望，歲晚分杯羹。未築學圃亭，先著種芋經。欲持已試驗，盡令鄉社行。❶

蜀　葵

蜀葵落秋子，已能成小叢。如何同枝花，隱隱纔含紅？一氣有先後，萬物誰窮通。伊誰歎遲暮，來此尊酒同。

重游北溪分韻得「暉」字

蒼黄淡野色，草樹含清暉。林居隱葱蒨，晴嵐散霏微。歸雲有真意，鳴禽發天機。勝處必深會，輕觴豈虚揮。山泉來何從？北望空依依。

呈保定諸公

燕垂趙際間，人物熒珪璋。諸侯舊賓客，❷一郡宗賢良。士窮叫知己，人渴思義漿。諸公且勿嗔，賤子伸餘狂。駰幼有大志，早游翰墨場。八齡書草字，觀者如堵牆。九齡與《太玄》，十二能文章。遨遊墳素圃，期登顔孔堂。遠攀鮑謝駕，徑入曹劉鄉。詩探蘇李髓，賦薰班馬香。衙官賓屈宋，伯仲齒盧王。斯文元李徒，我當拜其旁。❸呼我劉昌谷，許我參翱翔。眼高四海士，兒子空奔忙。俗物付脱略，壯節持堅剛。前年脱穎士，峨峨勢方飈。欲求伸汩没，今反墮渺茫。少小嬰憂患，痛切摧肝腸。零丁歎孤苦，片影吊愴惶。溺

---

❶「令」，原作「今」，今據至順本改。「社」，原脱，今據至順本、成化本、畿輔本補。四庫本作「曲」。

❷「侯」，原作「侯」，今據四庫本、畿輔本改。

❸「當」，成化本作「嘗」。

身朱墨窟，人事如冰霜。高才日陵替，壯志時悲傷。駑駘欺赤驥，鴟梟笑鳳凰。妾婦妬逸才，浪觜讒舌長。紛然生謗議，鋒起不可當。❶不忍六尺軀，縮項俄深藏。諸公富高義，刮垢摩我光。去留從所適，爽氣生西郎。❷

七言古詩八首

送王之才赴史舘編修

太古熙熙存太質，誰爲結繩陷膠漆。三墳五典生厲階，一派前道千流出。商周灝噩數千年，删定塵編纔半壁。自從盲叟好浮誇，天遣阿遷奪其筆。歷代煩文愈是非，鑿碎名山藏不得。偉哉君實集大成，爾後不聞麟再泣。遼金邪魅無人誅，略主英臣少顏色。策書未削徒紛紛，常恨天孫惜刀尺。公魷史癖今史榮，姦魂夜哭崔浩直。善惡磊磊軒天地，筆頭休放波濤息。賤子蕪絶寂寞濱，畊牧河山拾古迹。悲愁忍效虞卿窮，蒼黄敢召台州謫。中原人物有權衡，玉堂誰擅才學識。❸山東麟鳳半青雲，燕南獨占天荒隙。公能一奮天下文，袖手傍觀甘自適。

---

❶「起」，原作「豈」，今據四庫本改。

❷「郎」，成化本、畿輔本作「廊」。

❸「才」，原闕，今據成化本、四庫本、畿輔本補。

同仲實南湖賞蓮醉中走筆

滏江紺寒風露涼，❶安得置我濂溪堂。香塵縹緲芙蓉裳，❷百年得此南湖張。舉杯人勝境亦勝，❸有蓮以來無此香。蓮香隨酒來詩腸，得句驚起幽禽翔。幽禽隨人作殢態，❹意欲和我風雩狂。人間一味清到骨，兩足暫付吾滄浪。螟蛉蜾蠃卿且去，醉眼太華雲間蒼。

明遠堂賞蓮醉賦

畫堂香遠凝清秋，宛如坐我南湖舟。主人愛客情亦重，謂我無語花應羞。荷香繞筆詩自健，滿紙已覺清江流。平生老氣回萬牛，爲君傾倒元龍樓。舉杯喚起謝安石，我醉不省蒼生憂。

元章論書帖

書家豪猛見世變，寥寥鍾鼎今幾塵。古人胸次無滯迹，意外蕭散餘天真。愛書愛畫即欲死，狂絶俗絶無此人。臭穢功名皆一戲，渠言夸矣君勿聞。

阿寅百晬

南湖風鑒不多可，詩中驚見阿寅名。朝來抱來聚星亭，神涵秋色啼古聲。都山張氏世有賢，斷崖近得

---

❶「紺」，原作「泔」，今據至順本、畿輔本改。四庫本作「湛」。

❷「香」，至順本、成化本作「音」。

❸「境」，至順本作「景」。

❹「殢」，原作「⿰女帶」，今據至順本、成化本、畿輔本改。四庫本作「滯」。

唐碑銘。乃翁寂寞老窮經，❶阿敬健筆敵中勍。循環無間豈終晦，❷開物有期須一鳴。老夫自任河汾教，先爲虚席待此生。❸

友人送枳术丸

心胸未識黄昏湯，❹無食何用求檳榔。書生但苦湯餅睡，巴椒慘慘無鼠腸。舊聞易水仙翁術，緑荷包飯圓枳术。南州故人持送我，但欠黄雲數千斛。笑撫青囊時一鼓，健啖何由酬此腹。

記　夢

天風吹雲送星槎，❺蒼麟道前牽紫霞。鳳凰呈舞月妃和，飄飄來自金母家。金母臨行有奇贈，玉簫璚管聲清佳。囑我醒時無泄露，恐世知子生喧譁。明朝夢覺莫驚怪，異香冉冉浮窗紗。

又

眼中雲物徒紛紜，我一掉頭殊不聞。天風瀟瀟燈半滅，忽爾雲間見雙闕。欲吐不吐三萬言，雄雞已落長庚前。牀前阿魯讀《魯論》，到植其杖而芸田。

❶「寂」，原作「家」，今據至順本、成化本、四庫本、畿輔本改。

❷「環」，至順本作「還」。「無」，原作「元」，今據至順本改。

❸「爲」，至順本作「與」。

❹「識」，至順本作「試」。

❺「星」，四庫本作「仙」。

雜　言二首

早發高黑口號

蒼月瘦，黑風酸，枯梢老竅號空山。東方未動天發黑，迷途客子迴征鞍。冰髯壓唇帽簷側，耳輪霜醉鼻尖寒。中原年少燕南道，功名未了黃塵老。黃塵老，馬上神州依舊好。

送國醫許潤甫還燕來保定奔母喪

燕趙豪傑窟，馬遷曾此求交游。即今勁氣壓河朔，人物傑出嶄然雄九州。燕南子許子，胸盤星斗横高秋。窮則良醫達良相，古人須向今人求。萬里黃雲馬上家，歸來泪滿銀貂裘。民病未蘇國支梠。勿以一身戚，而忘天下憂。古來奇士重意氣，把臂一語肝膽投。君能搜我胸中磊落之奇才，❶我亦爲君寫我抑鬱之幽懷。

五言律詩二十九首

旅　夜

欹枕寂無寐，沉思坐不禁。静中天地我，閒裏去來今。磊磊平生事，休休今夜心。何方有邊戍？雲外

❶「搜」，成化本作「拔」。

急清碪。❶

虞帝廟

四顧莽何際，威靈儼若臨。山川尚淳樸，天地自高深。鳳鳥千年歎，簫韶三月音。玄功久無復，徒抱致君心。

登保府市閣

十載雞泉隱，今朝市閣晴。民謡混諸國，里號帶軍營。瀛海依依見，堯山隱隱横。懷今與思古，❷獨立若爲情。

憶金坡道院

平昔多游覽，兹游不易忘。溝涂春脉脉，松石晚蒼蒼。有客愛山谷，無家名草堂。金坡從此號，聊著永相望。

寒夜

肝膽了無寐，襟懷誰與同？更長頭可白，燭暗火逾紅。硯滴冰生癭，星流氣吐虹。林鴉先我起，鳴噪竟何功！

❶「碪」，至順本、成化本作「坫」。

❷「今」，至順本作「仙」。

移甘菊

移晚戒前歲，植根先此秋。親嘗杖屨遍，❶嚴課僕童憂。小蘗終年計，新黄一飽謀。區區歎莎棘，陸子謾多愁。

採野苣❷

糞壤自肥膩，靈苗絶世紛。❸炊餘香更美，甘出苦難分。宜酪法新得，輕身方久聞。野人聊自享，未敢獻吾君。

食菰白

採食陂塘利，分甘野老心。杯盤收浩渺，蘋藻避清深。命婢即能識，招鄰亦見臨。吾鄉希此味，咀嚼有吴音。

酒　令

觴至欲何語，令嚴當謹聞。茅容唯問稼，李白只論文。且喜無多客，毋辭過半醺。故人知此老，舉白解浮君。

---

❶「屨」，至順本、成化本作「屨」。

❷「苣」，原作「苣」，今據至順本、成化本、四庫本、畿輔本改。

❸「靈」，至順本作「雨」。

篘 尊 宋祕監索賦

南國有奇竹，天然成酒尊。來因交趾使，價重祕書門。含蓄中誰似？堅貞節尚存。盤桓古人意，❶觀象可忘言。

鸚 鵡

風雨房櫳暗，猶疑隴樹昏。無愁緣得食，有夢想高飜。巧語難自脱，深憐未是恩。人情多好異，渠豈不能言！

宋道人八十詩卷

往事枕中記，新編柱下言。知音有銅狄，逸史訪金源。春露霑濡際，秋陽想像存。初逢疑夢寐，垂泪拜桓温。宋貌絶肖先子。

鄉人王母九十

九十青瞳母，寒温白髪孫。桑田閲滄海，冠帔記金源。案上春風橘，堦前雪色萱。移家就鄰舍，種杞易陽村。

寄答祖丈

先友從遊地，雍容几杖尊。秋風太古觀，春日樂郊園。妙理欲自得，高情誰與論？别離空六載，期待

❶「桓」，至順本作「盉」。

負知言。

楊子忠總管福州

燕趙多豪傑，楊侯氣自奇。❶ 風流猶世胄，開爽亦天資。尊俎論交地，江山送別時。閩中有佳政，聊用慰相思。

送尹宰

百里衡山縣，千年陸宰名。鄰封今見此，鄉校可無評。俎豆欲成趣，絃歌漸有聲。淶陽吾舊隱，聞去亦關情。

送成判官

釋菜成鄉約，從君此例新。歡遊渾幾日，離索又殘春。相愛求詩切，臨行枉駕頻。幾年人事絶，送子爲情親。

送成從事

易水河梁夢，回頭已十春。相逢驚我老，送別向君頻。求贈攀前例，將詩認故人。故山松菊在，歸去未全貧。

寄子東太守

一夕西山客，十年往事非。黄塵驚我老，青眼似君稀。別浦秋容静，離亭草色微。殷勤重寄謝，後會不

❶「氣」，四庫本作「志」。

應違。

送東海相士

青鏡雲千變，紅顔酒一卮。忘言三日雅，觀化百年期。烈火誰當捄？神游亦自奇。海山如見問，聊舉送君詩。

感范女

房望吴中范，衣冠相國孫。風流猶李白，樵爨已陳雲。感事哀龍種，慕名重虎賁。乾坤厭更迭，誰與捄紛紛？

哭張之傑

義許同生死，奪君何遽然。無人共清夜，有泪葬黄泉。苦疾求予禱，遺孤託我憐。傷心墓頭字，旌孝看他年。予題其墓道爲「張孝子墓」。

哀郭勸農

才命不相偶，如君良可嗟。半生在人下，一死更天涯。三歲同君里，前年過我家。相望已塵迹，零落舊烟霞。

頤齋張先生挽詩❶與先奉直府君同住金大學

耆舊晨星盡，公亡益可嗟。先人曾共學，穉子與通家。白日明心素，青山點鬢華。封龍餘爽氣，誰與酹

❶ 「詩」，至順本作「卷」。

烟霞？

贈答學者

士論清修品，天然孝友資。從遊無少補，離别有深思。貧説長年在，文驚近日奇。吾言不足重，愛子欲何爲？

西市藥隱

之子隱於藥，四休今不孤。藏名那論價，得號尚嫌壺。知足隨處樂，忘機一事無。東鄰開小徑，茗椀不須呼。

獨立

恒嶽精英大，直衝昴畢星。初疑元氣白，横界太虚青。欲與河漢共，不隨霜露零。相看一杯酒，連夜立中庭。

嘉甫從親王鎮懷孟

兹游真可樂，兔苑更枌榆。❶孝弟燕南選，文章郝氏徒。早年多急難，晚節足歡娱。寄語賢兒姪，詩書是遠圖。

集杜句贈王運同彦材

霄漢瞻佳士，公侯出異人。家聲同令聞，文雅見天倫。玄朔巡天步，危樓望北辰。燕王買駿骨，黄閣畫

❶「枌」，原作「扮」，今據至順本、成化本、四庫本、畿輔本改。

麒麟。妙譽期元宰，蒼生倚大臣。蛟龍得雲雨，鵰鶚離風塵。治國明公在，雄圖歷數屯。世儒多汩没，賢俊贊經綸。開闢乾坤正，調和鼎鼐新。弼諧方一展，風俗盡還淳。經濟宜公等，泥涂任此身。尊榮瞻地絶，感激畏天真。交態遭輕薄，浮生有屈伸。嗟予意轗軻，撫迹獨酸辛。留滯才難盡，蒼茫興有神。形容真潦倒，世業豈沉淪。倚着如秦贅，逢迎念席珍。壯心久零落，敗績自逡巡。載感賈生慟，難甘原憲貧。邵平元入漢，王粲不歸秦。回首驅流落，❶生涯脱要津。稻粱求未足，台衮更誰親？碧海真難涉，蒼鷹愁易馴。君能微感激，何處不依仁。

❶「落」，四庫本作「俗」。

静修先生詩文拾遺卷二

七言律詩四十一首

渡白溝

薊門霜落水天愁，匹馬衝寒渡白溝。燕趙山河分上鎮，遼金風物異中州。黄雲古戍孤城晚，落日西風一鴈秋。四海知名半凋落，天涯孤劍獨誰投？

遂城道中

鐵城秋色接西垣，遠客還鄉易斷魂。霸業可憐燕太子，戰樓誰吊漢公孫。冷烟衰草千家塚，❶流水斜陽一點村。慰眼西風猶有物，太行依舊壓中原。

鎮州望抱犢山

亂山西去獨峥嶸，合在仙經第幾名？物外高閑真有意，亂來險固亦堪驚。太行穠秀霜洗盡，全趙規模天鑿成。珍重幽人留顧盼，封龍英爽未全平。

❶「冷」，原作「蛉」，今據成化本、四庫本、畿輔本改。

避暑玉溪山

風露撩人儘力清，也應知我到禪扃。秋聲滿谷有生氣，山意帶烟成遠形。皎月欲升天失色，白雲初出樹留青。佗年若訪經行處，合有先生避暑亭。

溪光亭小憩

尋涼隨水到溪亭，十里緑陰嘶鳥聲。自惜形骸恒世故，❶豈知風露已秋清。白雲似與山争秀，落日放教川盡平。六月農家猶赤地，❷登臨舒嘯若爲情。

留題山房

靈風縹緲竹花飛，怪石参差樹影齊。壺裏有天藏日月，杯中無海飲虹蜺。松生太古鶴應識，路入白雲山盡低。萬里黄塵一回首，❸微茫烟水意淒迷。❹

水門庵

池烟林影淡無姿，物外高寒兩石磯。雲水流行寧有迹，乾坤俯仰自相依。波涵晴景動猶静，鳥戀幽人去復歸。回首塵緣吾未了，靈風且莫故吹衣。

---

❶ 「形」，至順本作「筋」。

❷ 「猶」，原作「獨」，今據至順本、畿輔本改。

❸ 「塵」，原作「雲」，今據至順本、成化本、畿輔本改。

❹ 「淒」，原作「棲」，今據四庫本、畿輔本改。

井陘淮陰侯廟

君臣尚許日生疑，誰與乾坤息戰鼙。未論恃功羞伍噲，試看觀變要王齊。良能用漢氣無敵，蕭可制韓才自低。枉爲虚名誤忠節，五陵烟樹亦凄迷。

登高有感

踈烟晴曉散輕寒，秋色滿林霜意閑。❶今古消沉幾白日，乾坤洒落一青山。半生心苦頭先老，兩姊墳荒淚未還。瞬息西風解千里，❷登高聊爲送餘潸。❸

樓上

樓觀參差接大荒，五雲分我白雲鄉。卧之地上太行小，來自帝傍春夢長。灝露明河氣蕭瑟，黄塵落日烟蒼茫。清風簾外問何客，玄鶴飛鳴天一方。

春游

巧穩林亭無四鄰，背山向水得天真。風光正及二三月，童子同來六七人。十日得閑須小醉，一年最好是深春。鳥聲似向花枝説，曾見無懷有此民。

---

❶「意」，至順本作「氣」。

❷「千」，原作「十」，今據至順本、成化本、畿輔本改。

❸「登」，至順本作「憑」。

新秋

俗物何曾擾病懷，❶憐渠孤憤若爲開。人生如此亦安用，野鶴翩然去不回。萬古青天留月在，幾聲白鴈送秋來。西城無限峰巒好，擬對一峰傾一杯。

秋夕

西風吹掩讀殘書，慨想平生時自呼。度日悠悠良可惜，軒天磊磊未應無。才名莫要驚人甚，覈論終當與禍俱。長嘯一聲秋意滿，無邊霜葉下庭蕪。

夜坐有懷寄故人

幾葉踈桐萬斛秋，四山清露一窗幽。高情千古謝安石，壯志平生馬少游。有錯真成六州鐵，欲還空説大刀頭。悠悠且付天公在，未必蒼生待爾憂。

秋望

天從朝雨霽來寬，日到平蕪盡處還。歎老自非緣白髮，愛閑元不爲青山。❷洛陽懷古真豪聖，李白學仙亦强顔。何處蓮花有仙掌，不妨招我暮雲間。

秋日有感

自覺規模日蹙然，初心道德負中年。仰觀俯察無多地，往古來今共此天。出處不論三代後，删修直探

---

❶「曾」，至順本、成化本作「嘗」。

❷「閑」，原作「閒」，今據成化本、四庫本、畿輔本改。

六經前。南山正在忘言處，目送歸鴻手絶絃。

癡坐

野人癡坐静無邊，愚弄從渠兒戲然。❶或智或愚能幾里，一鳴一止又千年。俗流在眼何妨病，細故經心信未賢。究竟誰能離此世，孤山絶頂送華巔？

盆池

青蛙昨夜聖來鳴，❷斗水那容掉尾鯨。白髮驚魚應百我，扁舟捉月記三生。荷風拂面秋先覺，苔露生波晚更清。我欲江東鑑湖老，天河早爲洗南兵。

虎甲

氣勢江淮一旦空，故教金甲虎生風。峥嶸鐵騎千夫勇，凛冽寒威百獸雄。❸不信貔貅禦萬竈，豈知狐兔動幽叢。聖朝千古征南録，亦有孫君治造功。

黑馬酒

仙酪誰誇有太玄，漢家挏馬亦空傳。香來乳面人如醉，力盡皮囊味始全。千尺銀駞開曉宴，一杯璚露洒秋天。山中唤起陶弘景，轟飲高歌敕勒川。

---

❶「弄」，原作「昇」，今據成化本、四庫本、畿輔本改。

❷「聖」，四庫本作「雨」，畿輔本作「聚」。

❸「冽」，原作「列」，今據成化本、四庫本、畿輔本改。

賦孫仲誠席上四杯仲誠命題，彥通舉韻

隴鳥回頭意若何？刳腸欲我鑑紅螺。微茫山意詩痕在，灩澦江聲飲興多。❶聖處已分糟與蟹，醉來唯見酒成波。千年醒殺江魚腹，應恨生身在汨羅。一作：注瓦傾銀竟若何？紅珠元稱捲金螺。微茫山意詩痕在，灩澦江聲飲興多。聖處已分糟與蟹，醉來微見酒成波。千年醒殺魚蝦腹，且莫乘流問汨羅。

右螺

碧筩和露捲晴霞，錦浪隨鯨落晚沙。風趁歌聲來弄葉，酒知人意要浮花。胸中壁立三峰玉，醉裏神游太一家。❷明日清霜看紅翠，人生容易鬢成華。一作：江鄉雲錦爛晴霞，海浪鯨魚落晚沙。烟影橫橋淡留月，露香芳酒淺浮花。風流玉井三峰夢，浩蕩蓮舟太一家。明日秋霜減紅翠，人生休遣鬢成華。

右荷

希夷尊俎永相望，混沌鑿開見此觴。金橘有天容逸老，青田無地避餘香。雲中招隱留仙掌，物外尋真得醉鄉。試向峨嵋問啼鳥，人間紅雨幾斜陽。一作：希夷尊俎永相望，混沌鑿開見此觴。霜橘有天容逸老，金橙無地避餘香。人間王母留仙種，物外秦人有醉鄉。試看累累花下塚，莫教紅雨怨斜陽。

---

❶「江」，至順本作「灘」。

❷「一」，成化本、畿輔本作「乙」。

右桃《後蜀紀》：劉光祚進桃核杯，❶云得之華山陳摶。❷邵康節《謝人惠希夷尊》詩，有「仙掌峰巒峭不收，希夷去後遂無儔。能斟時事高擡手，尊酌人情略撥頭」之句。

瀟湘千樹暮林平，風露詩腸快一傾。蜜戀金絲仍可意，香分緑蟻最關情。洞庭春色元無恙，南國幽姿謾濁清。誰辨酒舡千萬斛，棹歌和月捲江聲。一作：瀟湘千樹暮雲平，風露詩腸快一傾。蜜戀金絲仍可意，香尋翠袖亦多情。江陵春色元無恙，楚澤幽蘭恐未清。惟有酒船三萬斛，南飛齊和凱歌聲。

右橙

删録以韻即席課諸生東齋諸物七首

遠山筆架痕字

何物能支筆萬鈞？案頭依約遠山痕。燈横烟影隱猶見，秋入霜毫勢欲吞。掌上三峰看太華，人間一髮是中原。中書未免從高閣，不向林泉怨少恩。

折疊簡牌筠字

誰將霜縹漆霜筠？幾葉齊分梵夾勻。眼底有無真亦僞，掌中舒卷屈猶伸。墨雲難染秋天闊，碧玉還思曉露新。他日不須焚諫草，一方何處覔緇磷。

---

❶「光」，原作「先」，今據至順本改。

❷「之」，至順本作「于」。

梅杖枝字

鐵石心腸冰玉姿，掌中潛得歲寒枝。❶天教一握藏春密，風覓餘香就手吹。雪月冷懷隨步履，溪山高興入支頤。玉堂若要扶持用，説與東君也不知。

竹瘦知字

爲憐鶴髮久雙垂，秀出龍孫第一枝。鑿破誰言混沌死，彈來未有歲寒知。天材擁腫吾當取，時樣裝嚴彼亦宜。風月不妨時角出，清霜難旁老頭皮。

醉梨寒字

玉簪香字二首並見《遺詩》第四卷

秋蓮空字

瘦影亭亭不自容，淡香杳杳欲誰通？不堪翠減紅銷際，更在江清月冷中。❷擬欲青房全晚節，豈知白露已秋風。盛衰老眼依然在，莫放扁舟酒易空。

西瓜

一片秋風落漢城，人間無復渴塵生。鑿開混沌星辰出，碾碎璚瑶風露清。胸次冰霜惟我在，口邊糖蜜

---

❶「潛」，成化本、畿輔本作「消」。

❷「江清」，原作「清江」，今據成化本、四庫本、畿輔本正。

向誰傾。爛腸莫道遮藏得，黑子紅心到底明。

又

一團天露暗藏春，多少人間渴死人。面上風標儘冰雪，胸中文彩爛星辰。弄丸我是希夷老，鑿竅誰窺混沌真。沃沃君心甘剖腹，乾坤一闢要清新。

貧　士

貧士出門多掣肘，聞君幾次謾徘徊。不思學館三年舊，肯爲山翁百里來。久倚通家略賓主，新知不飲罷尊罍。殷勤莫厭通宵話，聽説天明即欲迴。

故人見訪山中

客子畏人常簡出，病來庭户益荒蕪。多時略闕通書問，遠路遥慚送藥須。掃地預占燈燼喜，敲門遥認草亭孤。故人知我無供給，故着看山慰野夫。

次韻答河間趙君玉見寄

出門紛擾互相尋，❶常使幽人懶病深。前月借書來水北，去年採藥到城陰。黄精已倩徐生劚，蒼术新教石老尋。只有烟霞肯賒借，無人曾送買山金。

憶郝伯常

一檄期分兩國憂，長纓不到越王頭。玉虹醉吸金陵月，玄鶴孤遊赤壁秋。漠北蘇卿重回首，天南王粲

❶「尋」，至順本作「侵」。

幾登樓。飛書寄與平南將，早放艘舡下益州。

涞陽李丈九十壽❶

九十餘年何限事，向人惟指鬢毛霜。偶因飲酒驚遲醉，不信看書託健忘。還拜嗔扶緣敬客，近游多步爲居鄉。自慚犢子顛狂在，世故艱難未備嘗。

壽田處士

慷慨燕南烈丈夫，半城和氣溢閭閻。仕途盡看鼠爲虎，若輩卻教龍作魚。勤苦十年經子史，風流千古畫詩書。交遊剩有名公在，未許丹青作弊廬。

何太夫人生日

夜夜東鄰有香火，高門因得百年心。蟠桃結實世誰見？隆棟駭人根自深。經卷病餘猶早起，絲車老去亦親臨。久知吾友閒居意，惟願慈顏事不侵。

書　懷❷

出門已坐十年遲，擇地寧容一物棲。弊箒萬金空自許，青雲平地欲誰梯？長庚只合陪殘月，衆楚安能立一齊。醉裏商歌動寥廓，飛鴻淡淡夕陽低。

❶「壽」，成化本作「詩」。

❷「書懷」，原闕，今據四庫本補。

静修先生詩文拾遺卷三

七言絶句五十一首❶

偶讀謾記二首

恍惚天花散亂風，❷向前一蹴是虚空。麒麟正要黄金鎖，收入簞瓢博約中。

真樂攻心不奈何，南華風景偶經過。憐君日暮不歸去，直到倚門猶自歌。

偶書

車輪有角世無用，馬足若方人可尋。萬沼千池隨分在，只除明月解同心。

天命

天命無私義理公，此身承奉有餘恭。人心可信難盡合，親令何由敢勇從。

雜詩

一語唤醒瑞巖老，千年不昧草庵歌。閑人爲向忙人説，佛法元來本不多。

---

❶ 「一」，原作「三」，今據實際詩文篇數改。

❷ 「花」，至順本作「光」。

理西齋成

朔風裂地雪漫空，辨向西齋作蟄虫。有客敲門憑寄語，高談方對紫陽翁。

早　起

飢鼠號多似訴愁，破囊空慣已無羞。閒來點檢幽居事，鶗鴂聲中又一秋。

宿山村

石邊流水自縈紆，樹杪閒雲恣卷舒。長怪西山無爽氣，只應少我一茆廬。

宿洪崖觀

雲山不受壯心降，無限西風撼客窗。應是夜深知月出，卻收風雨入清江。

大覺寺作

西山詩社久知聞，鞍馬曾經亦可人。須信此邦文教在，能招錫杖近冠巾。

中山道中

不許花開一日先，征鞍過處及芳妍。只應春暖山翁出，❶野店溪桃悵望邊。❷

大暑絶句

青天只恐還煉石，白日何曾赦覆盆。未挽銀河下塵世，欲携赤縣上崑崙。

❶「暖」，至順本、成化本作「隨」。

❷「店」，至順本作「杏」。

雪嶺遇雨

天爲西遊餉我晴，野花啼鳥效平生。❶今朝雪嶺初逢雨，應是郎山帶帽迎。❷土人諺云：❸「郎山帶帽，十日無道。」

北窗看雪

背山樓起人呼俗，踏雪詩成奴罵狂。不俗不狂高枕上，爛銀堆裏數峰蒼。

賀正

秋禾夏麥總收成，徭役稀疎賦税輕。北疃南庄俱有酒，倒騎牛背遶村行。

人日

紛紛世事倒狂瀾，鄉學如何又起端。六七頑童舞雩下，不知何物是探官。

春夜

千紅百紫一般香，霧閣雲窗日影長。一刻千金買春夜，幽人應也笑君狂。

春夜不寐

衆人昏睡我獨坐，細看乾坤静裏春。儻使一時俱閉目，知更數鼓是何人？

---

❶「啼」，至順本作「林」。

❷「帶」，至順本作「戴」。

❸「土」，原作「上」，今據至順本、成化本、四庫本、畿輔本改。

故園寒食二絶

家家有酒老人醉，拜掃歸來壯士耕。縞袂荆簪門巷寂，太平風物故鄉情。

一抔新土寄餘哀，❶故老相邀信步來。行到水西村盡處，桃花無數未全開。

中秋無月

鎮日晴明此夜陰，如何天意異人心。一聲長笛浮雲盡，❷快意金杯莫淺斟。

霜　落

霜落清江一夜秋，❸覺來明月滿江樓。酒醒人散夜將半，花上烏啼空自愁。

山　泉

寒溜泠泠爾許清，米狂誤拜石爲兄。拔山卷地今誰手？夜夜南窗聽此聲。

鼓城龍湫

池龍聞説卧南州，一禱曾分一郡憂。四海蒼生望霖雨，千年誰更傅嵓求。

煮　茶

細聲蚯蚓發銀瓶，已覺春雷齒頰生。舉似玉川應有語，無絃琴亦是沽名。

---

❶「抔」，原作「坏」，今據成化本、畿輔本改。

❷「笛」，至順本作「嘯」。

❸「夜」，至順本作「葉」。

聞角

人間無物比悠揚，誰道一聲隨夜長。❶ 餘哀到曉無尋處，吹作南湖十里霜。

見梅

朔漠梅花到眼中，一枝無限是春風。江湖烟雨三千里，誰識乾坤造化工。

落花

光景花中自一天，精神楚楚照芳筵。朝開暮落君休笑，還似人間幾百年。

啼鳥

幾日春陰幾日晴，喚來山鳥話平生。杜鵑解道淵明語，只少鷓鴣相和鳴。

次人望雨韻

五月良田種不成，蓬蒿無雨亦青青。袖中准有天瓢在，自是今年夢易醒。

豆粥

雪瓮冰虀滿筯黄，砂瓶豆粥透鄰香。此中真味無人識，熬煞羊羔乳酪漿。

戲題李渤聯德高蹈圖後❷十一首

黑色黄頭渠醜女，綸巾羽扇我周郎。已辭魯肅三千里，莫望成都八百桑。

---

❶「道」，至順本作「遣」。

❷「後」，原脱，今據四庫本及目録補。

鹿門安敢笑隆中，畊耨傳家兩地窮。愛殺阿山頗神駿，看教他日拜龐公。
牙牙女巽似偏剛，教女如羊尚恐狼。若使此剛能有用，文姬卻不辱中郎。
莫道梨蒸法太偏，❶孔門三法見家傳。燈前一聽阿聲語，愈覺黔婁有婦賢。
扊扅炊罷補麻衣，❷習取禁寒抗老飢。幸自伯鸞無識者，對人不必案齊眉。
北窗高卧辭周粟，婁氏能貧傳亦誇。畫裏不深陶靖節，❸恐因白璧有微瑕。
求人諛鬼果何爲？　黐憶謀親入仕時。寄謝韓公莫相挽，山妻元不解啼飢。
倫理天生有自然，莫言家累損清閒。何人會我圖中意？　説似陽城與魯山。
文藁無勞爾謾焚，但將勤孝立吾門。君看珠翠紅油壁，争信阿良日乞墦。
高詠清江月近人，一家燈火夜相親。多齋自任傍人笑，已把靈臺付鬼神。
渠心當與畫圖期，莫問圖中我似誰。天意與人論出處，我家行止不關伊。

秋烟疊嶂圖

不傳者死不亡存，滅没天機尚有痕。曾向烟霏見真態，依然猶是畫家魂。

---

❶「梨」，成化本作「藜」。

❷「炊」，原作「吹」，今據成化本、畿輔本改。

❸「深」，四庫本作「推」。

畫　猿

萬古西山只月明，❶畫中依約曉猿鳴。幽人未去須深聽，❷一出世間無此聲。

梅雀扇頭

月影波光淡有春，秋風草草最愁人。憑君欲寄調羹信，恐被枝頭凍雀嗔。

題崔氏雪竹海棠二軒

崔氏溪亭竹樹新，分題爲我報詩人。而今別有春風在，玉立諸孫鶴髮親。

邯鄲欹枕圖

不見當年夢虎公，無端幻術眩愚聾。區區正有仙凡異，未便壺中勝枕中。

田孝子詩卷二首

比屋春風夢寐前，門閭旌孝見今年。山林未覺渾無望，試手田家第一篇。

佛法天倫亦泛然，雲溪獨愛此兒賢。詩成未盡南陔興，不是田家第二篇。

雨中聞雲溪不在

燈火幽窗擬對談，十年不到二龍潭。白雲吹作山前雨，❸應報高僧不在庵。

---

❶「西」，至順本作「空」。

❷「須深」，原作「深須」，今據至順本、成化本、畿輔本正。

❸「吹」，至順本作「欲」。

贈狂道士

得意雲山是處過，逢人對酒即高歌。世人休笑狂夫惡，卻恐狂夫笑汝多。

靜修先生詩文拾遺卷四

雜　著

希　聖　解少作

歲丁卯□，是月既望，❶秋容新沐，明河皎潔，天高氣清，❷萬動俱息。於是易川劉子，乃起坐中庭，有酒一尊，飲之無味，有琴一張，絃之無聲，有書一編，周子所傳，是謂《易通》，微妙難詮。仰而求之，高入青天；即而探之，深入黃泉。余乃取而讀之星月之下，至「士希賢，賢希聖，聖希天」，余不覺而歎曰：「迂哉言！蕩蕩乎、浩浩乎天，高明神睿，孰可希焉？欺我後人，迂哉此言！」于是乎吟清風，弄明月，扣大塊，歆太和，誦太古《滄浪》之詞，仰天而噓，喟而歌曰：「湛爾太虛兮，性命之所居兮。皓爾太素兮，元氣之所寓兮。羲軒遼兮，吾誰歸兮？孔旻邈兮，吾將疇依兮？」諷詠不已，坐而假寐。

---

❶「既」，原闕，今據四庫本補。

❷「清」，成化本作「晶」。

良久而起，忽見中庭勃勃然有佳氣，如聞足音拾級而視之，❶三老丈也。其一人襟懷灑落，如光風霽月；其一人有風月情懷，江湖性氣；其一人有淳古君子之風。三人同行。謹迎揖，延之上座，乃再拜下風，進侍于前。請其姓字，與其所安止，一曰：「吾禀太極之真、二五之精而生，位太極而君天下。今老矣，無所成，退居浯溪，拙翁者也。」一曰：「吾借太極之面，假太極之形，先天而生。太初氏，吾母。皇極君，吾兄。欲名之而無名，閒居西洛，無名公者也。」一曰：「天地之帥，吾其性；天地之塞，吾其體。乾，吾父；坤，吾母。吾其子焉，藐然中處，寓居西土，誠明中子者也。」

余聞而疑之，神耶？人耶？出此言耶！且喜且懼，且驚且怖，乃上手而言曰：「騶也，庸俗鄙陋，後學晚生，未嘗接搢紳先生之談論，覩大人君子之儀形。庭無人迹，門無車聲，窮窗屏息，終日冥冥者，蓋有年矣。吾三先生之言如是高大，何不遊乎神明之域，與天爲友，與造物爲徒！胡爲乎來哉？」無名公曰：「子向者招我以太虚之歌，引我以《滄浪》之詞，吾不子拒，今予赴之，子何忘之？毋乃昧乎天理，蔽于人欲耶？」誠明中子曰：「子，吾同胞之弟，吾不忍子英才而墮于不肖之地。吾欲子育而成之，子何棄我而忘之耶？」拙翁先生沈默不言，久之乃曰：「『士希賢，賢希聖，聖希天』，小子疑吾言乎？」吾應之曰：「聖可希乎？」曰：「可。」「有要乎？」曰：「有。」「請聞焉。」曰：「一爲要。」「一者何？」曰：「無欲。」「孰無欲？」曰：

❶「級」，原作「机」，今據畿輔本改。

「天下之人，皆可無欲。」「然則天下之人皆可爲聖人？」曰：❶「然。」「若是，則弟子之惑滋甚，而不可解矣。」❷

先生曰：「子坐，吾與爾言，子其聞之。天地之間，理一而已。爰其厥中，散爲萬事，終焉而合，復爲一理。天地，人也；人，天地也。聖賢，我也；我，聖賢也。人之所鍾，乃全而通；物之所得，乃偏而塞。偏而塞者，固不可移，全而通者，苟能通之，何所不至矣！聖希乎天，至則天，不至則大聖。賢希乎聖，過則天，不至則大賢。士希乎賢，過則聖，至則賢，不至則猶不失乎令名。此聖之所以爲聖，賢之所以爲賢也。子受天地之中，稟健順五常之氣。子之性，聖之質；子之學，聖之功。子猶聖也，聖猶子也。子其自攻，而反以我爲迂，子迂乎？先生迂乎？苟子修而静之，勉而安之，踐其形，盡其性，由思入睿，自明而誠，子希聖乎？聖希子乎？子其自棄，而反以我爲欺，子欺先生乎？先生欺子乎？」

予於是叩首而謝曰：「駰也，昧道懵學，倥侗顓蒙，坐井觀天，戴盆仰日，捫舌之罪，豈敢避之。然而辱令教命，剔開茅塞，洞見天君。駰雖不敏，鑽仰之勞，豈敢負先生之知乎！」無名公、誠明中子拊吾背曰：「吾子勉之！他日聞天地間有一清才者，必子也夫！」余辭而不敢當。三先生不久留，余亦驚悟，醒然視之，不見其處。

❶「曰」，原脱，今據成化本、畿輔本補。

❷「不」，原重文，今據成化本、畿輔本删其一。「不可」，四庫本作「不可不」。

弔荆軻文并序❶

歲丙寅十月，步自鎮州，歷保定，將歸北雄，息肩于易水之上。草枯水落，❷寒風颯起，登高四顧，慷慨懷古，人莫測也。「風蕭蕭兮易水寒」，此非高漸離之歌乎？荆軻與太子瀝泣共訣，❸刎血相親，❹就征車而不顧，望行塵之時起，非此地乎？方其把臂成交，豪飲燕市，烈氣動天，白虹貫日，亦一時之奇人也！至若怒秦王，滅國，❺奇謀不成，飲恨而死，獨非天意乎？嗚呼！軻乎！吾想夫子之憤惋，千載不散，遊魂於此矣。古稱「燕趙多感慨悲歌之士」，余不忍負此言也，故投文以弔焉。其辭曰：

稷文祚絶兮，天驕强嬴。六王猖狂兮，係首咸京。席捲天下兮，勢若縛嬰。英雄膽落而求死兮，膏鑊鋸之餘腥。❻脱身于商網兮，寄命儒坑。嗚呼吾子，將何爲哉？此時何兮，❼不匿影而逃形。慚一

---

❶「并序」，原脱，今據畿輔本補。
❷「水」，畿輔本作「木」。
❸「共」，原作「其」，今據四庫本、畿輔本改。
❹「刎血相親」，畿輔本作「抆血相視」。
❺「國」上，畿輔本有「燕」字。
❻「腥」，原作「醒」，今據四庫本、畿輔本改。
❼「何」，畿輔本作「何時」。

時之豢養兮，遺千古之盜名。逞匹夫之暴勇兮，激萬乘之雄兵。挾尺八之匕首兮，排九鼎之威靈。死而傷勇兮，雖死何成？嗚呼吾子，何其愚也。❶相彼白帝之嗣兮，豈燕、秦之鬼囚？阿房未灰兮，❷驪山未秋。走鹿未罷兮，素羅未游。子亦何人兮，敢與天仇？嗚呼太子兮，豈無良謀？招賢養士兮，信義是求。胡爲㗰猲獢搏於菟兮❸，不顧吞噬之憂？召公之廟不祀兮，將誰之尤？損燕士之奇節兮，吾爲子羞。感霸業之遂墟兮，悼昭王之不留。仰蒼天之茫茫兮，寫我心之悠悠。

苦寒賦

嚴氣積，玄律窮。北斗知春，迴指于東。惟功成而不去，孰頊冥之可容。乃鬱彼孽暴，激彼威鋒。凝愁雲而蔽日，怒寒風而攪空。奪陽春之生氣，使天地閴然寂然，如未判之鴻濛。于時燭龍絶光，熒惑失次。陽烏斷足，火鳥縮翅。畢方高飛而遠翔，㾮牛毛寒而縮蝟。炎帝爲之收威，祝融爲之屏氣。羲和倚日以潛身，盤古開天而失視。天吴死于朝陽之谷，倏忽滅于海南之地。若乃焦溪涸，熱海澄。沸潭止，温泉冰。火井凍，陽谷凝。炎洲地冽，裸壤毛繒。熒臺烟滅，瘴水生淩。而我生于此時，奚凛冽之可勝！或有從軍永訣，

❶「何」，原脱，今據成化本、畿輔本補。

❷「阿」上，原衍「其」字，今據成化本、畿輔本删。「房」，原作「旁」，今據四庫本、畿輔本改。

❸「獢」，原作「驕」，今據四庫本改。

去國長違。霜鋒寶劍，鐵襯單衣。積雪没脛，悲風激懷。夜渡劍河，曉上輪臺。陰山雪漫，瀚海冰厚。❶當此苦寒，十死者九。又若寒門久客，貧閭故居。不爨不燭，無衣無襦。鼻酸氣失，墮指洌膚。火如紅金，薪如桂枝。兒號妻哭，痛盡傷悲。抱膝而苦，竟死何裨。噫嘻嗚呼！天歟！地歟！神歟！彼頊冥之不去，我生死其何辜。嗚呼噫嘻！

蓋嘗聞之，無寒不温，無貞不元。時之革化，由是而門。吁炎吹冷，元氣所存。貞極不元，寒極不温。乖序錯命，罪半東君。於是易川牛馬走，地上蟣蝨臣。再拜東方發狂語，唇凍舌澁難具陳。告我東君，胡甚不仁！嗟生類而欲盡，君奚爲而不春？匪我語汝，其孰汝親。匪君顧我，孰活我人。我藉汝力，汝假我神。挽天地之和氣，❷黜頊冥于玄根。❸汲東海之泥以接地軸，鍊泰山之石以補天輪。以廣厦萬間，庇吾民之凍骨；以布裘千丈，弔四海之冰魂。使颼颼赤子鼓舞於春風，熙熙然樂其天真。胡爲弛綱維而退避，獨廉讓而謙尊？我徒問汝，汝且不言。於是乎乃歸，墐其户而葺其楹，襲其被而重其衣。不尤乎神，不怨乎天。束手容足，以順乎時之自然。

---

❶「冰」，原作「水」，今據成化本、畿輔本改。

❷「挽」，原脱，今據成化本、畿輔本補。

❸「冥」下，原衍「挽」字，今據成化本、畿輔本删。

讀藥書漫記二條

人秉是氣以爲五臟百骸之身者，形實相孚，而氣亦流通。其色聲氣味之接乎人之口鼻耳目者，❶雖若汎然，然其在我，而同其類者，固已脗焉而相合，異其類者，固已怫然而相戾，❷雖其人之身，亦不得而相知也。❸如飲藥者，以枯木腐骨蕩爲虀粉，相錯合以飲之，而亦各隨其氣類而之焉，蓋其源一也。故先儒謂：木，味酸，木根立地中似骨，故骨以酸養之。金，味辛，金之纏合異物似筋，故筋以辛養之。鹹，水也，似脉。苦，火也，似氣。甘，土也，似肉。其形固已與類矣，而其氣安得不與之流通也。推而言之，其吉凶之於善惡，亦類也。

天生此一世人，而一世事固能辨也。❹蓋亦足乎己而無待於外也。❺嶺南多毒，而有金蛇、白藥以治毒。湖南多氣，而有薑、橘、茱萸以治氣。魚、鱉、螺、蜆治濕氣，而生於水；麝香、羚羊治石毒，而生於山。蓋不能有以勝彼之氣，則不能生於其氣之中。而物之與是氣俱生者，夫固必使有用於是氣也。猶朱子謂

❶「色聲」，至順本作「聲色」。

❷「怫」，原作「拂」，今據至順本改。

❸「相」，至順本、成化本、畿輔本作「自」。

❹「辨」，至順本、畿輔本作「辦」。

❺「待」，原作「持」，今據至順本、成化本、四庫本、畿輔本改。

「天將降亂，必生弭亂之人以擬其後」。以此觀之，世固無無用之人，人固無不可處之世也。

書示瘍醫

《周禮·瘍醫》：「凡療瘍，❶以五毒攻之，以五氣養之，以五藥療之，以五味節之。」五毒，疑即醫師所聚毒藥。凡五藥之有毒者，非謂一方五藥，而可以盡攻諸瘍也。攻與療，所以去其疾也；養與節，所以扶其本也。蓋攻則必養之，療則必節之，攻視療加急，養視節加密，理勢然也。鄭氏釋五毒，以黄堥置石膽、丹砂、雄黄、礜石、慈石其中，燒之三日三夜，其烟上著，以鷄羽取之以祝創，惡肉破骨則盡出。宋楊文公見楊嵎驗之，果如鄭所云。此蓋古方五毒藥之一爾。若即以是爲五毒，則不惟聖人之言不如是之狹而執，兼與下文五氣、五藥、五味之言亦不類矣。予又恐以楊之偶中，而致人之不中也。賈氏疏，又以五藥爲五毒，則鄭既失經之意，而賈又失鄭之意也。❷

東坡嘗論學儒不但費紙，而正俚語之非。唐庚論陶隱居注《本草》與《易》之説，非知言者。蓋儒術之大無對，非可與醫並言者也。然衆技校之，❸則李明之嘗言，蘇沈《良方》猶《唐宋類詩》，蓋言不能詩者之集詩，猶不知方者之集方也。一詩之不善，誠不過費紙而已；一方之不善，則其禍有不可勝言者矣。友人爲

---

❶「凡」，原作「兄」，今據至順本、成化本、四庫本、畿輔本及《周禮》改。

❷「失」，原作「鄭」，今據至順本、成化本、四庫本、畿輔本改。

❸「技」，原作「枝」，今據至順本、四庫本、畿輔本改。

醫者，求余書其醫瘍也，❶故云。

武遂楊翁遺事

翁與予外家通譜牒一世矣，昭穆則舅父也。八十歲餘，每一過余，輒自喜數日，而謂有所得也。好聞邵氏惡盈語，每告之一二，必手録而藏之。嘗謂余曰：「予視世俗，惟余與山西一石丈者，其所爲頗當吾子意，宜吾子之不見合於人也。」略能道余家數世事，每援之以爲其朋友子孫之戒。臨終，遺其子孫者無他語，惟及余，戒其諸孫，令從予學而已。

翁舊嘗與余言：「昔自西山來武遂，涉百里途。一日意甚速，訪捷徑於人，視所嘗往來當早至。中途遇人奪騎補馹傳，乃遠避之，❷乃反迂于所常往來者。爾後思之，事莫不然，遂不敢求捷。」又云：「某人者，擁高官以南，余謂其人不免，後果如予言。蓋治行時，余見謀利之具以知之。」又云：「昔年二十餘，遇保州抄騎，身已十餘創，即伏而死矣。其一人復抽刀，由背及腹剌至地而去，是時，豈意復生於天地之間六十年餘也！以此知生死非人所能爲也。」又云：「保州屠城，惟匠者免，予冒入匠中，如余者亦甚衆。或欲精擇事

---

❶「余」，至順本作「予」。以下或同，不再出校。

❷「遠」，至順本、成化本作「走」。

能否，❶其一人默語之曰：『能挾鋸，即匠也。拔人于生，擠人于死，惟所擇。』事遂已，而凡冒入匠中者，❷皆賴以生。當時恨不知其人之姓名。」若此等語，每語次，必一二及之。余亦樂聞，而不厭其言之屢也。性喜飲，醉即微笑。好談佛書，亦頗能知其微處。

嗚呼！親舊日益盡，予日益孤，感念知己，不覺涕零。遂書此示其子孫，使知翁之言行如是，其令不忘余家之好云。❸翁字吉甫，忘其名。至元十六年正月十六日，書於吟風亭。

敘節婦賈韓❹

韓氏，中山治中賈公之子增順妻也。其先真定獲鹿人。父某，金末嘗代上黨張公爲潞州帥，後歸國，移鎮彰德西道。會有告其與金恒山武公通問訊者，遂繫獄行唐。當天下草昧，非强宗豪族，不能自保其室家。況當衰謝罪累之餘，其强淩豪奪，孰復能禦之者！時韓氏年已十五，姿色復過人，獨能以禮適名族，其風節已可想見矣。

年廿七，增順死，賈之族黨有欲嫁之者，韓氏以死拒之。其兄知沁州事某，憐其少寡，欲迎歸之。韓氏

❶「事」，至順本、成化本無此字。

❷「冒」，原作「胃」，今據至順本、成化本、四庫本、畿輔本改。

❸「其」，畿輔本作「且」。

❹「韓」下，畿輔本有「氏事」二字。

恐其將嫁己也，凡五往復，終不許。及年四十，則曰：「吾老矣，吾兄必不强我也。」方一往焉。韓氏出衣纓，復移天于大家，其生長見聞，宜不知勤儉勞苦爲何物也。及增順死，家無以爲生，童稚嗷嗷待哺於前，韓氏即斥去脂澤，其服飾，雖山野農家之所不堪者，韓氏處之若素也。復慨然以勤力自任，每夕以麻二束自課，❶剥而績之，盡焉而後寢。其事舅姑，接夫子，御妾媵，待親戚，則又鄉閭以爲模範者。其壻郭賡，屢爲余言之，始爲敘其大略，庶有如安定胡翼之者聞，將著之賢惠録云。

❶「夕」，至順本作「日」。

静修先生詩文拾遺卷五

書

答田尚書❶

某再拜復：

禮意懇到，至於再三，雖不敢當，亦所不敢拒者。然勢有不能者三，今不免一一焉。近有人自鄉中來，水幾嚙先墓，尚賴相去甚近，時得展省，❷而謀所以遷避之方，必三歲而後可庶幾焉。一也。家堂垂老，有所生女子在趙州，亦欲時一相見。若遠去，則往復極不易矣。二也。外舅郭判官，平生受知最重，今在平定卧疾。十月間已一往省視，臨别垂泣云：❸「比死，幸得一相見。」近其子書來，云：「變腫而利。」醫者云：

❶「尚書」下，至順本有「書」字。《答田尚書》文下，至順本附《田侯請疏》，底本在《静修先生文集附録》卷上，即田尚書《請劉先生教子疏》。

❷「得」，至順本作「有」。

❸「泣」，至順本作「淚」。

「利，不利於是證也。」拙婦聞之，殆難爲懷。欲遂俱往視之，則山路崎嶇，往復千里，而勢有不能，殆不免某復作一行也。三也。有此三者而遂舍之，將以教人而先失此，雖公亦所不與也。可往則一來即往，誠不敢虛謁以要人之再三。公若不亮察，雖百往復，亦止此而已矣。

某再拜。

答何尚書❶

某再拜復：

辱疏禮意甚厚，❷實非所敢當也。然易之風土，素所慕愛，而公之才器，則又所願交而未得者也。又平生嘗苦無書讀，❸每思欲舘於藏書之家，而肆其檢閱。而今之藏書，復孰有如公之多者？是三者，蓋十年之所欲求而不得者，今一朝不求而併得之。且公出貴家，而能不忘子孫教養之計，求之古人，亦不多見，而

❶「尚書」下，至順本有「書」字。《答何尚書》文下，至順本附《何侯請疏》，底本在《静修先生文集附録》卷上，即何瑋《請夢吉先生教子疏》。

❷「疏」，畿輔本作「書」。

❸「又」，原作「入」，今據至順本、成化本改。四庫本、畿輔本作「某」。「嘗」，原作「當」，今據至順本、成化本、畿輔本改。四庫本作「常」。

某又何暇辭。但事緒卒不能絶，六、七月之交，當再議之。❶

某再拜。

與王經略❷

八月廿八日，劉某再拜：

以平生知己有五年之别，❸且還自數千里外，款段下澤，奉候起居，角巾私第，從容觴詠，爲數日留，以道前日西山連榻、南州並轡之好，實初心也。故自四月初始聞有歸意，訪問迄今無虚月。及至，則腹痛連綿不止，而不能徑往。南望依依，徒增悵恨。仲實來，仍聞執事脚氣作，不知近日復何如？謹專人奉問，續當親往。

未間秋嚴，❹維順時以道自愛。不宣。

某再拜經略恩公執事。

---

❶「議」，原作「識」，今據至順本、成化本、畿輔本改。

❷「略」下，至順本有「書」字。

❸「平生」，至順本作「生平」。

❹「未間」，四庫本作「時際」。

答張推官❶

某頓首啓：

自獲與仲實交，❷嘗竊聞家世昆季之美，❸而執事恬退之節，樂易之風，雖未之識，固已若親承其教。五月間，彥通來，聞秩滿家居，而僕方私或以事至府，❹則庶得一見焉。及仲實至，則紙墨等物遽蒙先施之辱矣，且許以北行則取道於此，而將枉駕焉，感慰不自勝。然思其所以得此，豈仲實諸人嘗以不肖欺執事也？比當面敘，姑此馳謝。

八月廿八日，某再拜推官先輩執事。

答王判官❺

某頓首復總判執事：

---

❶「官」下，至順本有「書」字。

❷「獲」，原作「猴」，今據至順本、成化本、畿輔本改。四庫本作「僕」。

❸「竊」，原作「切」，今據至順本、成化本、畿輔本改。以下逕改，不再出校。

❹「或」，四庫本作「計」，畿輔本作「計或」。

❺「官」下，至順本有「書」字。

向居保府，竊聞才名風節之餘，向慕而願交之者有日矣。然公宦游南北，而僕復閉門癡坐，蹤迹蹉跌，是以十年之間，僅望見風采一二於稠人之中，竟未嘗接杯酒殷勤之歡，以道其相與之意。及來山中，交道日狹，故人日踈，凡鄉曲之賢，平昔之願交而未得者，日往來於心，其相與之意故在。忽八月九日，領四月間見寄詩，其賦敘平實而興寄高遠，❶辭旨精嚴而風格古雅，其平日磊磊自負，與夫期待之辱，❷又概見於言意之表。讀之不覺驚喜，向之願交而相與者，自此敢少進於前矣。特恨浮沈久而得之晚，❸和答難而報謝遲，故謹專人，先此馳復。

比良晤，秋嚴，惟順時以道自愛。不宣。

八月廿七日，某再拜復。❹

答郭勸農❺

某頓首再拜，復書勸農仲淵先生執事：

---

❶「輿」，原作「與」，今據至順本、成化本、四庫本、畿輔本改。

❷「辱」，畿輔本作「厚」。

❸「特」，原作「恃」，今據至順本、成化本、四庫本、畿輔本改。

❹「復」，至順本無此字。

❺「郭」，原闕，今據四庫本及《静修先生詩文拾遺》卷一《哀郭勸農》補。

辱惠書，知勇退之節，好士之風，不勝歎服。所喻舉可爲縣學師者一人，見保府及旁郡諸友人，年及四五十以上者，皆已經擢用。某在城一二生徒，❶稍通經者，亦以事奪不能去。惟李某字某者，見在新安縣三臺村居，❷其事行頗可爲小學師，❸其累稍輕，或可暫去鄉邑。然逼於嚴命，不敢不勉思之，欲求如許端甫者，實不可多得也。蓋如斯人，每每已在仕路，不然者，或老病不任教讀也。僕平昔一二生徒，精通文義者，❹亦各以事纏綿，不能遠去。爲執事計，不若懇留許君之爲得也。恒之習之迴，謹此奉報，不能既。二月十一日。

如深澤李德常、南宫康和之皆可，但不知其人肯應之否。

答醫者羅謙父

八月二日，駰頓首再拜復太醫先生侍下：

人來，領書，及見賜諸醫書，前後受賜稠疊矣。僕自六月七日中山會葬妻父，七月五日迴，目疾暴發，至今昏花，所謂《醫經辨惑》，纔檢校一二三簡而已。昨日定興奔舅氏喪迴，而知專人來，且以繕寫《脾胃論》見

❶「某」，成化本、四庫本作「其」。

❷「新」，原作「親」，今據成化本、畿輔本改。

❸「事」，成化本、畿輔本作「學」。

❹「精」，成化本作「稍」。

命，則愈增稽緩之媿也。然目疾纔愈，尚不敢久視。且一二日間，欲於門側建一草亭，又不免監督之役。恐久曠日期，而虚來人之傭直也。今日早飯竟，故遣歸。其二書約兩月可畢，至期使之來取可也。

仲實近出，來，即送書去。

比良晤，惟以任重自愛，不宣。克温無異此。

駰再拜太醫先生侍下。

請趙教授就師席

總管府廉孚等，謹致書于教授安之先生足下：

近聞病體就平，學者莫不相慶。比講堂落成，有府學生尚克温等修舘舍、備束脩以請。伏望早就師席，以副國家崇學育才之意。

正月初八日，孚等再拜。

靜修先生詩文拾遺卷六

記序哀詞贊疏題跋十一首

宣化堂記

大哉化也，源乎天，散乎萬物，而成乎聖人。自天而言之，理具乎乾元之始，曰造化。宣而通之，物付之物，人付之人，成象成形，而各正性命，化而變也。陰陽五行，運行乎天地之間，綿綿屬屬，自然氤氲，而不容已，所以宣其化而無窮也。天化宣矣，而人物生焉。人物生矣，而人化存焉。大而父子、君臣、夫婦、長幼、朋友之道，小而灑掃、應對、進退之節，至于鳶飛魚躍，莫非天化之存乎人者也。天能物與之化，而不能使之不違其化，所以明人倫，察物理，作禮樂，制刑政，❶以修其道，以明其德。人欲化而天理，血氣化而性情，呻吟化而謳歌，暴夭化而仁壽。洋洋乎而發育萬物，而放乎四海，盤亘天地，貫徹古今，而莫之違者，此聖人宣天地之化，以立人之化，而使天下後世宣之也。於是時，君宣聖人之化，大臣宣時君之化，列侯守令又宣大

❶「刑」，原作「形」，今據成化本、四庫本、畿輔本改。

臣之化。至于一家宣一長之化，一身宣一心之化，一事宣一理之化，一物宣一性之化。化而宣，宣而復化。宣而不已，至于不宣；化而不已，至于無所化。故人伸天化之上，天隱人化之中。合人物於我，合我于天地。融溢通暢，交欣鼓舞，無所間隔，❶無所壅蔽，人化宣而天化成矣。自世教衰，主德不宣，恩澤不流，而列侯守令又不能承流而宣化，所以陰陽錯繆、氛氣充塞而天化窒，群生寡遂、黎民未濟而人化息。噫！天地之化，會于人心，聖人之化，布于方策，顧人之宣之者何如耳！

順天治中周侯孟戩，故都運公之長子也。學業淹備，才術通濟，而深識治體。昔郡牧劉公病且卒，而繼者未至，侯以獨員主治，有聲。嘗於時豐政暇之際，新其府之公堂。謂是堂者，一道聽政之所也，上之化由是而宣，乃大書其扁曰「宣化」，蓋亦有意于宣其上之化也。且請予記之，以爲執事者律。予申之曰：「堂以是名，人登斯堂，思所以下教令，思所以變風俗，思所以息獄訟，上恐負朝廷興化之意，下恐負吾民望化之心，如是，則雖無斯名，豈無斯名？堂以是名，人登斯堂，苟俸禄于此，待日月于此，行賄賂于此，教化不行則歸之上，風化不美則歸之下，如是，則雖有斯名，安用斯名！嗚呼！堂既以是名矣，登斯堂者，無負我侯，無愧斯名。」

至元庚午十二月朔，易川劉駰謹記。

---

❶ 「間」，原作「開」，今據成化本、畿輔本改。四庫本作「閡」。

歸雲庵記

易有鄉曰「淩雲」，鄉有道庵曰「歸雲」，鄉民劉用之所作也。用家有田千餘畝，水磑二區，白金二千兩。性薄於自奉，而喜施予。乃並其居築老子祠，祠側爲環堵十餘，客有學老氏之静者，延而居之，凡衣食皆給焉，使得一意於學，而無事相往來。如是者二十年，其田財費以盡，而用亡矣，客亦散矣，今但有奉祠者數人而已。嗚呼！用亦勤矣哉！蓋聞燕山竇氏之風而興起者，惜其智力止及於此而已也。

昔予游西山，過其鄉而徘徊者久焉。見其山水雄勝，雲烟奇麗，慨想一時賓主之樂，不覺有飄然遺世、泠然長往之志也。至元丙戌，用之女夫鄧淵拜予，請紀石以旌其事。予問用他所行，❶曰：「嘗收瘽老十餘人，養之家終身焉。又通瘍醫，以藥授病者，不責償。」問用時環堵客，曰：「往往以道術知名，亦有被徵車、賜真人及師號者。」問今奉祠誰，曰：「丈人時客崔徵士之徒也。」問築祠始末，曰：「今五十年矣。」問祠所里名，曰：「沈也。」余於是念疇昔之經行，傷有志之不就，取老氏之旨，爲歸雲之章，授今奉祠者，俾歌之以爲步虚之變焉：

惟靈居兮大無鄰，旋一氣兮凝雲。忽乘之兮下覽，思明示兮德之門。相彼髦士兮尚不稱老，況乾

---

❶ 「行」下，原衍「狀」字，今據至順本、成化本、畿輔本删。

之尊兮有嚴其昊。孰守虚柔兮恒處予道。眷兹人兮與俱，命白雲兮前驅。渺何方兮故域，雲遥遥兮踟躕。

是年三月望日，容城劉某記。

田景延寫真詩序❶

清苑田景延善寫真，不惟極其形似，併與夫東坡所謂「意思」、❷朱文公所謂「風神氣韻之天者」而得之。夫畫，形似可以力求，而意思與天者，必至於形似之極，而後可以心會焉。非形似之外，又有所謂意思與天者也，亦下學而上達也。予嘗題一畫卷云：「烟影天機滅没邊，誰從毫末出清妍？畫家也有清談弊，到處南華一嗒然。」此又可謂學景延不至者之戒也。❸

至元十二年三月望日，容城劉某書。

---

❶ 按：本文内容，與《静修先生遺文》卷六《書東坡傳神記後》第三段大致相同，其中《書東坡傳神記後》爲全文，本文爲節録。

❷「與」，原作「矣」，今據至順本、成化本、畿輔本改。四庫本作「舉」。

❸「謂」，原脱，今據至順本、成化本補。四庫本、畿輔本作「爲」。

玉田楊先生哀辭❶并序

余平生所與往還通問訊者，皆有日録，而以時考之，庶其有自警者焉。昔者有自京師至者，曰：「玉田楊先生嘗問子動静於我。」❷又曰：「嘗問子言貌于我。」或又曰：「先生謂予，過此必識子，是以來。」若是者無虚歲。至有素疾予如仇讐，而擠毀百至，一及先生之門，則必皤然親愛。予亦不知何以得此于先生也。後得先生手疏，訪故人遺文行實，而先人與焉，予始疑先生之所以拳拳于余者，或以先人故。思欲一見，以報其知，而先生殁矣。後五年，至元丙子，其子遇始與予會，其雅相敬愛猶先生。❸又二年，遇謂予曰：「先人愛子者，子爲辭以哀先人，莫子宜。」予固幸其得以遂予哀，故不辭。

先生諱時煦，字春卿，仙翁雍伯之後。嘗爲興文署丞。幼穎悟質厚，制行不爲崖岸。性喜客，❹家雖貧而延致接納無虚日。隱居教授餘二十年，名公貴人往往出其門者。築一室，❺環種以竹，名之曰「庸齋」。

❶「哀辭」，原闕，今據至順本、成化本、四庫本、畿輔本及目録補。
❷「子」，原作「予」，今據至順本、成化本、四庫本、畿輔本改。
❸「雅」，原作「惟」，今據至順本、成化本、四庫本、畿輔本改。
❹「性」，原作「惟」，今據至順本、成化本、畿輔本改。
❺「築」，原作「等」，今據至順本、成化本、四庫本、畿輔本改。

或爲圖其象，爲野服蕭然，先生顧而樂之，名以《庸齋自適》。先生之病革也，訣其門人李生曰：「予平生無媿於世。」言竟，怡然而逝。其所學與其所行，蓋可見矣。而世獨以好客稱之，❶非知先生者。遇，今爲史院編修官。孫肯堂，亦好學。其詞曰：

嗟漓澆兮孰可淳，賦敦厖兮公其人。❷揚爾波兮一我存，矯獨立兮與物春。物來納兮吾渾淪，氣被物兮吾氤氲。❸彼巖巖兮駭絶倫，嗟離物兮危爾身。彼悠悠兮逐世紛，孰有渭兮不涇渾。庸可常兮德有鄰，微先生兮吾誰與親！

可庵韓道士真贊

不巢、由，不伊、周，陶然方外游。不滄浪，不廟堂，超然無何鄉。冠其髮，繩其鬚，温然山澤癯。水其心，雲其身，飄然葛天民。俗而無塵，野而有文。九十康强，人間幾人？吾謂可庵之真，乃神仙之神也。

---

❶「獨」，至順本作「特」。

❷「敦」，原作「敢」，今據至順本、成化本、四庫本、畿輔本改。

❸「氤氲」，至順本作「氤氲」。

王治中請趙君玉疏

道人游於内，形骸無廢疾之嫌；老者近於親，飲食有豢養之戒。❶惟其布帛之文不爲野，所以耆艾而信可以師。伏惟提學先生，經明行修，年高德劭。人惜士安之苦節，天留鑿齒之半軀。某蚤失師傳，今勞王事。每慚將逼於晚景，但欲長聞於善言。❷避堂寢以舍蓋公，固不敢當禮賢之僭；載酒肴而過揚子，庶或能伸問字之勤。❸厨傳已修，薰沐而待。❹

請趙提學疏丁亥正月

桑梓懷歸，遂老者之志；蓬茅增價，賴賢者之光。惠然肯來，實爲全美。伏惟提學先生，詩文律口而成，舉動聽天之命。置之中座，居然宿儒。某等久爾鄰居，歆乎雅望。使先生春秋浮湛鄉社，亦何慚東道主人之招；令我輩朝夕出入里門，庶能免西家愚夫之誚。

---

❶「豢」，原作「患」，今據畿輔本改。至順本、成化本作「忠」。

❷「長」，至順本作「常」。

❸「庶」，原脱，今據至順本、成化本補。「或」，至順本作「幾」。

❹「待」下，至順本有「謹疏」二字。

請趙安之就師席疏❶

爲州郡立師，❷久著朝廷之令式；選生徒入學，屢頒臺憲之條章。遂興激勵之心，❸爰得依歸之所。恭惟教授先生，❹蚤親有道，晚舉力田。以公論所歸，膺師儒之選。某等幸居是郡，得與諸生。❺敬備束脩，願行見先生之禮；特新講肆，❻望不虚鄉國之勤。❼

靈陽觀鳩糧疏

奉爲本院見闕道糧，謹投一鄉上善，共加補助者。竊以力田固清修之本，收功有豐歉之殊。終歲徒勞，

❶「安之」，至順本作「教授」。
❷「爲」上，至順本有「伏以」二字。
❸「遂」，至順本作「共」。
❹「教授」，至順本無此二字。
❺「與」，至順本作「預」。
❻「肆」，原作「肄」，今據至順本改。
❼「勤」下，至順本有「謹疏」二字。

連年失望。驢虞里巷，共歌樂土之有秋；寂寞齋厨，實望仁人之移粟。❶

跋魯公祭季明姪文真蹟後

季明與盧逖同時遇害也，今公所謂「仁兄愛我，俾爾傳言」者，不應居逖之後也。果先之，則潛告之舉，自忠節發，而史爲遺誤矣。且公於其父之廟碑，自敘距師古爲四世，與忠節爲同祖。而新史乃以公爲師古五世從孫，與忠節爲同五世祖。不應公自敘，亦如撰《歐陽璀碑》之有誤也。舊史自以之推爲公與忠節之五代祖，❷以忠節爲公之從父兄矣。不知新史何所據而改之？而汪應辰於公傳，辨師古五世之誤，於《忠節傳》，不辨其同五世之誤，亦可謂考之不精矣。是以知歐陽永叔不敢以《新唐書》世系列傳爲正者，不特張、許、孔氏，而曾子固所謂史誤者，又不特《李白傳》而已也。

至元丁丑八月癸亥日，容城劉某書。

---

❶ 「粟」下，至順本有「謹疏」二字。

❷ 「代」，原作「伐」，今據成化本、四庫本、畿輔本改。

書饕餮圖後❶

饕餮之生于唐虞，猶水物之生于陸也，雖欲饕餮，烏得而饕餮。然其所以爲饕餮，則陽中之陰所不能絶，❷雖欲不饕餮，烏得而不饕餮。以烏得而不饕餮者，與烏得而饕餮者遇，是以天下莫不見其爲饕爲餮，而得以饕餮之也。及世運降矣，人道晦矣，淳者漓而和者戾矣，《關雎》、《麟趾》之意息，而《河圖》、《鳳鳥》之歎興，饕兮餮兮，此其時也。孰從而見其饕也，孰從而見其餮也，而又孰得而饕餮之也？此饕餮之所以列于器也。夫饕餮之所以列于器也，其所以著夫惡，則禹金以魑魅鑄，楚史以《檮杌》名也；❸其所以示夫戒，則尊彝之取象，盤盂之有文也。《吕氏春秋》謂：「以象形飾者，周制也。」或者曰：「以形象識之，則殷器也，非周制也。」是則不可得而知也。世且不可得而知，又烏得而知其用也！

金臺田景延得古饕餮，拱泉而垂腹，羸其面而坐則人焉。其下若有承盤者然。河東元裕之爲之考，定其爲古器之無疑也。景延遂以劉敞、吕大臨例而圖之。其友郝伯常，欲爲道其然而不果，而屬予。嗚呼！人之於古器物也，强其所不可知而欲知之，則爲博物之增惑也。舍其所不可知，而特慕其古焉，則爲玩物之

❶ 按：本文第二段内容，與《静修先生遺文》卷四《饕餮古器記》大致相同，其中本文爲全文，《饕餮古器記》爲節録。

❷ 「絶」，原作「紀」，今據成化本、畿輔本改。

❸ 「杌」，原作「杬」，今據成化本、四庫本、畿輔本改。

喪志也。爲增惑，爲喪志，皆非知好古者也。舍其所不可知者，而求其所可知者，則古人之所以爲戒者，在我矣。因其所可慕者，思其大可慕者，則古人之所以爲古人者，自此而得矣。求知，是知也；求慕，是慕也。則斯器也，固有爲致知之一、明德之端者。不惟在我之饕餮以此而見，在物之饕餮，我將自此而得以饕餮也。

至元丁丑正月丙寅，容城劉某書。

静修先生詩文拾遺卷七

先世雜事記

改葬後祭文　西塋

維至元五年十月戊寅朔，承祀孫某謹以清酌之奠致告于先塋前：

金塵昔蕩，人其流離。天寒我族，逃難南飛。遼遼松楸，誰主誰依？雨霾烟荒，❶牧踐狐悲。春秋失祀，神其餒而。降及大革，吾宗益衰。骨肉連喪，不免兵飢。我父重生，故里爰歸。險阻艱難，亦倍嘗之。先澤未涸，家運欲伸。裔蘖是萌，不肖惟駰。生遭閔凶，早失二親。先塋所在，莫知莫聞。豺獺報本，孰無此誠？心泚溢顙，中心靡寧。寤辟自譴，云胡爾生。親柩尚旅，先塋未祔。載訪鄉人，得此其處。❷白溝之澳，金容之曲。寔惟故域，於焉是卜。與此相望，不違十里。神遊下泉，尊卑有齒。我惟後人，莫探其紀。

❶「雨」，原作「兩」，今據成化本、四庫本改。

❷「此其」，成化本作「其所」。

念我孤孫，單獨一身。形影相吊，撫迹酸辛。承我先業，惟恐有墜。其敢弗勤，遠大自期。卓然千古，樹我名動。堂堂先靈，死而不亡。庶聞此言，相我後人。宗其有光，神亦不孤。歲時匪懈，拜掃敢忘。尚饗。

改葬後祭文　東塋

祖

念我諸孫，粗濡文墨。實賴我祖，好士雄偉。神卧荒烟，蓋亦有年。豈我父罪？惟某之愆。提携教育，不辱其先。勿以小怠，忘其大全。先父遺命云：「汝祖父母在淺土，我平生艱蹇，不克葬，汝能成之，我事了矣。」

叔　祖

我祖登第，光我劉宗。雖先世德，亦我祖功。天道何如，俾絶其嗣。式值凶飢，遽至于此。我父惟子，惟某則孫。歲時拜掃，其敢弗鈞。

禰

無狀招禍，兒罪彌天。天不遽殞，俾值孤單。亦愛吾宗，❶不忍絶祀于其先。苟立厥嗣，實不願自延。

❶「宗」，原作「字」，今據成化本改。

晨昏奉慰，償過于下泉。嗚呼痛哉！兒復何忍言。

先世行實六條❶

一、遠祖宗

二、高祖敦武校尉、臨洮府録事判官

三、曾奉議大夫、中山府録事

四、祖秉善

五、父述

六、因

高祖昉，敦武校尉、臨洮府録事判官。家居嘗夜坐廡下，見一人盜厨中大釜，識其爲里巷子，呼之語曰：「吾家口衆，明日何以爲具？」盜棄釜而走，止之曰：「若走，即使人執汝，姑於此以待。」乃取錢稱釜之直，與之，且使置釜於竈所。竟不言。及卒，盜來哭，且以其事告人曰：「吾不言，則没翁之德。」嘗爲吏部掾，每爲選人給紙札，曰：「紙札亦細事，□□□□□。」鄉人號爲劉佛子。娶容城王氏，男四。

❶ 「先世行實六條」，原脱，今據目録補。

曾祖俣，字德容。奉議大夫、中山府録事，爲政有聲。每罷歸，望容城北門堠子下車，❶凡長一歲者，無貴賤皆納拜。娶邊氏，有明鑒。

並曾祖劉公子英，業進士，早世。

祖秉善，❷字文卿。少讀書，氣豪邁，以義雄鄉里。貞祐之變，鄉豪以國命推爲萬人長，遂逃避河南。弟秉德，❸登科後，母教之曰：「科舉，無用學，特國家設此以取人耳。❹有志于學者，豈可如是而已！」養孤姪如己出。有外姻之無託者，皆爲撫育，❺不使失所。其子自他而歸，❻遇里中一嫗，揖之。召而責曰：❼「彼年長，雖賤，亦人也。」乃延嫗上坐，使再拜。其嚴類如此。壬辰北渡，六月六日卒於安平，時年五十二。其子扶其柩葬於溝市里之西原。取陳氏，生子男二：曰紫陽，曰述。女曰桂，適金皇族完顏，世襲千户侯。

祖考妣六月九日卒，❽相去無幾日。

---

❶「北」，原作「其」；「堠」，原作「睺」，今皆據成化本改。
❷「祖」，原作「考」，今據四庫本改。
❸「德」，原作「忠」，今據成化本改。
❹「特」，原作「措」，今據成化本、四庫本改。
❺「育」，原作「有」，今據成化本改。
❻「而」，成化本作「所」。
❼「責」，原作「青」，今據成化本、四庫本改。
❽「九」，原闕，今據四庫本補。

叔祖奉直府君行録：

君諱秉德，改國賓，字長卿，小名壽郎，小字延慶。大定二十五年乙巳正月初一日生。登興定二年進士第，釋褐涇州涇陽縣主簿，改滕州滕縣尹，❶遷中書省令史，未幾，改司農主事，尋授密院經歷，終於奉直大夫、鄭州防禦判官。君性安静恬退，與物無競。爲學不喜作詞章。貞祐間，避地河南，隱于豫州之許封山，從學者惟孔文振。茂林修竹，清泉怪石，終歲無人，惟琴書在側。爲省掾時，其一省郎暴怒，以燈擊其僕，偶中君之首。君瞑目端坐，神色不動。其人謝之，曰：「偶爾，何謝焉。」嘗燕居，僮僕鼓躁相詬詈，以謂無人。俄而風動簾起，見君坐于堂中，衆皆惶恐，往謝罪。君方瞑目端坐，少間，開目顧之曰：「若輩何在此耶？」衆乃具以罪狀自陳。君徐曰：「曲直有在，何至于鬭！」戒勿復然。其寬裕類如此。惜乎天不假年，壬辰殁于京師之厄。先娶王氏，早世，而高尚書有鄰欲以女妻之，不許，曰：「吾不能以一女子而下貴人。」遂娶李氏，生子男二人：曰乞住、道道，皆早卒。

君諱述，字繼先。金泰和四年七月九日生。六歲，值貞祐之變，從親南渡。君早有大志，穎悟絶人。❷十六七，棄舉子業。廿六，遭壬辰之革，飢險備嘗，北渡至安平，二親連喪，吾母病篤。先生護柩扶疾，重至鄉土。田園盡非我有，環堵蕭然，宴如也。遂刻意于學。大難之後，無書可讀，求訪百至。十年之間，天文、

❶ 兩「滕」字，原皆作「藤」，今據成化本改。按：藤州藤縣，屬今廣西；滕州滕縣，屬今山東。

❷ 「穎」，原作「潁」，今據四庫本改。

曆數、陰陽、醫方之書無不通，性學、史學，尤所喜者，其書皆手所謄録。往來燕、趙間，交游皆父行之天下名士也。時耶律中令君執政，翰林承旨王公百一以名書薦之，中令欲用而不就。後至順天，隱居教授，杜門絶交，萬事置之度外，惟以教子爲事。曰：「始余四十未有子，嘗語人，果無子則已，若有子，必令讀書。我今教子，亦將以成吾之志而已。」性不喜酒，好長嘯。嘗游易州諸山，當秋風落木之下，危坐終日。時作一曲，其聲雖沖澹蕭散，而其慨然之所不能忘者，亦時見之。然其竹冠葛服，雍容樂易，人謂又有真隱之風焉。❶先生平日明於藻鑑，❷或評論人物，或指明事體，或推究世變，人必待其驗而後服。中統初，左三部尚書劉公才卿宣撫真定道，辟爲武邑令。未幾，以病辭，居真定之北潭。至元四年九月，還順天。明年正月十二日，❸病革，命其子曰：「汝高祖以來未嘗爲惡，大兵之後，吾再生，而汝兄姊俱亡，而汝獨在，汝其勉之。」明日，卒于客舍。六年十月廿五日，葬于容城縣溝市里之西原。娶定興進士楊勔，字勉之。之幼女楊氏，生而有知，年十六，歸先生。兵後，親執爨，無難色。先生晚無子，力請令别娶，先生竟以天命拒之。女曰絡，曰繡，皆適人而卒。先妣十一月初六日卒。

❶「又」，原作「父」，今據至順本、成化本改。
❷「日」，成化本作「生」。
❸「正」，原作「十」，今據成化本及《先君記事》改。

先君記事

泰和四年丁卯。七月九日寅時生。

崇慶元年壬申。從親南渡。

正大二年乙酉。娶楊氏。

壬辰。三月降。五月初五日從親北渡，至安平。六月初□日父母皆病歿。十二月廿三日還容城。

乙未。附籍。

庚子。八月三日寅時長女阿乞生。❶

癸卯。遷定興。

乙巳。遷淶水。八月十五日次女秀生。

丙午。還順天。

己酉。閏二月九日亥時男因生。❷

庚戌。有北京行。

---

❶ 「寅時長女阿乞生」，原作「長女阿乞生寅時」，今據成化本改。

❷ 「男」，原作「秀」，今據成化本改。

甲寅。長女嫁韓氏。

乙卯。遷淶水。十一月初六日喪妻楊氏。

丙辰。次女嫁欒氏。

己未。復還順天。

中統元年庚申。八月往真定。

至元三年丙寅。❶九月還順天。

至元四年丁卯。正月十三日卒。

郭氏親事始末❷

中統四年，郭公許親。至元四年正月，余丁憂。至元六年正月二日，順天教授許邦直傳言，以禫未答。三月十三日，禫終。十五日，以釋服從吉之禮告于皇考，以著即命，遇大有之豐。四月，郝仲常以書去。八月，寇長卿以書來。至元七年正月廿八日，請期。二月十日，王彦材、郝季常送予親迎。三月七日，迎歸。

❶「至元三年」至「十三日卒」二十三字，原闕，今據成化本補。

❷《郭氏親事始末》，原有目無文，今據成化本補。

静修先生續集卷一

詩

擬　古三首

孤蟾皓素色，寂寂虚堂深。❶傷彼蘭蕙花，鬱鬱芳幽林。美人天一方，佳禽響遠音。我有一卷經，洞徹天地心。我有一寸鐵，蕩滌妖氛沉。心定有天游，淵乎祕中襟。所得不可説，此理神其歆。

浮雲翳陽景，靈飈扇我衣。男兒志萬里，誰復傷别離！我生十五年，世事猶未知。慨然慕意氣，遠與千古期。高風不易攀，俗紛亦已羈。所智必我拒，所期必我違。哀歌仰天問，生我亦何爲？撫劍一太息，晝夜中情馳。

人生天地間，太倉稊粟微。❷苟無金石姿，耐此日月飛。當勉玄髮歡，勿取塵世嗤。一笑群憂失，三盃萬事非。豈不志功名？功名來未遲。萬物各有時，時兮不再違。憶昨初讀書，人曰飢寒基。今日追斯言，誠哉不我欺。屠龍無所用，不如學屨豨。鏌鎁非所授，不如囊中錐。多少白面郎，屈節慕身肥。奴顔與婢

❶「寂寂」，畿輔本作「寂寞」。

❷「稊」，原作「梯」，今據四庫本、畿輔本改。

膝，附勢同奔馳。吮癰與舐痔，百媚無不爲。丈夫寧餓死，豈與需臑期。鴻鵠淩雲志，燕雀焉能知。二禽登寥廓，尺鷃笑藩籬。❶世態盡倀鬼，❷吾將誰與歸？

秋夕感懷

新涼入郊墟，金風蕩秋夕。輕河皎素練，寒霜澹白璧。星斗闌干横，孤堂更岑寂。游子起中庭，感慨心襟激。對酒露肝膽，豁然清塵臆。玩世風生口，開懷月滿席。長嘯一聲秋，雄談群動息。壯志海山平，任氣天地塞。醉無捫斗牛，浩歌振金石。哦吟驚鬼神，俛仰洪荒窄。恥爲時輩群，追思古人迹。人生少年時，分陰真可惜。寒窗一經老，區區竟何益？學劍覓封侯，行行匹夫敵。男子志斯民，安用書劍癖。皎然方寸間，自有平安策。一日風會雲，四方賢路闢。致身青雲間，高飛舉六翮。整頓乾坤了，千古功名立。

贈寫真田漢卿别字景延

君不見，濂溪先生畫出《太極圖》，下筆萬物形神枯。又不見，伊洛丈人寫出先天理，鑿破化胎混沌死。靈犀一點透圓光，自然造化隨驅使。景延老筆縱横走，聲名不在龍眠後。一代人材老玉關，精英盡入丹青手。五湖三島在胸中，人間物象無遺蹤。閉門九經庫，意氣摩青空。手探月窟躡天根，千變萬化愁神工。愧我孩提五鬼窮，高軒未遇感秋蓬。千里窮途步兵哭，賓王逆旅客新豐。幸遇知音相見好，倒寫詞源談未

❶「尺」，四庫本作「斥」。

❷「倀」，原作「能」，今據四庫本、畿輔本改。

了。❶閣上麒麟高塚卧，江邊非熊何處老。君王貪夢巫山雲，商霖變作商巖老。❷惟有英雄少年人，路入雲臺猶未到。珍重先生筆下神，等閒莫寫常人真。願君傳寫聖賢之藴，經緯天地之文。窮乾坤無形之理，思風雲變化之春。周邵二公相左右，藐焉不作塵中人。

匏瓜亭

匏瓜隕自天，中涵太虛氣。造物全其真，世人苦其味。雖得終天年，惜坐無用器。伊誰竅混沌，大朴分爲二。一供顔淵樂，一爲許由棄。顔有聖人依，許逢堯舜治。天下非其責，行藏適自遂。秋色高箕山，春風滿洙泗。後來鼎鐺徒，誰知兩瓢貴？寥寥千載間，復墮無用地。神物終有歸，至人可重值。偉哉子趙子，獨兼許顔義。匏瓜集大成，高亭挹空翠。感君亭上名，發我思聖喟。人知聖人言，孰有聖人志？❸聖人心如天，何時無生意。時無不可爲，人無不可致。吾道苟寸施，吾民猶寸庇。❹堅白自有持，磨涅豈吾累。豈不欲無言，恐與匏瓜類。仲子誠少野，强直無再思。聖人進退間，歷歷生私議。請觀欲往心，豈與乘桴異？我生學聖人，棲棲形痦瘵。窮年憂道喪，漫自中腸沸。君才當有爲，自以無用置。我才當無用，自以有爲覬。物性雖有殊，我心良可媿。願君志我志，才志庶相利。使君名我名，名實亦相位。留彼匏中酒，供我浩

---

❶「寫」，成化本、畿輔本作「瀉」。

❷「老」，成化本、畿輔本作「皓」。

❸「孰」，原作「熟」，今據四庫本、畿輔本改。

❹「猶」，畿輔本作「有」。

歌醉。行當取其種，移來易川植。

寄故人二首❶

明時延俊秀，獨分老丘園。道德心猶負，貧窮氣尚存。從容思洛社，親炙憶程門。别後區區意，聊爲知己言。

淹留乏世用，憂戚賴天成。行樂肩輿在，歸休縞袂輕。終身雖有素，生物豈無情？高詠風雲意，行藏問此生。

哭松岡先生

從舍勞親意，擇師得子賢。從游無半載，瞻仰似千年。文字雖時樣，規模有正傳。門生感知己，佇立一潸然。

偶得二首❷

血氣雖衰志愈真，年來温故覺知新。久貧多得鄉閭歎，❸漸老惟於道義親。日月消磨三事樂，❹乾坤俯仰一閒人。幾時卜築唐溪上，分得堯民五畝春。

❶「二首」，原脱，今據四庫本、畿輔本及目録補。
❷「二首」，原脱，今據畿輔本補。
❸「歎」，成化本作「敬」。
❹「事樂」，成化本作「樂事」。

自覺筋骸老漸頑，曾經堅脊度危關。清霜烈日留身後，秀氣春風拂坐間。自有頹波如底柱，莫教秋色避南山。雲鵬税駕今無地，羡煞江鷗盡日閒。

次韻答石叔高

昨屈干旌到敝廬，新詩曾許鳳凰雛。閑中無地宜三徑，天下何方是五湖？抱膝長歌憶《梁父》，曲肱高卧著《潛夫》。朝廷别有真儒在，莫道斯文賴我扶。

次韻答劉仲澤

世態年來一笑餘，易川高興賦閑居。静中一點畫前易，身後數行言外書。不食可憐周二子，獨醒休笑楚三閭。囑君早了《治安策》，枉對寒窗嚼《子虚》。

哭母族李涑陽

先人北還，主於公家。❶吾母卒，因寓葬焉。後因從先人南遷，十年之間，公率家人拜掃不廢。其死也，詩以識哀，因自敘云。❷

亂餘家破苦顛連，生者安居死墓田。瓜李自知蒙厚施，璚瑶終擬奠新阡。餘仁尚墮千夫淚，遺業惟存二子賢。一寸棘心思母切，不堪重詠哭君篇。

❶「主」，原作「生」，今據畿輔本改。

❷「因」，原作「固」，今據成化本、四庫本、畿輔本改。

自　釋

嘗憂身口累心期，溝洫高盟恐易違。仲子不能分跖粟，伯夷終是食周薇。胸中耿耿獨如此，天下滔滔誰汝歸？❶ 洗耳沈江狂狷子，也應猶笑我隨機。

次韻叩泮宫

誤我儒冠一不成，劍華摇落動江城。心飛北闕知天遠，夢入南荒覺地傾。磊落中原千古鹿，淋漓滄海一杯鯨。太平自有諸公在，誰向南陽問孔明！

挽李漢卿

十載從軍苦未遇，❷直教窮死亦堪哀。❸ 交游有淚能知己，天地無心解愛才。孤子猶尋朱硯泣，奚奴不復錦囊開。南兄久客應相識，爲向譙東酹一杯。

---

❶「汝」，四庫本作「與」。

❷「未」，原作「來」，今據成化本、四庫本、畿輔本改。

❸「亦」，原作「易」，今據四庫本改。畿輔本作「益」。

静修先生續集卷二

古賦

渡江賦

郝翰林奉使南朝，九年不還。今國家大舉，方與宋君會獵于江東，❶因之以問罪。北燕處士慨然壯其事，乃計地勢，審攻守，將草渡江策以助之。淮南劍客聞而過之曰：「今兹大舉，長江必可渡乎？江東必可克乎？君其爲我言其勢。」

處士曰：「昔我國家，初基創元。順斗極，運天關。握雄圖，祭雪壇。神人赫爾，折箭以首之。遂超大河，横八荒。跨北岳，漂九陽。南極破而朔風烈，長星滅而北辰張。繼繼承承，臣僕萬方。其威益振，其武益揚。卵壓中原，勢開混茫。蠢爾蠻荆，何癡而狂。自取征伐，孰容爾强！今乃提天綱，頓地統。❷竭冀北之馬，會天下之兵。銜枚疾走，攝號而南行。然後騈部曲，列校隊。愬元戎，誓將帥。横堅陣于高岡，招

❶「與」，原作「輿」，今據畿輔本改。

❷「統」，成化本、四庫本作「紘」。

勝風于大旆。鼓角鳴于地中，旌麾拂於天外。驍騎輕車，匃磕隱訇。❶玄幕緑徽，飛揚晻藹。魚麗長蛇，撼搖覆載。長鋋雪點，流矢雨飛。霜矛電激，神劍飈馳。精甲雲屯，白日爭輝。扇燎原之猛勢，❷奮蓋世之雄威。嗚呼噫嘻！吾想夫陰山虎士，❸茹毛飲血。狀若神鬼，❹氣傲霜雪。嬉於戰鬭，業在征伐。咆哮而貙兕怒，感激而風雲變。頹崑崙而飜海浪，折江河而崩雷電。川谷爲之蕩波，丘陵爲之震眩。使彼淮方之矮馬，蠻溪之豪族，延目望之，固足以拳拘喘汗，免胄肉袒。進不敢敵，退不敢竄。我乃擊奔霆而倏昇，怒長風而迅征。一叱而建瓴折箠，再鼓而瓦解土崩。於是環疊刳塹，麾城下邑。灌以流潦，礮以巨石。前喉後背，左排右掖。一日之間，一方之地，開拓千里。遂乃進楚、泗，拔江都，擊丹陽，取南徐，浙西之津破矣。擁廬、壽，跨烏江，濟蕪海，攻建康，淮南之戍潰矣。平舒剪蘄，順流而下，徑入潯陽，江東之渡得矣。掠荆州，掩黄岡，下江陵，困武昌，湖北京西之虞通矣。❺于時六師奮檝，萬馬吞舟。❻駕黄龍之雲颿，御五牙之蜺艪。斷横江之鐵鎖，焚柵岸之河樓。其勢也，人人清河公，一一韓擒虎。小王濬之樓舩，淩伏波之銅柱。朝發舳

❶「匃磕隱訇」，畿輔本作「訇隱匃磕」。
❷「燎」，原作「撩」，今據四庫本、畿輔本改。
❸「士」，原作「土」，今據四庫本、畿輔本改。
❹「若神鬼」，成化本作「如鬼神」。
❺「虞」，成化本作「鎮」。
❻「萬」，原作「木」，今據成化本、畿輔本改。

艫，夕會南隅。囊括百越，杯觀五湖。靈旗所指，席卷長驅。哀哉宋君，可憐也！戰則爲黄泉之土，降則爲青衣之奴。上絶奎宫之運，下失皇祐之區。草滿金陵，鹿走姑蘇。五溪焦土，七澤丘墟。何其痛哉！」

客聞之而笑曰：「信如公言，以謂遂無宋矣。曾不知大國有征伐之力，小國有禦敵之勢。而我長江所以限南北，山川所以界封域。外則西接巫峽，東至海陵。相望萬里，烽櫓旗亭。其形勝也，臨谷爲塞，因山爲嶂。振扼喉衿，天設巨防。蒼龍玄武之制，白狗黄牛之狀。鐵瓮銅梁之固，劍門石闞之壯。❶ 峭峽東之狼尾，聳荆門之虎牙。持夔州之百牢，揭瞿塘之兩崖。鳥道盤空，戯牙刓天。❷ 馬不得列，車不能旋。一人守隘，萬夫莫前。彼雖有懸車束馬之勤，棧雲梯石之役。我主彼客，彼勞我逸。財殫力痛，❸ 功不補患矣。❹ 内則灘流迅急，波濤洶涌。狂瀾逆走，絶壁障壅。❺ 其所鼓盪，則盤渦谷角，❻ 濤陵山頽。❼ 隮雲遁雨，怒風轟雷。狀如天輪，膠戾而激轉；又似地軸，挺拔而争迴。呑淮飲海，滔天而來。中有舟艦被江，旌甲燭日。

❶「門」，成化本作「閣」。

❷「戯」，成化本、畿輔本作「戟」。

❸「痛」，原作「痡」，今據畿輔本改。

❹「功」，原作「切」，今據成化本、畿輔本改。

❺「壁」，原作「筆」，今據畿輔本改。

❻「角」，畿輔本作「轉」。

❼「濤陵」，畿輔本作「淩濤」。

金翅青龍，風烏水鷁。連檣萬里，牽柂千尺。槁工舟師，選自閩禺。靡飂風，翫靈胥。掬馮夷，❶策天吴。察象馬之神機，責千里于須臾。東守偃城之塢，西屯采石之戍。一舸據津，萬夫莫渡。孫權割險而自霸，曹丕望洋而迴取。加之以春水方生，漲氣連天。蓊鬱薰蒸，玷墮飛鳶。❷彼雖有甲騎百萬，橫屯北岸，安能飛渡我長江乎！又若船襄漢之粟，漕江淮之資。發武庫之兵，剸犀象之皮。鏤銅牙於龍川，伐竹箭於會稽。使巴渝趫捷善鬭之夫服而用之，亦足以抗衡中原，隔障蠻夷，退以堅守，而進以功持也。❸又有義士奮袂，良將登壇。既有枕戈之劉琨，豈無擊楫之謝安。假祖逖以黄鉞之威，拜陸遜以都督之權。而曹公赤壁之役，苻融合淝之戰，公獨不聞之乎？」

處士曰：「表裏山河，備敗而已。堅甲利兵，應敵而已。以勢禦勢，固未知其孰利？曾不知應之以大機，昭之以大義，而有不可禦者。我請爲子籌之。我直而壯，彼曲而老。我有名而衆，彼無義而小。一也。彼江塞之地，盤亘萬里。分兵以守之，則力懸而勢屈；聚兵以守之，則保此而失彼。二也。彼持衣帶之水，據手掌之隅。將惰兵驕，❹傲不我虞。其備愈久，其心愈踈。三也。彼荆鄂之民，舊經剪伐，久痛瘡痍。見

❶「掬」，成化本、畿輔本作「撫」。

❷「玷」，四庫本、畿輔本作「跕」。

❸「功」，畿輔本作「力」。

❹「惰」，原作「墮」，今據畿輔本改。

旃裘而膽落，❶夢毳窟而魂飛。❷今聞大舉，重被芟夷。人心摇落，士卒崩離。四也。彼留我奉使，讎我大邦，使天下英雄請纓破浪，虎視長江，亦有年矣。今天將啓，宋將危。我中國將合，我信使將歸。應天順人，有征無戰。五也。孰謂宋之不可圖耶？」客於是怙然失氣，❸循牆匍匐。口怯心碎，不知所以對矣。

横翠樓賦 并序❹

金臺雄壯甲天下，而山水人物爲最也。其西北有峰，望之巀然而立，巍然而高，琅然而秀者，郎山也。其西四十里有泉，穴城而來，流分而派衍，環乎市井之間，爲一時之偉觀者，雞水也。水之上，又多樓亭臺榭之美，而宏麗特出，❺俯瞰閭閻，騁懷游目，足以極登臨之勝概者，横翠樓也。樓之上，飄輕裾，曳長袖，解劍指麾，釃酒臨江，養胸中之天地，游物外之文章，爲燕南文物之冠冕者，樓之主人也。主人觴于斯，詠

---

❶「膽」，原作「瞻」，今據四庫本、畿輔本改。

❷「毳」，成化本作「竁」。

❸「怙」，原作「怗」，今據畿輔本改。四庫本作「恬」。

❹「并序」，原脱，今據畿輔本補。

❺「特」，原作「符」，今據成化本、畿輔本改。四庫本作「傑」。

於此，❶會賓客于斯，見千巖萬壑，盤紆拂鬱，而坐致乎几案間，❷故樂而名之曰「横翠」也。然而樂其所以樂者，非直爲景物役也，將以取山水之秀而助其氣也。若夫嵯峨巃嵸，刻削峰巒，混涵天地，呼吸萬壑，斬絶峻拔，嶷嶷然有可望而畏之者，與秋色而相高也。❸雲開日出，雨霽虹銷，岧嶤霮䨴，若拂嵐撲黛，靄靄然有可喜而玩之者，朝來之爽氣也。霜露既下，木葉盡脱，水窮霞盡，天高鶩飛，微微螺髻，❹隱隱蛾眉者，天寒而宜遠也。日上壁而乘彩，❺月上軒而飛光，開簾拄笏，把酒而觴者，翠屏之晚對也。朝暉夕陰，烟容雨態，如萬物供四時而無窮也。由是而觀之，主人氣象巍然，襟韻磊落，靈臺洞月，玉骨横秋，飄飄然有淩雲之風者，殆不偶然也。燕趙諸公，多以歌詩道其美，記之者有陵川之雄文，詠之者有木庵之絶唱。前人之述作已備，主人復以文命僕。僕輒不自揆，拾人之滯穗，匄人之殘者，❻亦爲之賦而贅之於後。其辭曰：

---

❶「此」，畿輔本作「斯」。

❷「坐」，原作「空」，今據成化本、畿輔本改。四庫本作「交」。

❸「相高」，原作「高相」，今據畿輔本改。

❹「微微」，原作「徵徵」，今據成化本、四庫本、畿輔本改。

❺「上」，成化本、畿輔本作「下」。

❻「者」，成化本作「暑」，四庫本作「膏者」，畿輔本作「唾」。

丙寅之秋七月，與主人相携登于横翠之樓。❶覽斯宇之所處，極滄溟之盡頭。地連西鄙，雄冠中州。星分箕尾，州别冀幽。控鴈門之右塞，引雞距之清流。倚太行之宕觀，❷接易水之長洲。有如陰雲慘慘，晦日冥冥。林巒失色，嵒壑潛形。或風雨驟至，洶然如半夜之潮生；❸或波濤怒捲，湧然如萬馬之軍聲。使人魂飛膽慄，❹心折骨驚。倀然失視，悚然忘形。怛惻于憀慄兮，而若有遠行者乎！又如雲開山色，雨沐秋容。天光接塞，水影涵空。浮一天之灝氣，快千里之雄風。使人湍飛逸興，浩發吟魂。如登太山，漂崑崙，有可挾日月而薄風雲者乎！又如騁出岫之白雲，傲横空之素靄。揖列壑之青嵐，訪攢峰之翠黛。❺窮島嶼之縈迴，觀宇宙之宏大。吞燕趙之精英，吸乾坤之沆瀣。發胸次之瑰珂，❻豁中襟之蔕芥。❼其亦有思乎古人之登高而吊古，傷時而感慨也。若乃太行之英，郎山之靈。開岫幌，❽闢岩扃，收霧幛，列雲屏。供詩

---

❶「主」，原作「生」，今據成化本、四庫本、畿輔本改。
❷「宕」，成化本作「岩」，畿輔本作「宏」。
❸「洶」，畿輔本作「洦」。
❹「慄」，原作「慓」，今據畿輔本改。本文下同，不再出校。
❺「峰」，原作「風」，今據畿輔本改。
❻「瑰珂」，畿輔本作「磊砢」。
❼「芥」，原作「芬」，今據成化本、四庫本、畿輔本改。
❽「岫」，原作「袖」，今據四庫本、畿輔本改。

情于晚眺，❶貢圖畫于新晴。于時吾與子詠春風于舞雩，濯塵纓于滄浪。來登斯樓，終日徜徉。歌紫芝之曲，酌明月之觴。渺天地于一粒，隨造化而翱翔。期萬代于咫尺，順四時而行藏。下視萬物，杳焉如千里之毫芒。❷然後囂囂然，洋洋然，庶乎可以與天下俱忘者矣。

山居賦❸

出自西門，言涉江滸。背連城郭，依於山阻。負巖爲楹，因麓開宇。山中有人，來叩余户：「公子胡爲？山居良苦。春畏出蛟，冬畏伏虎。虎谷蹲以生風，蛟天飛而挾雨。是以居人春戒於雷陰，行者夜號以求伍。爾乃淒飈恒秋，寒日不午。峻隱霄而難旭，幽含嵐而易暮。見殪雲以生悲，復狂風之常怒。迴阿激峭，崩松飛梠。悄愴寂歷，恍惚驚憮。魈含睇以媚人，猨擲果而相侮。斑蛟蠆毒，元蟻蠅巨。宵眠輾轉，閒居錯迕。且今守令失政，氓不安堵。稻稼鮮收，盜賊時舉。嗟短垣之易超，諒非薄墉之可禦。公子何不斂迹深闉，安神邃宇。春盼陽景，冬避嚴苦。秋衣納清，夏簟卻暑。或意至而遊嬉，維傷時而慕古。對酒當歌，倚觴看舞。友朋相存，從容燕語。承色笑之康怡，倚縞紈而延佇。孰與夫離遠親賓，貍貛爲侶哉？」

❶「眺」，原作「晚」，今據成化本改。四庫本作「照」，畿輔本作「翠」。

❷「杳」，原作「查」，今據四庫本、畿輔本改。「之」，原脱，今據成化本補。

❸《山居賦》，原失載，輯録自《古今圖書集成・考工典》卷一二九，臺灣鼎文書局縮印版第二三九册。

答曰：「嘻！山中人未知之也。厭枯槁者，夸朝市爲榮華；好寂寞者，嘉山林之脩逸。居陋逐紛，苦喧慕寂。性各有安，趣各有適。子之所言，匪余之所則也。今夫倚崖爲壁，鑿岫爲宫。陵薄相帶，丘麓相縈。前則纖阡廣陌，背則嶺複岡重。啓南户而眺遠碧，俯北窻而瞰懸紅。朱霞界天，峰初酡而繼赤；斜暉半視，壑含黄而瞳朧。奇石碕礒，怒峙相向。雪膚鐵色，是不一狀。或獸而蹲，或人以望。欲墜復倚，傾撑横嶂。背登高岡，群峰嵯峨。川原在目，高下交過。古道曲直，新阪陂陁。其雲生也，茌苒蓯蘢，蒙茸婆娑。後先相逐，若期於阿。横巘無缺，出谷有波。奔紫崖而黑掩，映緑樹而白多。爾乃彌天垂雨，通畦溢澗。飄飖翕忽，不知所散。其風生也，輕盈縹緲，清和寒涼。摇青蕩緑，振柯鳴篁。出自幽谷，來集衣裳。爾乃季秋元冬，凛冽勃蓬。迴薄衝激，浩呼洶涌。若長江之澎湃，林壑爲之震動。逮其狂闌怒緩，樹定草靡。千山倏静，不知所止。木則叢灌茂林，蔚然四植。柯葉交加，枝幹相直。橘柚千章，杉松百尺。蒼皮兕形，碧鱗虬色。甘受霜而秋黄，苦淩寒而冬碧。或懸垂於傾巖，亦横生於絶壁。繡天餘影，透日有隙。靈卉奇葉，雜産其中。女蘿薜荔，繚繞其側。薈蔚芬芳，難以殫記。卉木藥芝，不可備識。鳴禽不一，睍睆參差。飛翔林中，往來投擲。赤白異彩，組綬備色。長尾宜照，文羽如織。高冠長距，好音連翼。飛不避人，呼而就食。鳩獨鳴而知雨，鳥群棲而知夕。毚兔得霜以桀驕，麏麚避雪而遂馴。騰武者逞氣，藏迹者養文。往來狉狉，相從踆踆。見猨猱之攫木，思有巢之遺民。嗟元風之既邈，孰反樸而含淳。其爲俗也禮簡，人情樸而閒閒。户不盈五，室不連三。素布裹首，居者不冠。散處谿谷，佃於壁間。旬日浹辰，無人往還。有客至止，駭而出觀。當慈母之操箠，稚子則走乎山巔。遠村舉火而烟纓阜，鷄栖於桀而牛歸阡。獸不網罟，鳥無驚喧。

維斯人之易與，將逍遥兮永年。且其連山隱伏，平疇相翼。塍埒縱横，水木明瑟。面畦枕砠，流泉在北。下有澗水，上有磐石。喬木來風，夏可偃息。流觴從杯，浮瓜沉李。濯纓濯足，惟吾所適。晝遊遨以眺望，夜歸休乎巖室。孰與紛紛歸市之人，擾擾趨關之客哉？」

「然則公子何不擇勝區，開名園。道枉渚，引清漣。植嘉卉，育飛翰。招走屬，致淵潛。構臺榭，啓亭軒。披圖史，繹靈篇。闥房窈窕，遠近芊綿。與良朋達士，論説乎其中。暇則盤桓乎其間，縱觀乎其前。斯亦人間之至樂，足以自怡其天者也。」

曰：「未也。苑囿之觀，池沼之樂。豢鵠鶡，養魴鱮。環以長堤，灌以清渠。種以楊棣，植以芙蕖。對客鼓琴，呼童吹竽。酌芳醴，歌歙趨。攜手而遊，接袂連裾。皆富貴之侈淫，匪達者之歡娱。若乃峭峰萬尋，去天尺五。構室其下，離群絶侶。日暮登高，以望大荒。見千里之平楚。哀壑憭兮威遲，岡阜莽兮迴互。平沙曛兮蒼黄，曲陵繆兮紆組。耽峰崿之嶙峋，感蘭菊之荒蕪。蒹葭蒼而思秦，木葉落而傷楚。或悲起於秋天，或思同乎春女。感興懷於丘陵，仍遺情乎島嶼。嘉危峰與明壑，將飄飄兮輕舉。苟余情其信樂，又何戀乎金閨之與玉宇。高山兮峨峨，曾崖垂兮青莎。樹木兮蓊蔚，清風兮振柯。狖啾啾兮夜鳴，禽翔飛兮暮過。陟崔嵬兮四望，青山纍兮若螺。幽人兮空谷，羌獨處兮浩歌。目極千里兮曠莽，思美人兮傷如之何。」

雜　著❶

廉泉真贊并序❷

中統初，廉泉公年甫三十，以門地才望爲天子宰相。未幾以病去，❸而天下之人，日夕相與語曰：「幸廉公病少瘉，當復相天子以福我。」而公之志，則亦未嘗一日而忘天下也。如是者凡十餘年，而公竟不起以終。以人觀之，公爲不幸，抑不知天之愛公，俾盛名全當世，其所得已多矣。公雅愛予，❹而未之識也。近獲拜公像於其子孚，❺遂爲之贊以報其知。公本高車部人，❻因官命氏爲廉。公舊嘗鎮秦中，❼既去而秦人思之，呼其濯纓之水曰「廉泉」，❽後以爲號云。

---

❶「著」，原脱，今據四庫本及目録補。
❷「并序」，原脱，今據畿輔本補。
❸「病」，成化本作「疾」。
❹「予」，原作「子」，今據成化本、四庫本、畿輔本改。
❺「獲」，原作「擭」，今據成化本、畿輔本改。四庫本作「僕」。
❻「高」，原脱，今據成化本、畿輔本補。
❼「公」，成化本無此字。
❽「濯」，原作「濁」，今據成化本、畿輔本改。

北庭而西，風氣所同。雲龍所會，如漢沛豐。公惟世臣，金人命氏。天界以文，用瑞斯世。胡其畀之，不盡施之？兹實啬公，使全歸之。我思廉泉，路遠莫致。厖眉者誰？不動聲氣。觀公之像，湖海之豪。求公之心，憔悴《離騷》。彼齊魯儒，輕自高大。何不旁觀，❶九州之外！

田先生真贊

貌澤而腴，氣秀而踈。善畫如閻立本，而不以藝自恥；識字如揚子雲，而不以諸生自居。人類萬殊，觀物有書。所謂三皇氏之民，百世之士者，蓋斯人之徒歟。❷

與趙安之手書❸

某再拜：

人自保來，就問動静，方聞先丈捐舘，不勝驚悼。惟足下哀痛，❹何以堪之。交朋義重，奔慰無由，臨書悵然，裁抑是望。

---

❶ 「觀」，畿輔本作「求」。

❷ 「人」，成化本作「文」。

❸ 《與趙安之手書》凡三篇，原連刻，今據畿輔本分解，補入後二篇文題。

❹ 「哀」，原作「求」，今據成化本、四庫本、畿輔本改。

七月十三日，某再拜安之大孝苫次。❶

又與趙安之書

某再拜安之吾友：

劉碑續入數事，改定附呈。若有未安，望就爲更正，以示仲良諸君。不然，亦當見教，使再删潤也。❷鄉所命寫謬作，但諸藁多塗抹，學生輩不能盡辨。❸今姑録此，後當續盡寄之，然亦望因此而有所教告也。而老兄所見，及前後二詩，卻望付下，時一覽之，當以不能副所知而自警省焉。若有近作，幸併得見。謬作册了中所謂《河圖辯》者，初未嘗示人，學生輩誤寫入此，然欲去之，則連前後，且封緘已竟，而不及矣。望不出示也。

自來山中，聞見日狹，交道日寡，徒深馳想，孰從晤語！益恨前日之不得日相從游也。近題孫仲誠山水詩卷，中有一詩及諸公可取者，發一笑也。參蕨，❹少致野人意，希領之。會伯起、純甫，致懇。

閏十一月十一日，某再拜。

---

❶「苫」，原作「苦」，今據四庫本、畿輔本改。

❷「再」，原作「弄」，今據成化本、畿輔本改。四庫本作「某」。

❸「辨」，原作「辦」，今據畿輔本改。

❹「參」，四庫本作「筍」。「蕨」，原作「厥」，今據成化本、四庫本、畿輔本改。

又與趙安之書

劉碑理財一節，多聞人稱道。近聞劉之故人復能道其詳，故書所謂薦與詔可之云者，見其所授宣中詞如此。西塘，見宋編年雜書。衛村，見《五代史》，當作此「衛」字。息盜一節，近見諸史《循吏傳》中，❶事有細於此者亦得書，故復續入。恐疑前後所云不同，故及之，然更望可否也。縣官猶學官云，即官舍也，見前漢詩。後二公字，係是二章，不係重韻。役使一章，亦有此例，無妨共張二字。前碑卻附下。

近趙君玉寄一卷詩來，深入理窟，當略其辭語，取其旨意，乃知此老有非人所能到者。似此書生，今世能有幾人？謹附去，試過目焉。以吾兄，實古人所謂「人之有技，若己有之」者，故敢以是相告也。

某又拜。

與郭子東手書

先太守銘中書先夫人事蹟，則賓不可以勝主；先夫人銘中書先太守事迹，則陰不可以統陽。且婦人前無表墓之例，但有誌爾。必一樹之墓表，一埋之墓道，於情文始備。希知之。

某再拜子東奉議大孝苦次。

---

❶「循」，原作「衛」，今據成化本、畿輔本改。

答仲誠問支干❶

甲，陽氣萌動，草木至是始甲而出。

乙，陰氣尚强，陽出乙乙也，草木亦然。

丙，陰氣初動，陽氣將虧，❷故文從陰内而陽外，在萬物則炳然而成。❸

丁，陽强不爲主，其勢適與陰丁，萬物至是皆丁實。

戊，陽土也，故文通物而出，戕物而入。

己，陰土也，故文象萬物，辟藏詘形。

庚，以陰干陽，更而續之，又爲萬物庚庚有實也。

辛，陰干陽極，更故而新，故萬物更爲成熟。

壬，❹陽受始而陰壬之。

❶「支干」，畿輔本作「干支」。

❷「將」，原脱，今據成化本、畿輔本補。

❸「在」下，原衍「盛」字，今據成化本、畿輔本删。

❹「壬」，原闕，今據成化本、四庫本、畿輔本補。

癸，❶水土平，可揆度也。

右干

子，滋也，陽氣動，萬物滋也。

丑，紐也，萬物動，有事。

寅，髕也，正月，陽動欲上，而陰强髕寅于下。

卯，冒也，二月，萬物冒地而出。

辰，震也，三月，陽氣震動。

巳，已也，四月，陽氣已出，陰氣已藏。

午，悟也，五月，陰午逆陽，冒地而出。

未，味也，六月，滋味成。

申，神也，七月，陰成體。

酉，就也，八月，物成。

戌，滅也，九月，陽氣微。

亥，荄也，十月，微陽起。

右支

❶「癸」，原闕，今據成化本、四庫本、畿輔本補。

静修先生續集卷三

雜著

河圖辨

《河圖》之説，朱子盡之矣。後人雖欲議之，不可得而議之也。然其自私者，必出於己而後是，是以致疑於其間者，尚紛紛然也。有指伏羲八卦次序爲之者，有指《先天圖》而爲之者，亦有主劉牧而疑朱子取舍之誤者，近世大儒又有自畫一圖爲之者。❶

其圖八卦次敘者則曰：「《大傳》既謂『河出《圖》，洛出《書》，聖人則之』，是必有其所謂《圖》與《書》，❷聖人可得而則者矣。今夫十數之點誌，安可則以爲八卦之畫象也？」此其爲説，蓋出乎漢儒「《洛書》有文字」，王肅「《河圖》即八卦」，及蘇子瞻「《圖》、《書》粗有卦疇之象」之説，而與張敬夫以《河圖》爲興《易》之祥，聖人

❶ 「近」上，成化本有「而」字。

❷ 「其」，成化本無此字。

則其時以作《易》，而力詆先儒有所則其《圖》者，正相反而各極其偏也。若是，則卦固自畫，安得謂聖人則而畫之？而聖人亦何必復觀取於遠近俯仰之間？而程子何爲有「河必《圖》至」與「因見《河圖》」之説也哉？其圖《先天圖》者，而其失尤甚，固可以借唐孔氏「天語簡要，不應若是之煩」，及朱子「伏羲淳厚，未必如是之巧」者以破之矣。

其主劉牧者，則以九數之變見于列御寇之書，九宫之文見于張平子之言，而巽四、兑七、震三、艮八，❶又雜出于魏晉諸儒之説，固不可必以八卦之本于九數，而謂劉氏之説無明驗也。然其列氏之説，❷則緯書從而出者，而説者固以一爲北方陽氣之始，七爲南方陽氣之盛，九爲西方陽氣之究，❸而與《圖》合矣。而《圖》之下之一得六，固可上變而爲七；❹上之七得二，固可左變而爲九；九窮則復下變而爲一，又無不合者焉。然彼以七爲衍而九爲玄者，亦無不可，然于《圖》亦安見其不合者，而必以《洛書》爲説也。就使列氏指《洛書》而言，則《洛書》固可以爲《易》，而亦不必遂以爲《河圖》也。夫九宫之説，出于緯書，而張氏亦嘗破之。且其言又曰「雜之以九宫」矣，蓋不即以九宫正爲八卦也。斯爲九宫之説，❺與《河圖》九篇之説者，鄭

---

❶「七」，原作「士」，今據成化本、畿輔本改。

❷「列」，原作「刘」，今據成化本、畿輔本改。

❸「西」，原作「四」，今據成化本、四庫本、畿輔本改。

❹「七」，原作「士」，今據成化本、畿輔本改。

❺「斯」，四庫本作「所」，畿輔本作「斷」。

康成也。其于明堂之數，則曰「法龜文」，是鄭氏又不以九爲《圖》，而其説有自相矛盾者。則是亦可以證劉氏之失矣，安得引之以爲助乎！

彼又爲邵子但言方圓之象，❶而不指九、十之數。❷若以象觀之，則九又圓於十矣。且其所謂方圓而前後乎此者，皆不過指陰陽、剛柔、奇偶而已。在此，則星少陽而土少柔，其偶者固當爲方而爲陰，而奇者固宜爲圓而爲陽矣。故朱子發、張文饒，精通邵學者，而皆以十爲《書》而九爲《圖》也。若設是，而朱子之所取所證者，則關子明也。然彼既以其書爲僞矣，何獨于此而信之乎？曰邵子之所謂方圓，固無一定之指，獨於此則言之甚明。且以六數少陽之十，既合乎曆紀而應天之時，而八方并虚中爲九，又合乎州田而應地之方。且十既尅方，則惟見其圓。九又可以畫方而爲井。而五位既鈞，則不能爲九；四偶既布，則自無所容十。而又嘗以八十一爲範之數矣，安得爲《洛書》反圓於《河圖》，而不指九、十之數哉？夫僞關氏之書者，非僞後人之託夫關氏也。蓋僞其書實關氏之所自作，而乃託之爲聖人之書、異人之旨，猶戴氏之麻衣《易》然也。且其論又關氏之自謂也，説者安得從而廢之乎？

或曰：「劉氏説託言出於陳希夷，而得之范諤昌矣。」然而希夷《龍圖》乃以五十五爲説，而范氏八卦亦以《河圖》而演之，是不足以正劉氏之失乎？曰：「《龍圖》之説，未必出於劉氏之前，而吕伯恭從而誤信之，

---

❶「但言」，原闕，今據成化本、畿輔本補。

❷「不指九十之數」至「乃以五十五爲説而范」一段三百六十字，原闕頁，今據成化本、畿輔本補。

猶張敬夫之爲戴氏所欺也。」夫希夷未聞有書，傳至邵子而後有書。其《太極圖》，❶則朱子發謂發于穆伯長。❷而胡仁仲因之，遂亦以爲穆特周子學之一師。陸子静因之，遂以朱録爲有考，而潘誌之不足據也。蓋胡氏兄弟於希夷不能無少譏議，❸是以謂周子爲非止爲种、穆之學者。❹陸氏兄弟以希夷爲老氏之學，而欲其當謬加「無極」之責，而有所顧藉于周子也。然其實，則穆死于明道元年，而周子時年十四矣。❺是朱氏、胡氏、陸氏，不惟不考乎潘誌之過，而又不考乎此之過也。然始也，朱子見潘誌，知圖爲周子所自作，而於《行録》附注雖破朱氏之説，而猶以胡氏之抑希夷、种、穆，謂特其學之一師者爲過，而疑其傳自希夷，至周子始筆之書，而亦不敢遽以爲不傳于希夷、种、穆也。豈其後有所考於此也，故于注圖、書，則曰：「莫或知其師傳之所自。」記遺文後則曰：「非有所受於人。」記書堂，則曰：「不繇師傳，默契道體，實天之所畀也。」而其問答之間則常謂：❻「希夷未嘗有濂溪之説。濂溪之説，未嘗出於希夷。」「周子自爲周子之學，而未嘗考

---

❶「太」，原作「天」，今據成化本、四庫本、畿輔本改。

❷上「發」字，原作「亦」，今據畿輔本及《静修先生遺文》卷一《太極圖後記》改。

❸「弟」，原作「第」，今據成化本、四庫本、畿輔本改。

❹「止」，原作「正」，今據成化本、畿輔本及《太極圖後記》改。「种穆」，原作「穆种」，今據畿輔本及《太極圖後記》改。

❺「而」，原作「所」，今據成化本、四庫本、畿輔本及《太極圖後記》改。

❻「常」，成化本作「嘗」。

夫邵子者。邵子自爲邵子之學，亦未嘗考夫周子者。」而斷然以爲無所傳授，而不出於希夷。而敬夫亦以謂：「自得之妙，非邵子所得而知也。」❶若夫邵學，則雖穆、李之前不著其傳，先儒謂有深意，而始推及理，❷自得爲多，❸固有如二程之言者。然其源之隱于方士，而發于希夷，爲無可疑。而不必强爲授于王豫，得之《歸藏》之説也。蓋義理，人心之所同，不必託之異人異書而後神。義理，天下之公器，雖得之方外之書，亦不當爲之諱也。❹

若言希夷之學，則當以邵學爲正也。彼以五十五定四方之位，以水、火、木、金爲四正卦之象，分四象之數，自左旋去三，而生四偶卦之畫，則關氏之説，而范氏取之者。然其所合，乃文王之八卦，固已與邵學不合矣，亦安可以僞而攻僞也哉？夫前之所論，皆託言出於希夷，❺而不合乎邵學者也。若朱子發、張文饒，又求之邵學而失之者也。若夫朱子，則極邵子之大，盡周子之精，而貫之以程子之正也。後人惡得而議之！

雖然，抑有一説，而竊附于朱子之後。夫《河圖》之中宫，則《先天圖》之所謂「無極」，所謂「太極」，所謂「道」與「心」者，即《太極圖》之所謂「無極而太極」，所謂「太極本無極」，所謂人之所以最靈者也。《河圖》之

❶ 「邵」，原作「所」，今據國家圖書館藏清影抄元至順本宋賓王校改。四庫本作「諸」，畿輔本作「數」。

❷ 「及」，原作「反」，今據成化本、畿輔本改。

❸ 「爲」，原作「而」，今據成化本、畿輔本改。

❹ 按：本文第六段内容，與《太極圖後記》第一、二段大致相同，而更爲詳盡。

❺ 「於」，原作「枚」，今據成化本、四庫本、畿輔本改。

東北，陽之二生數統夫陰之二成數，則《先天》之左方震一，離、兑二，乾三者，即《太極圖》之左方「陽動」者也。其兑、離之爲陽中之陰，即陽動中之爲陰静之根者也。❶《河圖》之西南，陰之二生數統夫陽之二成數，❷則《先天圖》之右方巽四，坎、艮五，坤六者也。《先天圖》之右方巽四，坎、艮五，坤六者，❸即《太極圖》之右方「陰静」者也。❹其坎、艮之爲陰中之陽者，即陰静中之爲陽動之根者也。《河圖》之奇偶，即《先天》、《太極圖》之所謂陰陽，而凡陽皆乾，凡陰皆坤也。《河圖》、《先天》、《太極圖》之左方，皆離之象也，右方，皆坎之象也。是以《河圖》水、火居南北之極，《先天圖》坎、離列左右之門，《太極圖》「陽變陰合」而即生水、火也。而《易》之爲書，所以首乾、坤，中坎、離，❺終既濟、未濟。而《先天》之爲圖，中孚、頤、小過、大過，各以其類而居於正也。如是，則周子、邵子，其學雖異，《先天》、《太極》，其源雖殊，而其理未嘗不一，而其所以出於《河圖》者，則又未嘗不一也。❻

若夫其自爲圖者，則曰《河圖》之數，凡五十五而十位，《洛書》之數，凡四十五而九位，舉不合夫畫三卦

---

❶「者」，原脱，今據成化本、畿輔本補。

❷「之」下，原衍「爲」字，今據成化本、畿輔本删。

❸「者」下，原衍「也」字，今據成化本、四庫本、畿輔本删。

❹「之」，原脱，今據成化本、畿輔本補。

❺「中」，原作「終」，今據畿輔本改。

❻按：本文第八段内容，與《太極圖後記》第三段大致相同。

八、錯綜之六十四。若以位言，則去九與十，合夫乾一、兑二、離三、震四、巽五、坎六、艮七、坤八之敘。然不知所以爲卦，所以爲畫，雖爲推衍湊定，不免牽合。❶若五、十爲衍母，❷一、九爲衍數，則揲蓍求卦之法，❸非案圖畫卦之本。此其爲説似也。然及自爲圖，則亦不外乎十數，而爲白圈、黑圈爲五，相間而爲十，以白爲天、奇，以黑爲地、偶，取三奇爲乾，三偶爲坤，其餘卦取之亦然。觀其附合，乃有纂組華紛之極所不能爲者，而謂出于天之自然之數必如是，而聖人之畫卦，如根幹枝葉，迫于不得已而然者，亦必如是。是則可疑之大者。若其以天五、地五，合各一太極而爲六，爲重卦之本；二五相合而爲十，爲揲蓍之本。凡其不可曉皆此類。而其假合悠謬，又有出于林黄中、郭子和百千之下者。然其反復辨論，❹幾數萬言，蓋有欲盡廢先儒，而獨行己説之意。

嗚呼！朱子之於《河圖》，雖推本爲卦畫之源，而欲人玩心於其間，然亦有不切之戒。❺而其爲説，第於其理可通而事有證者而敘次之，然亦有傳疑，而未嘗以爲河之所出、伏羲之所目覩者，必如是也。今斯人也，既以先儒之或有所傳而來者盡以爲非，而於千萬世之下，出於己手之所纂畫者，自斷以爲必合乎天之所

---

❶「牽」，原作「掌」，今據成化本、畿輔本改。

❷「衍」，原作「所」，今據成化本、畿輔本改。

❸「蓍」，原作「著」，今據成化本、四庫本、畿輔本改。本文下同，不再出校。

❹「辨」，原作「辦」，今據成化本、四庫本、畿輔本改。

❺「切」，原作「勿」，今據成化本、畿輔本改。

出，則是以天自處，其所見亦必有甚異於人者也。惜不得從而問之，姑與諸説雜而記之，以俟參考。

中孚象

《本義》於《中孚·象》，則曰「能致豚魚之應」；《小過·象》，則曰「能致飛鳥遺音之應」；於《小過》之「初六，飛鳥以凶」，則引郭璞《洞林》「或致羽虫之孽」者以釋之。予謂于其凶以孽言，則所謂吉之應者，疑其爲致禎祥也。然嘗有問朱子，豚魚之應，謂真致豚魚者，而朱子亦不敢遽以爲然。抑不知其所謂應者，又將何所謂也？或曰：「頤、中孚，皆有離之象也。離則有水虫之象焉，故在頤則爲靈龜，在中孚則爲豚魚。是特取其象焉爾，非必謂其真有所致也。」是皆不可得而知矣。獨「信及豚魚」之言昭然甚明，其吉將不在夫豚魚，而在夫此者，則可得而知也。❶

孫仲誠筮遇中孚，不變，求余説，以告。

敘學

性無不統，心無不宰，氣無不充，人以是而生，故材無不全矣。其或不全，非材之罪也，學術之差、品節

---

❶「可」，原作「不」，今據畿輔本改。

之紊、異端之害惑之也。今之去古也遠矣，❶衆人之去聖人也下矣，❷幸而不亡者，大聖大賢惠世之書也。學之者以是性與是心與是氣，即書以求之，俾邪正之術明，誠僞之辨分，先後之品節不差，篤行而固守，謂其材之不能全，吾不信也。保下諸生，從余問學有年矣。而余梗於他故，不能始終卒成，❸失教育英才之樂，故爲陳讀書爲學之次敘，❹庶不至於差且紊而敗其全材也。

先秦三代之書，六經、《語》、《孟》爲大。世變既下，風俗日壞，學者與世俯仰，莫之致力，欲其材之全，得乎？三代之學，大小之次第，先後之品節，雖有餘緒，竟亦莫知適從，惟當致力六經、《語》、《孟》耳。世人往往以《語》、《孟》爲問學之始，而不知《語》、《孟》，聖賢之成終者，所謂「博學而詳説之，將以反説約」者也。聖賢以是爲終，學者以是爲始，未説聖賢之詳，遽説聖賢之約，不亦背馳矣乎！所謂「顔狀未離于嬰孩，高談已及於性命」者也。雖然，句讀訓詁不可不通，惟當熟讀，不可强解，優游諷誦，涵詠胸中，雖不明了，以爲先入之主可也。必欲明之，不鑿則惑耳。六經既畢，反而求之，自得之矣。

治六經必自《詩》始。古之人十三誦《詩》，蓋《詩》吟詠情性，感發志意，中和之音在是焉。❺人之不明，

---

❶「也」，原脱，今據成化本補。

❷「矣」，原作「也」，今據成化本、畿輔本改。

❸「終」，原脱，今據成化本補。

❹「故」下，原衍「其」字，今據成化本、畿輔本删。

❺「是」，原作「意」，今據四庫本改。畿輔本删此字。

血氣蔽之耳。《詩》能導情性而開血氣，❶使幼而常聞歌誦之聲，長而不失刺美之意，雖有血氣，焉得而蔽也。《詩》而後《書》。《書》，所謂聖人之情見乎辭者也。即辭以求情，情可得矣。血氣既開，情性既得，大本立矣。本立，則可以徵夫用。用莫大於《禮》。三代之禮廢矣，見於今者，漢儒所集之《禮記》，周公所著之《周禮》也。二書既治，非《春秋》無以斷也。《春秋》，以天道王法斷天下之事業也。《春秋》既治，則聖人之用見。本諸《詩》以求其情，本諸《書》以求其辭，本諸《禮》以求其節，本諸《春秋》以求其斷，然後以《詩》、《書》、《禮》爲學之體，《春秋》爲學之用，一貫本末具舉，❷天下之理窮，理窮而性盡矣。窮理盡性，以至于命，而後學夫《易》。《易》也者，聖人所以成終而所成始也，❸學者於是用心焉。❹是故《詩》、《書》、《禮》、《樂》不明，❺則不可以學《春秋》，五經不明，❻則不可以學《易》。

夫不知其粗者，❼則其精者豈能知也。邇者未盡，則其遠者豈能盡也。學者多好高務遠，❽求名而遺

---

❶「開」，原作「問」，今據成化本、四庫本、畿輔本改。
❷「末」，原作「本」，今據成化本、四庫本、畿輔本改。
❸「所以」，成化本作「之所」。下「所」字，畿輔本删。
❹「用」，成化本作「刳」。
❺「禮樂不明」，成化本作「二禮未明」。
❻「不」，成化本作「未」。
❼「不」，成化本作「未」。
❽「務」，成化本作「慕」。

實，踰分而遠探，躐等而力窮。故人異學，❶家異傳，聖人之意晦而不明也。六經自火於秦，傳注於漢，疏釋於唐，議論於宋，日起而日變。學者亦當知其先後，不以彼之言，❷而變吾之良知也。近世學者，往往舍傳注疏釋，便讀諸儒之議論。❸蓋不知議論之學，❹自傳注疏釋出，特更作正大高明之論爾。傳注疏釋之於經，十得其六七，宋儒用力之勤，剷僞以真，補其三四而備之也。故必先傳注而後疏釋，❺疏釋而後議論，始終原委，推索究竟，以己意體察，爲之權衡，折之於天理人情之至。勿好新奇，勿好辟異，勿好詆訐，勿生穿鑿。平吾心，易吾氣，充周隱微，❻無使虧欠。若發强弩，必當穿徹而中的。若論罪囚，❼棒棒見血而得情。毋慘刻，毋細碎，毋誕妄，毋臨深以爲高，淵實昭曠，開廓愨惻，❽然後爲得也。

六經既治，《語》、《孟》既精，而後學史。先立乎其大者，小者弗能奪也。胸中有六經、《語》、《孟》爲主，彼廢興之迹不吾欺也。如持平衡，如懸明鏡，輕重寢颺，在吾目中。學史亦有次第。古無經史之分，《詩》、

❶「學」，成化本作「説」。

❷「言」，成化本作「變」。

❸「讀」，原作「廢」，今據成化本、畿輔本改。「諸」，成化本作「宋」。

❹「議論」，原作「讀議」，今據成化本、四庫本、畿輔本改。

❺「必」，原作「心」；「而」，原作「西」，今皆據成化本、四庫本、畿輔本改。

❻「隱」，成化本作「發」。

❼「論罪」，成化本作「訊重」。

❽「廓」，原作「廊」，今據成化本、四庫本、畿輔本改。

《書》、《春秋》皆史也。因聖人删定筆削，立大經大典，即爲經也。史之興自漢氏始。先秦之書，如《左氏傳》、《國語》、《世本》、《戰國策》，皆掇拾記録，無完書。司馬遷大集群書爲《史記》，上下數千載，亦云備矣。然而議論或駁而不純，取其純而舍其駁可也。後世史記，皆宗遷法，大同而小異。其創法立制，纂承六經，取三代之餘燼，爲百世之準繩，若遷者，可爲史氏之良者也。班固前漢史，與遷不相上下，其大原則出于遷，而書少加密矣。東漢史成于范曄，其人詭異好奇，故其書似之。然論贊情狀有律，亞於遷、固。自謂「贊是吾文之奇作，諸序、論往往不減《過秦》」，則比擬太過。《三國》陳壽所作，任私意而好文，奇功偉蹟，❶往往削没，非裴松之小傳，一代英偉之士，遂爲壽所誣。後世果有作者，必當改作，以正壽之罪，奮昭烈之幽光，破曹瞞之鬼賊，❷千古一快也。晋史成于李唐房、杜諸人，故獨歸美太宗耳。❸繁蕪滋浸，誣談隱語、鄙泄之事具載之，甚失史體。《三國》過於略，而《晋書》過于繁。南北七代，各有其書，至唐李延壽，總爲《南》《北史》，遺辭記事，頗爲得中，而其事蹟污穢，雖欲文而莫能文矣。隋史成于唐，興亡之際，微訐好惡，❹有浮于言者。唐史二：《舊書》劉昫所作，固未完備，文不稱事。而《新書》成於宋歐、宋諸公，❺雖云完備，而文有作

---

❶「蹟」，畿輔本作「績」。
❷「賊」，畿輔本作「蜮」。
❸「故獨」，成化本作「所作」，從上句讀。
❹「訐」，原作「計」，今據成化本、四庫本、畿輔本改。
❺下「宋」字，原作「宗」，今據畿輔本改。

爲之意，或過其實，而議論純正，非《舊書》之比也。然學者先當舊，而後新。五代二書皆成於宋，舊則薛居正，新則歐陽子也。新書一出，前史皆廢，所謂一洗凡馬空者也。宋、金史皆未成。金史只有實録。宋事纂録甚多，而《東都事略》最爲詳備。是則前世之史也。學者必讀全史，歷代考之，廢興之由，邪正之迹，國體國勢，制度文物，坦然明白。時以六經旨要立論其間，以試己意，然後取温公之《通鑑》、宋儒之議論，校其長短是非，如是，可謂之學史矣。學者往往全史未見，急於要名，欲以爲談説之鎡，❶觜吻之備。至於《通鑑》，亦不全讀，抄撮鈎節《通鑑》之大旨，温公之微意隨以昧没，其所以成就亦淺淺乎。

史既治，則讀諸子。《老》、《莊》、《列》、《陰符》四書，❷皆出一律，雖云道家者流，其間有至理存。取其理而不取其寓，可也。《素問》一書，雖云醫家者流，三代先秦之要典也，學者亦當致力。孫、吴、姜、黄之書，雖云兵家智術戰陳之事，亦有名言，不可棄也。《荀子》議論，過高好奇，致有性惡之説，然其王霸之辨，仁義之言，不可廢也。《管子》一書，霸者之略，雖非王道，亦當讀也。揚子雲《太玄》、《法言》，發孔、孟遺意。後世或有異論者，以其有性善惡混之説，劇秦美新之論，事莽而篡漢。韓子謂其「文頗滯澁」，蘇子謂「艱險之辭，文膚淺之理」，而温公甚推重之，以爲在《孟》、《荀》之上。或抑或揚，莫適所定。雖然，取其辭而不取其節可也。賈誼、董仲舒、劉向皆有書，惜其猶有戰國縱横之餘習。惟董子三策，明白純正，孟軻之亞，非劉、賈所

---

❶ 「説」，畿輔本作「論」。「鎡」，四庫本、畿輔本作「資」，是。

❷ 「老」，原作「者」，今據成化本、畿輔本改。

企也。文中子生於南北偏駁之後，❶隋政橫流之際，而立教河、汾，作成將相，基唐之治，可謂大儒矣。其書成於門弟子董、薛、姚、竇之流，故比擬時有太過，遺辭發問，甚似《論語》，而其格言至論，❷有漢儒所未道者，❸亦孟軻氏之亞也。韓子之書，删正純麗，❹李唐一代之元氣也，與漢氏比隆矣。其詆斥佛、老，扶持周、孔，亦孟軻氏之亞也。諸子既治，宋興以來諸公之書，周、程、張之性理，邵康節之象數，歐、蘇、司馬之經濟，往往肩漢、唐而踵三代，尤當致力也。

孔子曰「志於道，據於德，依於仁」矣，藝亦不可不游也。今之所謂藝，與古之所謂藝者不同。禮、樂、射、御、書、數，古之所謂藝也，今人雖致力而亦不能，世變使然耳。今之所謂藝者，隨世變而下矣。雖然，不可不學也。❺詩文字畫，今所謂藝，亦當致力，所以華國，所以藻物，所以飾身，無不在也。

學詩當以六義爲本，三百篇，❻其至者也。三百篇之流，降而爲辭賦，《離騷》、《楚詞》，其至者也。詞賦本詩之一義，秦、漢而下，賦遂專盛，至於《三都》、《兩京》，極矣。然對偶屬韻，不出乎詩之律，所謂源遠而末

❶「中」，原作「仲」，今據成化本、四庫本、畿輔本改。
❷「論」，原闕，今據成化本、畿輔本補。
❸「有」，原闕，今據成化本補。畿輔本作「實」。
❹「正純」，原闕，今據成化本補。畿輔本作「去靡」。
❺「學」，原作「牽」，今據成化本、四庫本改。畿輔本作「察」。
❻「三」，原作「二」，今據成化本、四庫本、畿輔本改。

益分者也。魏、晉而降，詩學日盛，曹、劉、陶、謝，其至者也。隋、唐而降，詩學日變，變而得正，李、杜、韓，其至者也。周、宋而降，詩學日弱，弱而後强，歐、蘇、黄，其至者也。故作詩者，不能三百篇，則曹、劉、陶、謝；不能曹、劉、陶、謝，則李、杜、韓；不能李、杜、韓，則歐、蘇、黄。而乃効晚唐之萎薾，學温、李之尖新，❶擬盧仝之怪誕，非所以爲詩也。

至於作文，六經之文尚矣，不可企及也。先秦古文可學矣：《左氏》、《國語》之頓挫典麗，《戰國策》之清刻華峭，莊周之雄辨，《穀梁》之簡婉，楚詞之幽博，太史公之疏峻。漢而下，其文可學矣：賈誼之壯麗，董仲舒之沖暢，劉向之規格，司馬相如之富麗，揚子雲之邃險，班孟堅之宏雅。魏而下陵夷至於李唐，其文可學矣：韓文公之渾厚，柳宗元之光潔，張燕公之高壯，杜牧之之豪縟，元次山之精約，陳子昂之古雅，李華、皇甫湜之温粹，元微之、白樂天之平易，陸贄、李德裕之開濟。李唐而下陵夷至於宋，其文可學矣：歐陽子之正大，蘇明允之老健，王臨川之清新，蘇子瞻之宏肆，曾子固之開闔，司馬温公之篤實。下此而無學矣。學者苟能取諸家之長，貫而一之，以足乎己，而不蹈襲麋束，時出而時晦，以爲有用之文，則可以經緯天地，輝光日月也。

字畫之工拙，先秦不以爲事。科斗、篆、隸、正、行、草，漢氏而下，隨俗而變，去古遠而古意日衰。魏、晉以來，其學始盛，自天子、大臣，下至處士，❷往往以能書名家，變態百出，法度備具，遂爲專門之學。故宋高

❶「尖」，原作「温」，今據成化本、畿輔本改。

❷「下」，原脱，今據成化本補。

祖病不能書，不足厭人望，劉穆之使放筆大書，亦自過人，一紙可三四字，其風俗所尚如此。至於李唐，學書愈衆。❶字畫於士夫固爲末技，而衆人所尚，不得不專力。❷學者苟欲學之，篆、隸，則先秦款識、金石刻，魏晉金石刻，❸唐以來李陽冰等，所當學也。正書，當以篆、隸意爲本，有篆、隸意則自高古。鍾太傅、王右軍、顔平原、蘇東坡，其規矩準繩之大匠也。歐陽率更、❹張長史、李北海、徐浩、柳誠懸、楊凝式、蔡君謨、米芾、黄魯直，萃之以厲吾氣，參之以肆吾博，可也。雖或不工，亦不俗矣。技至於不俗，則亦已矣。

如是而治經治史，如是而讀諸子及宋興諸公書，如是而爲詩文，如是而爲字畫，大小長短，淺深遲速，各底于成，則可以爲君相，可以爲將帥，可以致君爲堯、舜，可以措天下如泰山之安。時不與志，用不與材，則可以立德，可以立言，著書垂世，可以爲大儒，不與草木共朽。碌碌以偷生，孑孑以自存，❺小天之至善，❻壞己之全材也。勖哉諸生，毋替兹命。

---

❶「書」，成化本作「者」。

❷「專」，成化本作「致」。

❸「金」，成化本作「間」。

❹「陽」，原脱，今據畿輔本補。

❺「存」，成化本作「蔽」。

❻「小」，原作「尔」，今據成化本改。四庫本作「非」，畿輔本作「失」。

静修先生文集附録卷上

薦劉先生充國子祭酒書

國子助教吴明謹端拜奉書中書政府閤下：

明所以拜狀者，蓋非敢出位犯分，妄論國家之事，亦無非理干犯覬覦之心。第以監學一事，職分所當言者，故不避嫌疑，以道其詳，望閤下垂聽。

伏惟國家自至元二十四年建立國子監、學，設生員二百名。初，一品至三品朝士子孫許令肄業，選師儒以陳其教訓之方，置僚吏以備參佐之任，日課給内府之紙墨，餼廪出太倉之米鹽。下至席簟炭薪，一切所須之物，莫不官爲供給。此實國朝之盛事，漢、唐所不及者。爰自立學，迄今五年，而士不加多，俗不加變，悠悠靡靡，僅存虚名。近因學舍空虚，生徒零落，準呈省劄，加至五品子弟，悉許入學，榜諭日久，略無所增。日者御史建言，又以所設爲不廣，復請自五品以下，與凡民俊秀並聽補員。此固國之重務，不可不廣其規模。雖然，其所以士不加多，俗不加變者，實有所自。何則？蓋學官者，多士之範撫，人材之儀則。誠得其人，不患不立。且如卑職者，資性庸鄙，學問空踈。閭望未徹於里閭，姓名不挂於士類。偶偕計吏，濫厠膠庠。既非出類拔萃之才，安有立教明倫之術。始緣升斗以餬口，終非道義以處心。雖一己不能自修，而國人何所矜式！此風教所以隳廢，而人材所以壞也。居是任者，自非學明行修，德尊望重，士流之所嚮慕，學者之所歸依，何以興起文風，作成賢秀，變化禮俗者哉！

乃者屬聞新政更化以來，賢相登庸，舊弊盡革，百工庶務得人。内外諸司既無不稱，遠求隱逸，以補闕遺。首以前太子贊善大夫、保定處士劉公夢吉爲集賢學士，所謂舉逸民而天下歸心者也。搢紳韋布，想望風采，披青雲而瞻眉宇者，日候於燕之南、趙之北矣。安車駟馬，捧丹詔以南行；怨鶴驚猿，❶持移文而北返。不知者謂山人之索價，而知者謂蠱之上九，處士所以賢也。愚謂二者皆非也。蓋嘗聞之，儒者，學乎孔、孟者也。孔、孟去魯適衛，事齊游梁，無君遑遑，出疆載質。夫聖賢汲汲如是者，何哉？正伊尹所謂與我處畎畝之中，以樂堯、舜之道，豈若使吾君爲堯、舜之君，吾民爲堯、舜之民哉！天之生斯民也，使先知覺後知，先覺覺後覺。❷予天民之先覺者也，予將以斯道覺斯民也。非予覺之而誰也？故先聖後聖，其歸一揆。孔、孟自任既如此其重，是安得一日而安於逸豫哉！今劉公冠儒冠，衣儒服，學孔、孟，志伊尹者也。學儒而不宗孔、孟，愚未知其説也。雖然，劉公豈不仕哉？又惡不由其道，但不肯苟進耳。

先是，春宫以贊善召，一命而起，其去也，以母老辭，❸是其去就皆有可説。夫何以集賢侍從之尊，反爲

❶「怨鶴驚猿」，原作「鶴怨猿驚」，今據成化本改。
❷「先」上，成化本有「使」字。
❸「以母」，原作「母以」，今據成化本改。

之拒哉？若以今日不起爲是，前日之起爲非矣。❶乃知公於進退之間，必有所未宜者。但衆人不察其所以然，咸以不起爲是，❷愈賢其爲人，欲遂其高尚之志。若是，則僅可矣。愚請據理論之。夫朝廷以劉公之賢也，自五品而陞三品，由宫臣而置諸侍從，其意以爲不若是，則不足以致斯人。此意誠善，然恐得其一，未得其二。何者？蓋集賢之任，雖係瀛洲之選，然僚屬既衆，所任不專，名分雖高，職守未重，此公之所以不苟起也。況既已受訖朝命，無獨善之意，但以疾病爲辭，亦覘朝廷所以處之何如耳。❸

然則當以何官而可乎？意者劉公平日聚徒教授，端莊嚴毅，素以師道自居，其意固常以教養人材爲己任。海内聞人，亦以師道推許，謂自魯齋之後，其道業學術，未見出其右者。夫魯齋以左轄而不居，甘心於祭酒者，豈以與聞國政，不若教學之貴乎？此正合乎古人所謂得天下英才而教育，是其一樂之意。今若以魯齋罷政故事待公，庶有可起之理。誠如是也，不惟尊賢之道於禮爲宜，將使四方學徒有仰韓之望，國子監爲不寂寞矣。若此舉不起，是不以孔、孟出處爲法則，❹必别有一種義理，實非愚下所能測也。飲牛洗耳，荷蓧耦耕，於道當然，孔、孟爲之矣。孔、孟既不爲，孰謂劉公舍彝倫，而肯與鳥獸群哉！竊意劉公若知愚言，必當秣馬膏車，待詔於保定北門之外。

❶「前」上，成化本有「則」字。

❷「咸」，成化本作「或」。

❸「所」，成化本作「當」。

❹「孟」，成化本作「子」。

愚之屑屑爲是計者，一則爲賢者不起，無以塞士大夫之望；二則爲監、學狼藉如此，非鴻儒碩德振舉其綱，將見淪胥頽壞，不可救藥，必至斯文盡喪而後已。此明之所以不避僭越，妄意干求，❶管見之愚，實有不獲已者。其所允否，則在廟堂鈞裁。望恕其唐突之愚，幸甚！

明頓首再拜。至元二十九年正月初六日上。

請劉先生教子疏

竊以深聖人日夜之思，不如學也；制桐子善惡之命，時惟師哉。凡期進業之精，必就有道而正。伏惟夢吉先生，兩儀間氣，四海英才。初學語，則字識於之無；❷及講書，則經明其旨趣。料總角之時，必至於聳壑；甫弱冠之日，俄駭其能文。河傾萬卷之腸，❸筆掃千軍之陣。士類知畏，公論有歸。道積厥躬，白璧抵連城之價；聲聞于外，良金難衆口之銷。某有豚犬輩，性止中庸，席虚善誘。敢望加諸陶鑄之力，庶可達於成就之途。各習聖經，動循天理。蓋素志實在於是，舍先生將安之乎！謹遣某人，❹持疏上請。早賜俞音，幸毋多讓。謹疏。

---

❶「干」，原作「于」，今據成化本改。

❷「字」，至順本作「自」。

❸「腸」，至順本作「儲」。

❹「謹」，至順本作「敬」。

請夢吉先生教子疏

竊以景星鳳凰，争覩治平之瑞；秋陽江漢，亦資濯暴之功。是知莘野天民，不拒互鄉童子。伏惟夢吉先生，天資穎悟，風操崛奇。馳聲鎖闥之間，❶晦迹衡門之下。沈潛抱負，志學期於聖賢；發見輝光，詩文復於騷雅。冀藏器待時之日，溥傳道解惑之心。故仰瀆於仞牆，願俯垂於金諾。燕山改色，載瞻伊洛之風；易水增明，顒俟河汾之教。輒申卑懇，傾聽來音。謹疏。

挽夢吉詩

天才如水氣如蜺，千里真堪一息馳。幼歲襟期《希聖解》，暮年志趣《和陶詩》。意長日短終成恨，病與閒宜匪好奇。❷幾向西齋同夜宿，微言還有故人知。

祭劉先生文

維至元三十一年歲次甲午，六月庚辰朔，❸越四日癸未，後學鎮州安熙謹以茶果清酌之奠，致祭于集賢

❶「鎖」，至順本、成化本作「瑣」。

❷「病」，成化本作「痛」。

❸「辰」，原作「申」，今據成化本改。

學士汎翁先生之靈。

嗚呼哀哉！山頽梁壞，天不憖遺，生榮死哀，孰不摧慕。❶嗚呼哀哉！熙也晚學無知，幸蒙私淑，黽勉勵志，于兹七年。顧以鈍駑，鞭繩罔及，學不加進，頽惰無成。❷尚企宫牆，灑掃函丈，親承謦欬，大啓愚衷。孰謂難期，❸不就此志，俾兹凡陋，抱恨終天。嗚呼痛哉！矧惟先生，❹至誠樂育，憐熙之愚，欲收教之。謂我當來，政此閒適，斯言在耳，耿耿如存。今其已矣，將安放矣？先生此恩，何日忘之。兹焉奔赴，奉奠以贄，舉觴以慟，薦此哀誠。嗚呼痛哉！仰止前修，精思力造，親賢取友，進德修業。熙雖不肖，敢負初心，伏惟先生，寔監臨之。嗚呼痛哉！尚饗。

静修先生壙記

有元静修先生劉公，諱因，字夢吉。雄州容城人。父諱述，母楊氏。己酉年二月九日生。年甫弱冠，其學行已名當世。至元二十年，裕宗皇帝方位東宫，以承德郎、右贊善大夫召至京師，未幾辭歸。二十八年，

---

❶「摧」，疑當作「推」。「慕」，原作「暮」，今據成化本改。

❷「惰」，原作「隋」，今據成化本改。

❸「孰謂難」三字，原闕，今據成化本補。

❹「矧」，原闕，今據成化本補。

世祖皇帝徵爲集賢學士、嘉議大夫，❶不起。事載國史。三十年四月十有六日終，二十日，葬縣之溝市里先塋。時年四十五。有文集二十二卷，行於世。娶平定州判官郭某之女，後先生八年卒。子男，和，❷蚤卒；女三，長、仲皆適名族，季尚幼。

大德五年歲次辛丑，清明前一日，門生杜蕭誌。

静修先生墓表

静修先生劉公，葬容城縣易水之陰溝市里。至正戊子，縣尹賈侯始捐俸買石表諸墓，書來請曰：「先生之歿，五十有六年，道德之懿，風節之偉，固多士之所景仰。丘墓之寄是邑者，旁無宗人守護。彛自下車，率僚吏諸生拜而祠之，恭修封樹，以限樵牧。又將建石琢辭，彰示悠久，庶來者聞風興起焉。」天爵伏念，自聖賢之學不傳，禮義廉耻之風日泯。至宋，伊洛大儒克紹其緒，然而廢棄于紹聖，禁錮于崇寧，而中原已爲金人有矣。方是時，士之慕功名者，溺于富貴之欲；工文藝者，汩于聲律之陋。其能明乎聖賢之學，嚴乎出處之義，蓋不多見也。我國家治平方臻，真元會合，哲人斯生，有若静修先生者出焉。氣清而志豪，才高而識正。道義孚于鄉邦，風采聞于朝野。其學本諸周、程，而於邵子《觀物》之書，深有契焉。惜乎立朝不及數

❶ 「祖」，原作「宗」，今據成化本改。

❷ 「和」下，原衍「子」字，今據下文蘇天爵《静修先生墓表》删。

旬，享年不滿五十，迄今孺子遠人皆知傳誦姓字，是豈聲音笑貌所能致歟？宜述其德，以表于墓。奈何先生既殁，行業未有紀述，故雖作者不能措辭。今謹考求遺文，掇其出處大節一二而爲之書，尚稱賈侯尊賢尚德之心乎。

按：先生諱因，字夢吉，保定容城人。世爲儒家。五世祖琮，生敦武校尉、臨洮府録事判官昉。❶昉生奉議大夫、中山府録事俣。俣生秉善，金貞祐中南徙。其弟國寶登興定進士第，終奉直大夫、樞密院經歷。秉善生述，是爲先生之父。壬辰北歸，刻意問學，尤邃性理之説，獨好長嘯。嘗游西山，當秋風木落時，作一曲而感慨係之。中統初，左三部尚書劉公肅宣撫真定，辟武邑令，❷以疾辭歸。❸先生將生之夕，父夢神人馬載一兒至其家，曰：「善養之。」既覺而生，乃名曰駰，字夢驥，後改今名及字。

先生天資絶人，三歲識書，日記千百言，隨目所見，皆能成誦。六歲能詩，十歲能屬文，落筆驚人。故國子司業硯公彌堅教授真定，先生從之游，同舍生皆莫能及，獨中山滕公安上差可比。❹硯公皆異待之，謂先生父曰：「令子經學貫通，文詞浩瀚，當爲名儒。」初，先生之父四十猶未有子，乃曰：「天果使余無子則已，有

❶「校」，原作「柔」，今據成化本改。
❷「辟」，原作「壁」，今據成化本改。
❸「疾」，原作「言」，今據成化本改。
❹「滕」，原作「藤」，今據成化本改。

子，必令讀書。」故自真定還居保定，謝絶交朋，❶專務教子。先生年未弱冠，才器超卓，日閲方册，思得如古人者友之。嘗作《希聖解》、《吊荆軻文》，❷豪邁不羈之氣，可想見也。鄉閭老儒説經止傳疏義，爲文盡習律賦，聞先生講貫，閲先生論著，始則謗訕，久亦敬服。❸

先生杜門授徒，深居簡出，性不苟合，不妄接人。保定密邇京邑，公卿使過者衆，聞先生名，往往來謁。先生遜避，不與相見，不知者或以爲傲，先生弗恤也。王師伐宋，先生作《渡江賦》以哀之。數欲南游江湖，覽觀儒先名廷而不果。❹常愛諸葛孔明「静以修身」之語，表所居曰「静修」。間遊郎山、雷溪，又號「雷溪真隱」。先是，京師有曰田尚書者，西域貴族，頗尚文學，聞先生名，厚禮請教其子。先生以水齧先墓，遷避之，不及往。既而，易州何公瑋辭兩淮鹽使，奉親家居，藏書萬卷，亦以教子爲請。先生平居苦無書讀，又樂易之風土，遂允其請。三年即歸，何公贄以銀幣，❺皆謝不受。

世祖皇帝自居潛藩，大召諸儒，❻講求治道。及踐天位，姚文獻公樞、許文正公衡、楊文獻公果、商文定

---

❶「朋」，原作「明」，今據成化本改。

❷「嘗」，原作「常」，今據成化本改。

❸「敬」，原作「敏」，今據成化本改。

❹「廷」，原作「延」，今據成化本改。

❺「幣」，原作「弊」，今據成化本改。

❻「大」，成化本作「收」。

公挺皆列臺省，❶而憲章文物，號盛治者，非偶然也。久之，諸公相繼告老，當國者急於功利，儒者之言弗獲進用。❷時先生年雖甚富，聲聞已彰，❸中朝賢士大夫多稱譽之，故相文貞王不忽木薦之尤力。至元十有九年，朝政更新，有詔徵起先生于家，擢拜承德郎、右贊善大夫。初，裕皇建學宮中，命贊善大夫王公恂教近侍子弟。恂卒，繼者難其人，乃以先生嗣其教事。未幾，母感風疾，即日辭歸。明年，母卒，治喪合禮。二十八年，朝政又一更新，復遣使者以集賢學士、嘉議大夫來徵。先生以疾固辭，不起。世祖聞之，亦曰：「古有所不召之臣，其斯人之徒歟！」明年，國子助教吴明陳書于朝，薦先生爲國子祭酒，士論高之。

三十年夏四月十有六日，先生終于容城，春秋四十有五。海内聞之，無不嗟悼。曾祖妣邊氏，祖妣陳氏，妣楊氏，繼妣某氏，配郭氏。一子曰和，早卒。三女，俱適名族。先生早喪父母，事繼母孝。以父、祖之喪未葬，獻書先友翰林待制楊公恕，楊公憐而助之，克襄大事。家雖甚貧，非其道義，一毫不取於人。

先生師道尊嚴，學子造門，隨其材品而教焉。講説諸經，理明義正，聽者心領神會。初，朱子之於《四書》，凡諸人問答與《集註》有異同者，不及訂歸于一而卒。或者輯爲《四書集義》數萬言，先生病其太繁，擇爲《精要》三十卷，簡嚴粹精，實于《集註》有所發焉。有詩五卷，號《丁亥集》，先生所選，常自諷詠，復取他文焚之。今所傳文集十餘卷，得于門生故友，然不爲空言，皆有補於世教。其他《小學》、《四書》語録，亦皆門

---

❶「楊文」，原闕，今據成化本補。

❷「獲」下，原衍「其」字，今據成化本删。

❸「聞」，原作「問」，今據中華書局一九九七年點校本蘇天爵《滋溪文稿》卷二〇《静修先生劉公墓表》改。

生所録，惟《易繫辭説》乃先生病中筆之，親授其徒者也。先生每以後世史官不明義理，修辭之際，輕爲增損，使忠臣義士之心，不得襮白于世。嘗曰：❶「若將字字論心術，則受屈者多矣。」

先生之亡未久，吴明復進言于朝，曰：「風俗之薄久矣。士之處世，不自貴重，聞人譽己，喜見顔色，不復知有廉耻等事。何則？欲動于中，利奪乎外故也。伏見故處士劉因，隱居教授，不求聞達。授以三品清要之官，辭而不顧。若蒙賜謚、贈官，庶幾息奔競，惇風化，士類知所懲勸焉。」❷延祐中，始贈先生翰林學士、資德大夫、上護軍，追封容城郡公，謚文靖。是後中外風紀儒臣，咸以先生礪俗興化，❸有功昭代，宜如許文正公從祀夫子廟廷。❹禮官會議，亦皆曰可，而當路者未遑行也。

嗚呼！天之生賢也，豈無意乎？自義理之學不競，名節隳頽，凡在有官，見利則動。有國家者欲圖安寧長久之治，必崇禮義廉耻之風，敷求碩儒，闡明正學，彰示好惡之心，作新觀聽之幾，使人人知有禮義廉耻之實，❺不爲奔競僥倖之習，則風俗淳而善類興，朝廷正而天下治。世祖皇帝再三聘召先生者，其以

❶「嘗」，原作「常」，今據成化本改。

❷「勸」，原脱，今據成化本補。

❸「咸」，成化本作「皆」。

❹「夫」，成化本作「孔」。

❺「廉耻」，原作「耻廉」，今據成化本改。

是歟！❶

天爵之生也後，不獲見先生，及游成均，得臨川吴文正公澄爲之師。吴公於海内諸儒最慎許可，獨知尊敬先生，豈其問學出處，道同而志合歟？當國朝龍興之初，歲在己酉二月，先生生于保定。吴文正公亦以是歲正月生于臨川。是時南北未一，天已生斯大賢，他日輔贊國家文明之治。吴公年八十餘方終，著書立言，盛傳于時。先生早歲去世，雖不及大有著述，然風節凛凛，❷天下慕之，扶世立教之功大矣。賈侯由進士入官，治邑有聲，獨能訪求先賢遺迹而表章之。其於風勵俗化，惇崇名教，誠非小補云。❸

是歲春三月甲子，後學蘇天爵述。

---

❶「其以」，原作「以其」，今據成化本改。

❷「凛凛」，原作「凛」，今據成化本補。

❸「誠」，原作「成」，今據成化本改。

静修先生文集附録卷下

書静修先生碑陰

天地生萬物，而獨異於人；生人也，而獨異於君子。不有君子之生，❶其能自振於萬物之表，❷以爲衆人之楷則乎？君子之生，其取諸造物者爲多。是以四海之遐，數百歲之久，乃特起於其間。獨其百年之身，則無擇於衆人者，遻然以生而溘然以死，❸故人常慕其生而不忘其死也。

元有君子曰静修先生者，生於保定之容城。❹道德之藴，實魯鄒聖賢相傳之絶學，❺風誼節概，則孤竹伯子之清也，所謂萬人之傑，百世之師者歟！其生也，足蹟不出燕趙，而風采聞乎天下；自處不離布衣，而

❶「之生」，成化本無此二字。

❷「能自」，原脱，今據成化本補。

❸「遻」，原作「選」，今據成化本改。

❹「城」，原作「誠」，今據成化本改。

❺「鄒」，原作「雖」，今據成化本改。

貴尚軼於王公。其殁今已久矣，得年四十有五。傍無期功之親，❶以奉其烝嘗，以守其窀穸，此人人所以思之不足而繼以太息也。然死而不朽，有不尚乎其年，殁而有述，有不賴乎其子孫者，既已得之矣。彼世俗之陳人，隨萬物以澌盡，雖其生息禪續於蚩蚩之群，其與蜂螘蚊蚋聚散起滅於天地之間，❷而曾不足爲輕重者，何以異哉！爲君子者，寧不以此而易彼也。

五十餘年，過其里則式，❸望其墓則下者，不知其幾人。房山賈君來爲其縣之大夫，不徒式其里，且有以尸祝之；不徒下其墓，而且有以壤樹之。既又求趙郡集賢學士蘇公、河東僉事楊公爲文，❹以刻其祠庭、墓道之石，以抒其思，以告其人，以風厲其俗，而作其興起之心。賈君，其賢矣哉！君之先府君，嘗執經先生之門，故其用心也勤。蘇集賢、楊河東，其於先生之道，則皆聞而知之者也，故其爲説也詳。石以具，走介如京師，求暘書。暘非善書者，竊嘗望先生於千里之外、數十年之前，慨然有生晚之歎。賈君又故人也，能無一言以寫其區區，以塞故人之請乎？遂書此，請列于碑陰云。

奉訓大夫參議樞密院事後學歸暘書。

❶「親」，原作「心」，今據成化本改。
❷「蚊」，原作「蛟」，今據成化本改。
❸「式」，原作「世」，今據成化本改。
❹「郡」，原作「群」，今據成化本改。

創建静修祠堂疏

保定路容城縣容城鄉尊賢莊修建静修先生祠者。

伏謂天運不息，聖學相傳，不有其人，孰開後覺？❶故學士文靖公劉先生，道遵往聖，德紹先賢。蔚爲儒者之宗，允屬斯文之望。歷升孔堂之室，瞻其奥窔；❷泝求伊水之源，極其涯涘。遺榮好爵，嘉遯清時。既藏用於經綸，聿存心於删述。❸傾倒五經之笥，愈出愈多；考擊六間之鐘，輒叩輒應。至無遠邇，來如景從。爰分亥豕之文，已歎龍蛇之歲。人惟仰賴，天不慭遺。反築於場，❹已過六年之久；❺私淑其道，宜深五世之傳。尊賢莊者，先生之桑梓在焉。去溝市之鄙號，易尊賢之佳名。松柏丸丸，手植斯在；❻丘園弈弈，心賞攸深。野卉江花，每具歌吟之嘯傲；❼淵魚林鳥，❽曾識杖屨之夷猶。矧在吾之徒，實親里閈。芬

❶「開」，原作「聞」，今據成化本改。

❷「窔」，原作「宧」，今據明萬曆方義壯本改。

❸「聿存」，原作「建存之」，今據成化本改。

❹「反」，原作「及」，今據成化本改。

❺「過」，原作「遇」，今據成化本改。

❻「手植」，原作「乎桓」，今據成化本改。

❼「具」，原作「其」，今據成化本改。

❽「魚」，原脱，今據成化本補。

芳言論，❶式存簡册之華；輝映光儀，尚冀鬼神之格。頃崇廟貌，用示無忘。往者，劉仲永、嚴仲仁等蓋嘗稽撰禮文，聿同鄉約，營其爽塏，以奠神居。雖基搆之有崇，尚修飾之多闕。今海等念良規之可繼，惜嘉事之靡終。徒使學者生疑，鄉人增嘅。因兹棟宇，用訖成功。神像在堂，庶行車之肯下；周垣有鐍，止彼牧之來踰。獨力未能，或胥告于同志；衆心既允，尤須定以佳盟。見善必從，敢期高舉。施財有當，固曰能賢。謹疏。

静修先生祠堂記

道統肇於羲、軒，而極盛於文、武。乃若周、召，同爲文王之子，則皆見而知之。《國風》首列二南之化，其德固無優劣也。周公封於魯，傳五百餘歲，而孔子生於其地，又未百年，而孟子生於比邑。是知天道自西而東也，明矣。召公封於燕，由有國而下，歷二千餘歲，而無一人可方孟氏者。韓嬰、盧植、劉蕡輩，章句辭華之流，不足多也。山川完固之氣，不過泄爲豪俠之助，豈地靈清祕，必待天道之歸而興賢邪？

聖元立極朔方之四十四年，爲歲己酉，而静修先生起燕之容城，❷人品英邁，不下孟子。是召公之國，生賢雖出後世，原始要終，抗衡東魯，實賴先生而增重，非近代諸子所可儗也。自其將生，已有異兆，既誕而

---

❶「芬」，原作「分」，今據成化本改。

❷「修」下，成化本有「劉」字。

神采炯然。甫成童，進學之敏，一日千里。初爲經學，究訓詁疏釋之説，輒驚歎曰：「聖人精義，殆不止此。」及得周、程、張、邵、朱、吕之書，一見能發其微，曰：「我固謂當有是也。」及評其學之所長，而曰：「邵，至大也；周，至精也；程，至正也；朱子，極其大，盡其精，而貫之以正也。」是時先生年方弱冠，而其造詣如此，蓋間世之才，上達之學，天成自得，振古之豪傑也。孟子探舜之心曰：「象憂亦憂，象喜亦喜。」先生則曰：「惟見舜胸中有弟，不見舜胸中有象。」孟子論夷、惠之行曰：「伯夷隘，柳下惠不恭。」先生則曰：「伯夷視四海，願人皆我儔。」「吾謂下惠隘，此説君試求。」先正得時行道，❶大闡文風，衆人宗之如伊洛。先生斥之曰：「老氏之術也。」詳具《退齋記》。大儒創畫《河圖》，肆爲新説，觀者神之如羲皇。❷先生闢之曰：「是欲以天自處也。」詳具《河圖辨》。先生夐見卓識，出人意表。或者以爲隱怪，夫豈知稟剛健高明之資，凝大中至正之道，畜爲粹德，發爲精辭，氣蓋一世，特立寡與，是猶奏咸英於蛙吹之耳，獻圭璋於瓦礫之目，宜乎駭愕而未信也。平昔極罕許可，一聞孝忠節義，發揚蹈厲，若自己出。偶及王維、馮道輩，唾罵百至，怒猶未解。泰山巖巖，不足爲高，秋霜烈烈，不足爲嚴，仰止風猷，邈乎不可及也。

裕皇育德春宫，詔起先生爲贊善大夫。未幾，歸侍母疾。世皇復以集賢學士召，謝病不起。天下咸高其操，至今稱道不衰。惜乎啓手足之日，年纔四十有五。天不欲斯文興邪？何奪先生之速也！❸近年學

❶「正」，原作「王」，今據成化本改。
❷「皇」，原作「王」，今據成化本改。
❸「速」，原作「述」，今據成化本改。

者追述範世之功，請列從祀，累章不報。議者謂於經無所著述。嗟夫！先生詩文，無非六籍箋註，惟善讀者知之。先師子安子曰：「吾每閱一過，於經必有新得。彼第以詩文視之，何啻千里。」初謚文靖，後欲改如許文正之例，執政者曰：「渠安得儕許，渠務獨善者爾。」是烏知先生之志者哉！欽惟世皇聖慮深遠，徵先生翊儲君，蓋欲他日相須，猶向之用許公也。誠得裕皇嗣臨大寶，先生天假以年，君臣都俞，道合言從，必能致王道之雍熙，還風俗之醇厚，俾儒者之效，大白於天下，不但學者依歸而已。奈何事與願違，雖善無徵，徒貽獨善之誚，豈非天乎！

墓在容城溝市里，縣大夫賈侯彝以集賢侍講學士蘇公天爵之文表其上。里故有祠，侯加崇飾，徵記俊民。俊民辭以道大難名，伻來數四，期以必得。共惟先生既終之五年，俊民始生。稍長，學于先師，先師即先生私淑之徒。侯之先府君執經先生函丈，侯能推庭訓之本，以圖報德。俊民顧不可究師承所自，以致力乎？侯與俊民，問學既出一源，登科又爲同年，故初讓而竟諾。恐負在三之義，有孤賢侯之望，謹攄管見，以爲祠記。❶或疑先生有裨名教，在在宜祠，里人烏得而私也。蓋不知孔廟終漢之世不出闕里，今祠，即哀公立廟故宅之義，將來布列天下，❷當自此始。矧先生之神，眷戀桑梓爲多，則里祠固不得而緩也。族系贈爵，俱載于表。字諱稱號，人所共知，不書，戒瀆也。

❶「祠」，原作「詞」，今據清光緒十一年《保定府志》卷三七《敕建靜修祠碑記》改。

❷「來」，原作「采」，今據成化本改。

至正戊子六月丙寅朔，滹川學者楊俊民記。

静修先生畫像贊

微點之狂，而有沂上風雩之樂；資由之勇，而無北鄙鼓瑟之聲。於裕皇之仁，而見不可留之四皓；以世祖之略，而遇不能致之兩生。嗚呼！麒麟鳳凰，固宇内之不常有也。然而一鳴而《六典》作，一出而《春秋》成，則其志不欲遺世而獨往也，明矣。亦將從周公、孔子之後，爲往聖繼絶學，爲來世開太平者也！

静修先生畫像贊❶

淫樂慝禮，雜然前陳。言言君子，師友古人。道德内充，不緇不磷。如彼鳳皇，翔于千仞。

乞褒贈劉公書❷

臣聞：國家之有隱士，足以勵薄俗，扶世教，英風清節，照映千古。如堯、舜在位，而有巢、由；文、武開基，而有夷、齊；漢高滅秦，而有四皓；光武中興，而有嚴光。此皆當世大賢，高蹈遠舉，萬乘不得而臣，諸侯

❶《静修先生畫像贊》，原有目無文，今據成化本補。

❷《乞褒贈劉公書》，原有目無文，今據成化本補。

不得而友，進退關國家之治亂，出處繫天下之重輕，治平之世不可無者。

伏見保定處士劉因，當先帝時，隱居教授，不求聞達。屬裕宗皇帝在東宮，由布衣起爲贊善大夫，旋以母老辭去。既又以集賢學士召，而不肯起。是其志趣高尚，有非時輩之敢望者。今去世已久，豈可不褒而顯哉！士之處世，不自貴重，聞一人之譽，一章之薦，或得人簞食豆羹，則喜見顔色，惟恐或失，不復知有廉耻羞辱等事。何則？私欲動於中，而利禄奪于外也。夫富貴利達，皆常情之所欲。而斯人也，授以三品清要之職，居論思之地，爲侍從之官，是衆人所宜喜者。彼皆棄而不顧，非操守有素，能如是乎？當風俗澆薄中，而忽得此人，足爲奔競者之勸。可謂頽波砥柱，絶無而僅有者也。

伏望令太常定因謚名，贈以美職，明施詔旨，賜其本家，仍令守土，常加存問，卹其妻子，蠲其徭役，使吾道有所光顯，知所勸懲，庶幾息奔競之風，厚薄俗之道矣。

建言從祀五章❶

伏以天啓文明之運，必生希世之賢。既接夫道統之傳，宜置諸從祀之列。竊見故集賢學士嘉議大夫、贈翰林學士資德大夫上護軍、追封容城郡公劉因，資稟既異，充素有方。不繇師傳，默契道體。精明純一，觸處洞然。神定氣和，色温言厲。測之若滄溟之無際，望之猶山嶽之崇高。言有物而行有恒，居廣居而行

❶ 《建言從祀》五章，原有目無文，今據成化本補。「五章」，原脱，今據目録補。

大道。其議論著述，如《四書集義精要》、《容城集》，皆根極理要，發明祕蘊。而周公、孔子、孟氏以相傳，濂、洛、考亭諸儒所未發，凡聖人之所以爲教，與學者之所以爲用，本末始終，精微該備。使功利之習無以亂其正，異端之説無以申其誣。求道者有其門，而言治者有以本。可謂有功於聖門，而流澤於後世。

欽惟世祖皇帝紹天稽古，作新文化。於至元二十年遣使徵聘，授以承德郎、右贊善大夫。❶天下瞻望風采，拭目真儒之効，而以親疾去。至元二十八年，以集賢學士、嘉議大夫再徵之，而病不起。其自任之重，以一物不被其澤爲己病，非握瑜懷瑾於山林者也。公與許文正公以名德之重，爲世祖皇帝器重，其出處雖異，宜與其列。非惟表聖朝崇尚斯文之意，亦以見傳道有其人也。

卑職叨任師儒，義不容默，具呈照詳。

本監議得：劉文靖公出非貪位，處非獨善。其言論著述，❷有意於立言，規圓矩方，以道自任。如准博士王承德所言，與許文正公一體從祀，誠爲相應。

又

自古一代之興，必有出群拔萃之士，以道德爲天下倡，四海之士翕然宗之，其道愈久而愈尊，其澤愈遠

---

❶「承」，原作「水」，今據上文杜肅《静修先生壙記》改。

❷「論」，原作「倫」，今據上下文改。

而愈深。此非人之所能爲也。天將啓一代之運，固有出而任其責者矣。

我世祖皇帝龍興朔方，一時文武之士，雷動雲合，各盡所長，輔成一代之治。時也有若靜修先生劉因，生於兵革之餘，長於承平之際。天資穎悟，學問夙成。深探周、孔之源，洞究程、朱之藴。惟德義是貴，而不慕乎圭組之榮；惟聖賢是師，而不改其簞瓢之樂。闢異端，辨邪説，推其道足以致君而澤民；由義路，入禮門，聞其風足以廉頑而立懦。浩浩乎文章之富，巖巖乎名節之高。甘受清貧，不求聞達。世祖皇帝夙聞德義，屢致弓旌；裕宗皇帝育德春宫，早佩師訓。一時聖君賢相，欽崇嚮慕，行遂顯榮，而力疾還山，浩然長往。至今學者，仰其德如慶雲之在天，味其言如春風之被物。其於名教，關繫匪輕。且同時許文正公際遇世皇，以道學爲諸儒倡。由是天下學術，粹然一歸於正。當時咸謂，劉夢吉之高明，許魯齋之踐履，未易優劣。四海傳誦，以爲名言。

武宗皇帝推獎儒先，特降綸音，命許衡從祀夫子廟廷，而劉因猶未稱舉。熙朝盛典，容有闕遺。如蒙具呈中書，命儒臣集議聞奏，比許衡例，命天下學校設像從祀，以風勵天下，其於世教，實非小補。

又

竊惟道之大原出于天，弘之則存乎其人。堯、舜、禹、湯、文、武、周公、孔子，心法相傳，統緒相承。自兹以降，漢、唐歷代名儒、宋九先生、我元朝許文正公，皆以得其正傳，故從祀孔子廟廷，實爲尊崇賢哲，啓迪世教之大義也。

伏見故集賢學士嘉議大夫、贈翰林學士資德大夫上護軍、追封容城郡公、謚文靖劉因，以天挺英邁之姿，廓自得正大之學。負浩然之氣，崇高尚之志。真知力行，❶清修苦節。其言論則主乎大經大法，其念慮則存乎致君澤民。傳註有功，出處合義。夷考盛德，克配前人。如蒙上聞，從祀賢廡，不惟彰我朝有大賢之才，接道統之正，抑且表聖上崇儒重道、興起斯文之心。

又有爵封容城郡公，謚曰文靖。容城乃保定一縣，即非郡國，以靖配文，義若未稱。宜從合干部分太常禮官，改議封謚相應。

又

伏聞天開治教之正統，必生君師於同時。聖君尊配乎上帝，師儒宜祀於孔庭。欽惟聖元太祖皇帝建極之四年，歲在己巳，司徒許文正公衡生於覃懷，上距朱子之卒，纔十年爾。又四十一年，歲在己酉，正月十有九日，翰林吴文正公澄生於臨川，二月朔有九日，集賢劉文靖公因生於容城。二賢興於旬月之内，雖其北南遼絶，天之屬斯文於聖元者，昭昭矣！

許公以大中至正之道，❷佐世祖皇帝於至元之初，論功褒德，列之從祀，萬世不易之典也。劉公挺間世

---

❶「真知力行」，宋賓王校跋清抄本宋褧《燕石集》卷一三在上「之氣」下。

❷「許」，原作「詳」，今據上下文改。

超群之才，負天成自得之學，峻節清風，光輝宇宙，偉見卓識，燦列遺文，著述不及朱子之富者，年止四十五而終，意長世短，不暇偏爲。然其振作斯文之盛，日星垂而山岳峙也。吴公以至明至敏之資，勵人一己百之功，弱冠立言，以道自任，諸經註釋，毫分縷析，不減朱子之富者，壽至八十六而終，日就月將，肆其周覽，故其發揮斯文之功，時雨降而雲霧霽也。二公祖述程、朱，擴以己見。劉公極高明於大綱，吴公盡精微於細目。劉公雖不得年，生長畿甸之内，廷其危行危言，有若祥麟瑞鳳，使人争覩而莫及也。吴公既享其壽，復處江湖之遠，味其諄辭懇諭，真如布帛菽粟，使人日用而無厭也。年之促與延，地之遐與邇，天也。其均有功於聖門，問學之力也。能極其資之所及，不奪其業之所專，祖宗培養之澤也。劉公當至元十九年，徵爲右贊善大夫，得侍裕宗皇帝於春宫。其所以際千載之知遇，基萬世之太平，世皇之慮深矣。未幾，劉公歸侍親疾，裕皇奄棄監撫。其後，宸衷念念不置，復以集賢學士召之，而劉公病矣。又二年而遂逝，天下惜之。吴公自應奉翰林文字，五聘而至學士，尊爲内相，近侍經筵，眷顧方隆，而以耄衰辭去。欽惟今上皇帝繼天繩祖，作新風化，開宣文閣，注意真儒，怡神至道。士生斯時，何其幸歟！而吴公丘木拱矣，時論憾之。

宋之周子，直接孟子之傳，而其生也，當真宗天禧元年丁巳，是時宋興五十八年。視許公生乎肇基之始者，後矣。程叔子既没之二十四年，而建炎庚戌，朱子始生，又四年癸丑，張宣公生，又五年丁巳，吕成公生。視劉、吴同生旬月之密者，疏矣。周子歷仕卑冗下職，未嘗受知於時君，列爵於朝廷。明道未及大用，伊川止於説書。朱子立朝四十餘日，洛黨之誹方息，僞學之謗復興。視聖朝信任許公，優禮劉、吴，生寵榮而没追贈者，又不可乖而語。然宋之從祀，多至九人，而堂堂天朝，止一許公，豈非萬世之闕典乎？

天之屬斯文於聖元者，如是其明也；祖宗託斯文於大賢者，如是其切也；而三賢可續夫道統之傳者，天下所共知也。若以劉文靖公因、吴文正公澄，與許文正公衡一體從祀，上以著昭代生賢傳道之昌運，下以慰萬世瞻仰歸依之至情，實關元氣之公言，非黨二公之私計。如蒙舉行，斯文幸甚！

又

嘗聞：凡有道有德者，殁則祭於瞽宗，古之禮也。故唐皮日休請韓文公配饗之書曰：「今有人焉，身行聖人道，口吐聖人言，行如顔、閔，文若游、夏，死不得配食於夫子側，是不知尊先聖之道也。」當時卒從其言，而韓子得列於從祀。

竊見故贈翰林學士資德大夫上護軍、封容城郡公、謚文靖劉先生，心探聖學，德重儒宗。負天挺英邁之才，峙山立揚休之表。充然養浩，卓爾離倫。視軒冕猶泥塗，樂簞瓢若芻豢。推其道足以尊主而芘民，聞其風可以廉頑而立懦。名譽昭于日月，志節凛乎冰霜。其所著述，有《四書精要》三十卷、《容城集》十卷，至於《易繫辭説》、《小學語録》，皆根極理要，該覈精微，上承羲、孔千載之傳，下繼周、程諸儒之統。

禮部尚書王沂、國子博士江存禮、翰林直學士宋褧、河東僉憲楊俊民，皆嘗敘述先生德行、文學，及其出處大節，建言于朝，仍援許文正公故事，欲使並得從祀宣聖廟庭。此誠萬世之公言，昭代之令典。雖禮官克諧於會議，而有司未見於施行。❶ 殊睽尚德之風，有孤多士之望。竊觀孔安國、范甯、杜子春、馬融、鄭康成、何休、毛萇、王肅、王弼、杜預之疇，特以章句、箋釋、訓詁專門之學，猶且歷代褒封，列祀兩廡。曾謂以劉公之賢，簡知世祖，翊贊裕皇，而不得比肩接蹟於漢、晉諸儒之後者乎？

當職叨部郡符，職當宣化。是用申明王尚書等所陳四章之旨，遠推韓子，近擬劉公。誠準其言，允謂無忝。仍乞將容城縣所建祠堂，改爲書院，設置師生，講明其道。注除山長一員，專一主領教條，修嚴祀事。尤見聖朝崇儒重道之美意，斯文幸甚！

本路參詳：宣贊皇猷，文化肇興於闕里；闡明正學，道傳實接於容城。既啓迪於後人，宜陟登於從祀。如準總管李世安中大夫所言，誠爲天下之公論。録連王尚書等所陳四章，備坐申覆江浙等處行中書省，照詳施行。

---

❶「行」，原脱，今據上下文補。

重刊劉静修先生文集序

静修劉先生詩文若干篇，舊有板刻，歲久磨滅不傳。先生以節行高天下，後之學者景仰思慕，每以先生之文之詩流布不廣，而不得以家傳人誦爲恨。吾邑侯崔君翯，於先生爲同里，政治之暇，每與人談及兹事，而慨然有志。偶得善本，輒捐俸命工，梓刻以行，俾予序之。

嗟乎！先生之爲文，非若雕虫小技、規規於鍊琢者所可儷也。惟其涵養之充、操履之正，故其吐辭皆雄深渾厚，葩藻峻發。如大匠持繩墨，指揮群材，而長短廣狹無不各適其適。即此而觀，則其所以興起人心而致思仰者，不偶然也。但其文之顯晦，則亦有時而存焉，而非知力所能及。昌黎之文，稱一代山斗，然歷唐以及五季，卒未大顯。至歐陽公，始得之於弊簏中，而爲之推挽，於是世始知有韓文。至今學者知宗韓氏，歐陽之力也。崔侯是刻，其意豈不相符也哉！

弘治辛酉春三月之吉，賜進士出身徵仕郎刑科右給事中慈溪周旋書。

静修劉先生文集跋

夢吉劉先生諱因，吾保定容城人。雷溪真隱，其别號也。生有異兆，誕彌之月，厥父夢神人以天馬馱書并兒至其家，而先生生焉，遂名爲駰，而夢驥其字也。後改今名及字。幼而能言，長而聰明，日記萬言，而過目不忘。每以古聖賢自期待，作《希聖解》以寓意，有澄清天下之志而未遂。常慕諸葛武侯之爲人，故誦其「静以修身」之語而深味之，又自號曰「静修」焉。先生生乎胡元之世，而心實非之，故其詩曰：「區區此世真何物？落落平生只寸心。」不平之意，宛然可掬。當裕皇之在東宫，卑禮厚幣往聘于家，亦可謂禮賢之主。先生終不肯立于其朝，後雖强而入宫，曾未數旬，而浩然之志有不可得而遏者。厥後，世祖累以集賢學士召，竟以病謝，不起。噫！是可以識先生之微意矣。

夫夷狄之奪中國，雖三尺之童亦所不屑。况先生道德學問，醖藉醇正，五胡亂華之醜，世爲史册之羞，先生目所親擊而痛恨者，顧肯食其禄而辱其身乎？惟不幸生于其時，居于其地，丘廟世業悉寓于此，有不可得而逃者。是時，宋祚不振，僻處海隅，雖極哀之，形於言論，終無可扶之理。而當時天下，亦不知有宋矣！或者乃謂，《渡江賦》殆非尊中華、賤夷狄之意，是大不然。孔、孟之生於鄒、魯也，于時周王尚在，天下奉周正朔，諸侯猶以尊周爲名。孔、孟曾未仕周，而乃周流列國，勸行先王之政，何哉？蓋天下者，乃天下之天下，非一家所得而私也。故諸侯有能行王政，則亦可以王矣。此孔、孟所以周流列國，與夢吉同一心也。借使宋君能如賦中劍客之言，則宋之不亡亦未可知。且當時法網太酷，虜性凶狡，先生之意，以爲與其言出而禍隨，無益於事，不若包荒括囊，垂訓待時。其默足以容於醜虜之世。恨無豪傑挺生其間，以遂其澄清之志，是以遨遊山水之間，放浪形骸之外，高情邃旨，隱然寓於歌詠之餘，孰可得而測識哉！讀《苦寒》諸篇，意自見矣。肆我太祖高皇帝，龍飛淮甸，提三尺以掃胡元，滌腥羶於百年污染之餘。吾知先生之志，於是乎大遂，而九泉之下，目亦瞑矣。或者又謂，先生曾仕於元，不得厠於孔廟。獨不見許魯齋、吴臨川，身爲元臣，禄享萬鍾，亦何害其爲從祀耶！先生出處之正，又非二公之比。寥寥數百載間，徒知從祀之可舉，而莫有闡揚其微意之所在者。故愚仰歎數年，而推原先生之心，更望仁人君子，曉然知其本心，而不爲異説以汩之，可也。

元本乃門人真定安熙所訂，最爲詳切。後以年遠，板刻模糊，遂失其傳。余生也晚，夙聞先生之名，而未覩行事之實。因閲《大明一統志》，見先生《雜言》等詩，始知先生之懷抱，一代偉人，悠悠千古，而莫之論也。後以僥倖宦游南北，訪諸名人，皆莫有蓄其真本。間一有之，亦舛錯脱落，殊不愜人意。幸於趙先生處得覩蜀本而讀之，不勝慶幸。但將詩詞歌賦、吟行曲引、古今長短等篇，各分爲彙，以爲易於檢閲，殊失先生正意。愚故謹依元本，將《丁亥集》訂作首卷，而《遺文》、《遺詩》、《拾遺》以次列之。庶知《丁亥集》乃先生所常閲者，後三卷門人匄拾之餘，内亦多少時有爲而發者也。如《渡江賦》者，豈亦先生年少之所筆歟？兹將蜀本序文併而述之，請俟世之君子折衷焉。若夫先生世系歷履之詳，從祀廟庭之舉，悉具于蘇、楊諸君之記矣，兹不贅。

弘治乙丑春三月既望，賜進士第奉政大夫直隸廬州府同知金臺後學瀉峰崔暠謹識。

嘉靖十六年三月，知保定府旌德汪堅重修。

静修先生文集序❶

劉君夢吉，天資卓軼，早歲讀書屬文，落筆驚人。既又涵浸義理，充廣問學，故聲名益大以肆。裕宗皇帝方毓德青宫，聞其賢，以贊善大夫召至京師，未幾，辭以親老歸養。居數歲，朝廷尊仰德誼，拜集賢學士，又以疾辭。踰年，遂不起，春秋纔四十有五，❷縉紳惜之。

門生哀集詩文，得數百篇。右轄張公子有篤故舊之義，且哀其無後，將鋟木傳，需僕爲序。僕與君同侍從春坊，相從非一日。嘗以事過保定，君適居母憂，衰絰中留連，願接爲半日留，頗訝君形體癯瘁，鬚髮頒白，意其哀毁而然。不謂一别遽成永訣，其悵惘爲何如也。若夫君之辭章，閑婉沖澹，清壯頓挫，理融而旨遠，備作者之體，自當傳之不朽，庸何序爲！姑述梗概如此。

君諱因，夢吉其字，自號静修云。

東平李謙序。

---

❶《静修先生文集序》，輯録自《四部叢刊》影印元至順元年宗文堂刊本《静修先生文集》卷首，原無文題，今代擬。

❷「五」，原作「二」，今據中華書局一九九六年點校本蘇天爵《元朝名臣事略》卷一五《静修劉先生》改。

重刊靜修劉先生文集序❶

予束髮時，究觀宋元間史策，見容城劉先生義不仕元，心竊慕之，以爲魯兩生、晉五柳其人也，而無繇一至其鄉，寄吊古之思。萬曆歲丁亥，予更領先生邑事，剪蕪先生祠下，問於邑中諸長老，僉謂予言：「先生昔家邑之垢市村，今嗣裔族氏久湮没，惟是丘墓幸在，文皇帝所賜祠額祭豆，自陰少參修葺之後，日漸圮且廢矣。」曰：「嗟乎！劉先生何淪落至此哉！」越數月，於府城購獲先生《丁亥集》并遺文數卷，然字句訛舛，至不可讀。於是爲請於郡伯毘陵顧公，許重梓焉。無何，顧公被命治兵三關，而太原李公至郡。予復請如初，遂命諸生孫重捷、王衍祚、侯進之分訂類校，共得詩文凡若干卷。

方義壯曰：天地之氣，宋元之際極矣。以吴臨川、許平仲之賢，而猶然甘心之也。先生拒春宫之命，辭集賢之拜，復作詩以自見，曰：「區區此世真何物，落落平生只寸心。」蓋有味乎其言之矣。隱居三台，教授生徒，希聖有解，《河圖》有辯，《周易》發微，學士家有藏誦者。此其羽翼經傳之功，足等吴、許，而出處之正，視兩生不赴綿蕞，五柳卒老柴桑，疊山謝氏後，先生一人而已。渡江之賦，謂先生少年之作，遜言之意，非耶？今容、新二邑，博士弟子多邃於《易》，名卿節士往往由學《易》起家。垢市歲苦河患，先生丘墓近之，屹

❶ 《重刊靜修劉先生文集序》，輯録自明萬曆十六年方義壯刊本《靜修先生文集》卷首。

然砥柱如故。嗟乎！先生文章淑人心，節義參造化，斯亦足以類推也夫。

予生也晚，無能窺先生奥旨。領牧踰年，景先生之烈，而慶文獻之在兹也。梓人告成事，敢僭序末簡，庸識歲月，仰答顧公、李公，先後委勤大都云。

萬曆十六年戊子冬十二月既望，進賢後學方義壯撰。

重刊静修先生文集序❶

静修先生容城劉公文集若干卷，川浙舊有刻，歲久鮮傳，有志誦讀者蓋深病之。户部主事李君時雍，公邑人也，近得善本於九江，捐俸重刊，歸公書院，以惠學者。比會實於濂溪新祠，具語其故，且屬爲序。

實爲諸生時，嘗觀是集，繼讀公傳，而夷考其世，蓋自守伊、閩諸君子後，以儒稱者，未能或先公也。初，公作《希聖解》，其志已略見之。及夫聞風妙契，能自得師，而大精正貫之評出焉，其識與力，庶幾副乎其志。雖年未及艾，其造於道者深矣。不然，何其出處進退，貞而且裕，一至是哉。論者擬公兩生、四皓，世以爲名言。然兩生責漢以德，四皓責漢以禮，而不謂其世之不可也。若公之世，蓋大異於漢。公産其地，如碩果在剥，渺焉獨存，再徵再孫，而自靖以卒。知《春秋》之義者，當有以處公矣，尚奚以他求爲哉！雖然，伯夷之不臣周也，愛斯義焉爾也，是以有登山之歌；仲連之不帝秦也，愛斯名焉爾也，是以有蹈海之誓。公負名義之重，而力莫能與，山登海蹈，未盡其憤，顧乃敢爲危行，而不敢爲危言。嗚呼！秦人非周也，元人又非秦也。甚矣！世之爲變，於是益可痛矣！而裕以成貞，非深於道者，其孰能之？由是觀之，則天下後世，固有不假言而知公者，况其言尤可傳也哉！

❶ 《重刊静修先生文集序》，輯録自畿輔本《劉静修先生集》卷首。

公之書，有《四書精義》及是集。集凡若干篇，具諸體裁，詞意所到，壁立萬仞，而洞視千古，蓋不勝其壯也。此其言之可傳，實與行稱，而孰謂其終於孫哉！公没之後，歷勝國至我朝皇明，二百年間，建請從祀孔廟者，無慮數十。最後教諭李伸，言之尤力。此固天下後世之公論也。孟子謂，尚論古人，必自《詩》、《書》始。是集之鮮傳也，其何怪夫遺恨於學者哉！李君文雅介直，無愧公卿，宜其汲汲於是。君又欲求所謂《精義》者，并刻以傳，且申從祀之請，其意可謂勤矣。吾尤望其成，因并書之。

無錫邵寶敘。

四庫全書總目靜修集提要❶

《静修集》三十卷，兩江總督採進本。元劉因撰。因有《四書集義精要》，已著録。其早歲詩文，才情馳騁。既乃自訂《丁亥詩集》五卷，盡取他文焚之。卒後門人故友裒其軼稾，得《樵庵詞集》一卷、《遺文》六卷、《遺詩》六卷、《拾遺》七卷，❷最後楊俊民又得《續集》三卷，❸捃拾殘賸，一字不遺，其中當必有因所自焚者，一例編輯，未必因本意也。後房山賈彝復增入《附録》二卷，合成三十卷，至正中官爲刊行，即今所傳之本。其文遒健排奡，迥在許衡之上，而醇正乃不減於衡。張綸《林泉隨筆》曰：「劉夢吉之詩，古選不減陶、柳，其歌行律詩，直溯盛唐，無一字作今人語。其爲文章，動循法度，春容有餘味，如《田孝子碑》、《輞川圖記》等作，❹皆正大光明，較文士之筆，氣象不侔。」今考其論詩，有曰「魏、晉而降，詩學日盛，曹、劉、陶、謝，其至者也。隋、唐而降，詩學日變，變而得正，李、杜、韓，其至者也。周、宋而降，詩學日弱，弱而復强，歐、蘇、黄，其至者

---

❶《四庫全書總目静修集提要》，輯録自中華書局一九六五年影印本《四庫全書總目》卷一六六。

❷「遺詩六卷」，原脱，今據文淵閣《四庫全書静修集提要》補。

❸「三」，原作「二」，今據文淵閣《四庫全書静修集提要》改。

❹「輞」，原作「桐」，今據《静修先生遺文》卷四改。

也」云云，所見深悉源流。故其詩風格高邁，而比興深微，闖然升作者之堂，講學諸儒，未有能及之者。王士禎作《古詩選》，於詩家流别，品録頗嚴，而七言詩中，獨録其歌行爲一家，可云豪傑之士，非門户所能限制者矣。

四庫全書靜修集提要❶

臣等謹案：《靜修集》二十五卷、《續集》三卷，元劉因撰。因字夢吉，容城人。至元十九年，用薦爲右贊善大夫，教宫學近侍子弟，未幾辭歸。後復以集賢學士徵，固辭不就。卒年四十有五，事蹟具《元史》本傳。因早歲詩文才情馳騁，既乃自訂《丁亥詩》五卷，盡取他文焚之。卒後門人故友裒其軼稿，得《樵庵詞集》一卷、《遺文》六卷、《遺詩》六卷、《拾遺》七卷，最後楊俊民又得《續集》三卷，其中或有因所自焚者，未可知也。至正中，官爲刊行，因其所居齋，名之曰《靜修集》。因研究經學，沈潛於周、程、張、朱之書，而通其突奥。歐陽玄贊其畫像，至稱其爲往聖繼絶學、來世開太平，説者不以爲溢美。其於詞章之學，似非所屑屑注意。然觀平日論詩，有云：「魏、晉而降，詩學日盛，曹、劉、陶、謝，其至者也。隋、唐而降，詩學日變，變而得正，李、杜、韓，其至者也。周、宋而降，詩學日弱，弱而後强，歐、蘇、黄，其至者也。」其評隲精確如此，則其流派之正，亦概可見矣。

乾隆四十二年二月恭校上，總纂官臣紀昀、臣陸錫熊、臣孫士毅，總校官臣陸費墀。

❶ 《四庫全書靜修集提要》，輯録自臺灣商務印書館影印文淵閣《四庫全書》本《靜修集》卷首。

静修先生文集跋❶

《静修集》十二卷，容城劉静修先生撰著。❷

先生名因，字夢吉，世爲儒家。至元十九年，徵授右贊善大夫，教授東宫，以母疾辭歸。再以集賢學士徵，不起。卒謚文靖，學者稱静修先生。元初，趙江漢傳周、程、張、朱之學於北方，先生讀其書，曰「道在是矣」，作《希聖解》以見志。其《敘學》也，則曰：「六經傳註於漢，疏釋於唐，議論於宋。宋儒之議論，自傳註疏釋出。必先傳註而後疏釋，疏釋而後議論。」蓋先生之學，博通精深，未嘗專守一家言。故其爲文，沖夷閎肆，隨事遣詞，皆於道有左右逢原之樂。詩亦氣骨超邁，意境深遠，比之《擊壤集》，實爲過之。《元史》稱先生自選詩五卷，號《丁亥集》，文集十餘卷，門人故友所録。明萬曆中，容城知縣方義壯得《丁亥》并遺文數卷刊之，爲文二卷，詩七卷，即今《三賢集》所傳之本也。

謹考《四庫全書提要》稱：「門人故友，裒其遺稾，得《遺文》六卷、《拾遺》七卷，楊俊民又得《續集》三

---

❶ 《静修先生文集跋》，輯録自畿輔本《劉静修先生集》卷末，原無文題，今據《叢書集成初編》本《静修先生文集》卷末跋文補。

❷ 「先生撰」，原作「撰先生」，今據《叢書集成初編》本《静修先生文集》正。

卷，❶賈彝復增入《附録》二卷，合之自訂《丁亥詩集》，共三十卷。至正中，官爲刊行。」與今本多寡懸殊。蓋《四庫》所據者，初刻之全本。方義壯僅得文數卷刻之，不但不足三十卷之數，即《元史》所稱之十餘卷，亦未必無遺也。今《四庫》祕本不可得見，方刊本、《三賢集》本魚魯亥豕，不可卒讀。謹正其譌謬，釐爲十二卷，不可知者闕之。先生著述多就湮没，詩文之存者僅有此集，觀於此，先生之志節學問，可藉以稍傳矣。

光緒十一年乙酉六月十七日，王灝謹識。

❶「三」，原作「二」，今據《四庫全書提要》改。

元史劉因傳❶

劉因字夢吉，保定容城人。世爲儒家，五世祖琮生敦武校尉、臨洮府録事判官昉，昉生奉議大夫、中山府録事倮，倮生秉善，金貞祐中南徙。其弟國寶，登興定進士第，終奉直大夫、樞密院經歷。秉善生述，述，因之父也。歲壬辰，述始北歸，刻意問學，邃性理之説，好長嘯。中統初，左三部尚書劉肅宣撫真定，辟武邑令，以疾辭歸。年四十未有子，歎曰：「天果使我無子則已，有子必令讀書。」因生之夕，述夢神人馬載一兒至其家，曰：「善養之。」既覺而生，乃名曰駰，字夢驥，後改今名及字。

因天資絶人，三歲識書，日記千百言，過目即成誦，六歲能詩，七歲能屬文，落筆驚人。甫弱冠，才器超邁，日閲方册，思得如古人者友之，作《希聖解》。國子司業硯彌堅教授真定，因從之游，同舍生皆莫能及。初爲經學，究訓詁疏釋之説，輒歎曰：「聖人精義，殆不止此。」及得周、程、張、邵、朱、吕之書，一見能發其微，曰：「我固謂當有是也。」及評其學之所長，而曰：「邵，至大也；周，至精也；程，至正也；朱子，極其大，盡其精，而貫之以正也。」其高見遠識率類此。

因蚤喪父，事繼母孝，有父、祖喪未葬，投書先友翰林待制楊恕，憐而助之，始克襄事。因性不苟合，不

❶《元史劉因傳》，輯録自中華書局一九七六年點校本《元史》卷一七一。

妄交接，家雖甚貧，非其義，一介不取。家居教授，師道尊嚴，弟子造其門者，隨材器教之，皆有成就。公卿過保定者衆，聞因名，往往來謁，因多遜避，不與相見，不知者或以爲傲，弗恤也。嘗愛諸葛孔明「静以修身」之語，表所居曰「静修」。

不忽木以因學行薦于朝，至元十九年，有詔徵因，擢承德郎、右贊善大夫。初，裕皇建學宫中，命贊善王恂教近侍子弟，恂卒，迺命因繼之。未幾，以母疾辭歸。明年，丁内艱。二十八年，詔復遣使者，以集賢學士、嘉議大夫徵因，以疾固辭，且上書宰相曰：

因自幼讀書，接聞大人君子之餘論，雖他無所得，至如君臣之義，自謂見之甚明。如以日用近事言之，凡吾人之所以得安居而暇食，以遂其生聚之樂者，是誰之力與？皆君上之賜也。是以凡我有生之民，或給力役，或出知能，亦必各有以自效焉。此理勢之必然，亘萬古而不可易，而莊周氏所謂無所逃於天地之間者也。

因生四十三年，未嘗效尺寸之力，以報國家養育生成之德，而恩命連至，因尚敢偃蹇不出，貪高尚之名以自媚，以負我國家知遇之恩，而得罪於聖門中庸之教也哉！且因之立心，自幼及長，未嘗一日敢爲崖岸卓絶、甚高難繼之行，平昔交友，苟有一日之雅者，皆知因之此心也。但或者得之傳聞，不求其實，止於縱迹之近似者觀之，是以有高人隱士之目，惟閤下亦知因之未嘗以此自居也。

向者，先儲皇以贊善之命來召，即與使者俱行，再奉旨令教學，亦即時應命。後以老母中風，請還家省視，不幸彌留，竟遭憂制，遂不復出，初豈有意於不仕邪。今聖天子選用賢良，一新時政，雖前日隱晦之人，亦將出而仕矣，況因平昔非隱晦者邪。況加以不次之寵，處之以優崇之地邪。是以形留意往，命與心違，病卧空齋，惶恐待罪。

因素有羸疾，自去年喪子，憂患之餘，繼以痁瘧，歷夏及秋，後雖平復，然精神氣血，已非舊矣。不意今歲五月二十八日，瘧疾複作，至七月初二日，蒸發舊積，腹痛如刺，下血不已。至八月初，偶起一念，自歎旁無期功之親，家無紀綱之僕，恐一旦身先朝露，必至累人，遂遣人於容城先人墓側，修營一舍，儻病勢不退，當居處其中以待盡。遣人之際，未免感傷，由是病勢益增，飲食極減。至二十一日，使者持恩命至，因初聞之，惶怖無地，不知所措，徐而思之，竊謂供職雖未能扶病而行，而恩命則不敢不扶病而拜。因又慮，若稍涉遲疑，則不惟臣子之心有所不安，而蹤迹高峻，已不近於人情矣。是以即日拜受，留使者，候病勢稍退，與之俱行。遷延至今，服療百至，略無一效，乃請使者先行，仍令學生李道恒，納上鋪馬聖旨，待病退，自備氣力以行。望閤下俯加矜憫，曲爲保全。因實疏遠微賤之臣，與帷幄諸公不同，其進與退，若非難處之事，惟閤下始終成就之。

書上，朝廷不强致，帝聞之，亦曰：「古有所謂不召之臣，其斯人之徒歟！」三十年夏四月十有六日卒，年四十五。無子，聞者嗟悼。延祐中，贈翰林學士、資善大夫、上護軍，追封容城郡公，謚文靖。

歐陽玄嘗贊因畫像曰：「微點之狂，而有沂上風雩之樂；資由之勇，而無北鄙鼓瑟之聲。於裕皇之仁，而見不可留之四皓；以世祖之略，而遇不能致之兩生。烏乎！麒麟鳳凰，固宇内之不常有也，然而一鳴而《六典》作，一出而《春秋》成。則其志不欲遺世而獨往也明矣，亦將從周公、孔子之後，爲往聖繼絶學，爲來世開太平者邪！」論者以爲知言。

因所著有《四書精要》三十卷。詩五卷，號《丁亥集》，因所自選。又有文集十餘卷，及《小學》、《四書》語録，皆門生故友所録，惟《易繫辭説》，乃因病中親筆云。

「《儒藏》精華編選刊」選目

經部

周易鄭注
漢魏二十一家易注
周易注
周易正義
周易口義（與《洪範口義》合册）*
温公易説（與《司馬氏書儀》《孝經注解》《家範》合册）
漢上易傳
誠齋先生易傳
易學啓蒙
周易本義
楊氏易傳
易學啓蒙通釋
周易本義附録纂注
周易啓蒙翼傳
周易本義通釋
易經蒙引
周易述
周易述補（江藩）（與李林松《周易述補》合册）
周易述補（李林松）
易漢學
御纂周易折中
周易虞氏義
雕菰樓易學
周易集解纂疏
周易姚氏學
鄭氏古文尚書
洪範口義
書傳（與《書疑》《尚書表注》合册）
書疑
尚書表注
書纂言
尚書全解（全二册）
尚書要義
讀書叢説
書傳大全（全二册）

古文尚書攷（與《九經古義》合册）
尚書集注音疏（全二册）
尚書後案
詩本義
吕氏家塾讀詩記
慈湖詩傳
詩經世本古義（全四册）
毛詩稽古編
毛詩説
毛詩後箋（全二册）
詩毛氏傳疏（全三册）
詩三家義集疏（全三册）
儀禮注疏
儀禮集釋（全二册）
儀禮圖
儀禮鄭註句讀

儀禮章句
儀禮正義
禮記正義
禮記集説（衛湜）
禮記集説（陳澔）（全二册）
禮記集解
禮書
五禮通考
禮經釋例
禮經學
司馬氏書儀
春秋左傳正義
左氏傳説
左氏傳續説
左傳杜解補正
春秋左氏傳賈服注輯述

春秋左氏傳舊注疏證（全四册）
春秋左傳讀（全二册）
公羊義疏
春秋穀梁傳注疏
春秋集傳纂例
春秋權衡（與《七經小傳》合册）
春秋集注
春秋經解
春秋尊王發微（與《孫明復先生小集》合册）
春秋本義
春秋集傳
春秋集傳大全（全三册）
孝經注解
孝經大全
白虎通德論

七經小傳
九經古義
經典釋文
群經平議（全二册）
論語集解（正平版）
論語義疏
論語注疏
論語全解
論語學案
孟子注疏
孟子正義（全二册）
四書集編（全二册）
四書纂疏（全三册）
四書集註大全
四書蒙引（全二册）
四書近指

四書訓義
四書賸言
四書改錯
四書説
爾雅義疏
廣雅疏證（全三册）
説文解字注

史部

逸周書
國語正義（全二册）
貞觀政要
歷代名臣奏議
御選明臣奏議（全二册）
孔子編年
孟子編年

陳文節公年譜
慈湖先生年譜
宋名臣言行録
伊洛淵源録
道命録
考亭淵源録
道南源委
聖學宗傳
元儒考略
四先生年譜
洛學編
儒林宗派
程子年譜
學統
伊洛淵源續録
豫章先賢九家年譜

閩中理學淵源考（全三册）
清儒學案
經義考
文史通義

子部

孔子家語（與《曾子注釋》合册）
曾子注釋
孔叢子
新書
鹽鐵論
新序
説苑
太玄經
龜山先生語録
胡子知言（與《五峰集》合册）
木鐘集
西山先生真文忠公讀書記
性理大全書（全四册）
居業録
思辨録輯要
家範
小學集註
曾文正公家訓
勸學篇
仁學
習學記言序目
日知録集釋（全三册）

集部

蔡中郎集
李文公集
孫明復先生小集
直講李先生文集
歐陽脩全集
伊川擊壤集
元公周先生濂溪集
張載全集
温國文正公文集
公是集（全二册）
游定夫先生集
和靖尹先生文集
豫章羅先生文集
梁溪先生文集
斐然集
五峰集
文定集
渭南文集

誠齋集（全四册）
晦庵先生朱文公文集
東萊吕太史集
止齋先生文集
攻媿先生文集
象山先生全集
陳亮集（全二册）
絜齋集
文山先生文集
勉齋先生黄文肅公文集
北溪先生大全文集
西山先生真文忠公文集
鶴山先生大全文集
閑閑老人滏水文集
郝文忠公陵川文集
仁山金先生文集

静修劉先生文集
雲峰胡先生文集
許白雲先生文集
吴文正集（全三册）
道園學古録　道園遺稿
師山先生文集
曹月川先生遺書
康齋先生文集
敬齋集
涇野先生文集（全三册）
重鐫心齋王先生全集
雙江聶先生文集
歐陽南野先生文集
念菴羅先生文集（全二册）
正學堂稿
敬和堂集

涇臯藏稿
馮少墟集
高子遺書
劉蕺山先生集（全二册）
南雷文定
桴亭先生文集
西河文集
曝書亭集
三魚堂文集外集
考槃集文録
復初齋文集
揅經室集（全三册）
述學
劉禮部集
籀廎述林
左盦集

出土文獻

郭店楚墓竹簡十二種校釋

上海博物館藏楚竹書十九種校釋（全二册）

秦漢簡帛木牘十種校釋

武威漢簡儀禮校釋

*合册及分册信息僅限已出版文獻。